2020

IM JAHR DER METALL-RATTE LÄSST SICH NEUES MIT ELAN BEGINNEN

2020

	Januar	Februar	März	April
Mo	6 13 20 27	3 10 17 24	2 9 16 23 30	6 **13** 20 27
Di	7 14 21 28	4 11 18 25	3 10 17 24 31	7 14 21 28
Mi	**1** 8 15 22 29	5 12 19 26	4 11 18 25	1 8 15 22 29
Do	2 9 16 23 30	6 13 20 27	5 12 19 26	2 9 16 23 30
Fr	3 10 17 24 31	7 14 21 28	6 13 20 27	3 **10** 17 24
Sa	4 11 18 25	1 8 15 22 29	7 14 21 28	4 11 18 25
So	**5 12 19 26**	**2 9 16 23**	**1 8 15 22 29**	**5 12 19 26**

	Mai	Juni	Juli	August
Mo	4 11 18 25	**1** 8 15 22 29	6 13 20 27	3 10 17 24 31
Di	5 12 19 26	2 9 16 23 30	7 14 21 28	4 11 18 25
Mi	6 13 20 27	3 10 17 24	1 8 15 22 29	5 12 19 26
Do	7 14 **21** 28	4 11 18 25	2 9 16 23 30	6 13 20 27
Fr	**1** 8 15 22 29	5 12 19 26	3 10 17 24 31	7 14 21 28
Sa	2 9 16 23 30	6 13 20 27	4 11 18 25	1 8 15 22 29
So	**3 10 17 24 31**	**7 14 21 28**	**5 12 19 26**	**2 9 16 23 30**

	September	Oktober	November	Dezember
Mo	7 14 21 28	5 12 19 26	2 9 16 23 30	7 14 21 28
Di	1 8 15 22 29	6 13 20 27	3 10 17 24	1 8 15 22 29
Mi	2 9 16 23 30	7 14 21 28	4 11 18 25	2 9 16 23 30
Do	3 10 17 24	1 8 15 22 29	5 12 19 26	3 10 17 24 31
Fr	4 11 18 25	2 9 16 23 30	6 13 20 27	4 11 18 **25**
Sa	5 12 19 26	**3** 10 17 24 31	7 14 21 28	5 12 19 **26**
So	**6 13 20 27**	**4 11 18 25**	**1 8 15 22 29**	**6 13 20 27**

Glückskalender für Kinder 2020/2021

Land	Winter-/Frühjahrs-/ Osterferien	Pfingstferien	Sommerferien	Herbstferien	Weihnachts-ferien
Baden-Württemberg	– 06.04. - 18.04.	02.06. - 13.06.	30.07. - 12.09.	26.10. - 30.10./ 31.10.	23.12. - 09.01.
Bayern	24.02. - 28.02. 06.04. - 18.04.	02.06. - 13.06.	27.07. - 07.09.	31.10. - 06.11./ 18.11.	23.12. - 09.01.
Berlin	03.02. - 08.02. 06.04. - 17.04.	22.05.	25.06. - 07.08.	12.10. - 24.10.	21.12. - 02.01.
Brandenburg	03.02. - 08.02. 06.04. - 17.04.	–	25.06. - 08.08.	12.10. - 24.10.	21.12. - 02.01.
Bremen	03.02. - 04.02. 28.03. - 14.04.	22.05. / 02.06.	16.07. - 26.08.	12.10. - 24.10.	23.12. - 08.01.
Hamburg	31.01. 02.03. - 13.03.	18.05. - 22.05.	25.06. - 05.08.	05.10. - 16.10.	21.12. - 04.01.
Hessen	– 06.04. - 18.04.	–	06.07. - 14.08.	05.10. - 17.10.	21.12. - 09.01.
Mecklenburg-Vorpommern	10.02. - 21.02. 06.04. - 15.04.	22.05./ 29.05. - 02.06.	22.06. - 01.08.	05.10. - 10.10./ 02.11./03.11.	21.12. - 02.01.
Niedersachsen	03.02. - 04.02. 30.03. - 14.04.	22.05. / 02.06.	16.07. - 26.08.	12.10. - 23.10.	23.12. - 08.01.
Nordrhein-Westfalen	– 06.04. - 18.04.	02.06.	29.06. - 11.08.	12.10. - 24.10.	23.12. - 06.01.
Rheinland-Pfalz	17.02. - 21.02. 09.04. - 17.04.	–	06.07. - 14.08.	12.10. - 23.10.	21.12. - 31.12.
Saarland	17.02. - 25.02. 14.04. - 24.04.	–	06.07. - 14.08.	12.10. - 23.10.	21.12. - 31.12.
Sachsen	10.02. - 22.02. 10.04. - 18.04.	22.05.	20.07. - 28.08.	19.10. - 31.10.	23.12. - 02.01.
Sachsen-Anhalt	10.02. - 14.02. 06.04. - 11.04.	18.05. - 30.05.	16.07. - 26.08.	19.10. - 24.10.	21.12. - 05.01.
Schleswig-Holstein	– 30.03. - 17.04.	22.05.	29.06. - 08.08.	05.10. - 17.10.	21.12. - 06.01.
Thüringen	10.02. - 14.02. 06.04. - 18.04.	22.05.	20.07. - 29.08.	17.10. - 30.10.	23.12. - 02.01.

Auf den Inseln Sylt, Föhr, Amrum und Helgoland sowie auf den Halligen gelten für die Sommer- und Herbstferien Sonderregelungen

INHALT

Ihr Chinesisches Horoskop-Jahrbuch erscheint seit 40 Jahren im

BIO Ritter Verlag
Monatshauser Str. 8
D-82327 Tutzing
Fax (0 81 58) 71 42
E-Mail: bioritterverlag@aol.com

Das Chinesische Horoskop-Jahrbuch aus dem BIO Ritter Verlag kann auch bei AMAZON oder über den Buchhandel bestellt werden

Prognosen/Texte: Daniela Herzberg/Roger Keller
Illustration chinesische Tierzeichen: Reinhard Habeck
Redaktion: Monica Ritter
Satz: Ostfriesische Presse Druck GmbH, Emden
Druck: Silber-Druck, Niestetal

Im Jahr der Metall-Ratte 2020 kann ein Neuanfang gewagt werden

Liebe Leserin, lieber Leser!

Daniela Herzberg mit ihrem Lebensgefährten Roger Keller, der unter anderem für die Monatstabellen mit den wertvollen Entscheidungshilfen verantwortlich ist

Ist es Ihnen gelungen, in den vergangenen zwölf Monaten alte Baustellen abzuschließen und Altlasten aufzuräumen? Dann stehen Ihnen nun mit dem Start ins Jahr der Metall-Ratte spannende Zeiten bevor!

Das Erd-Schwein hat 2019 als letztes Zeichen im chinesischen Tierkreis den alten Zyklus beschlossen. Dabei ging es in erster Linie darum, sich mit bestehenden Situationen zu arrangieren und vor allem die Projekte zum Abschluss zu bringen, die schon viel zu lange auf eine gutes Ende gewartet haben. Mit seiner positiven Einstellung zum Leben war das Schwein auch in schwierigen Situationen ein zuversichtlicher Partner, fest davon überzeugt, dass sich alle Probleme mittelfristig lösen lassen.

Mit der einfallsreichen Ratte bricht nun eine neue Epoche an. Als erstes Tierzeichen steht sie in der Chinesischen Astrologie vor allem für den Neuanfang, für Innovation und frische Ideen. Betrachtet man das Weltgeschehen, sind diese auch dringend nötig, um die wirklich wichtigen Probleme wie zum Beispiel den Klimawandel angehen zu können. Allerdings ist die Ratte bekannt dafür, dass sie zwar hervorragende Ideen hat, sich aber mit der Umsetzung zuweilen ein bisschen schwer tut. Vor allem, wenn es Gegenwind gibt, mag es in den kommenden Monaten ein wenig an Standfestigkeit mangeln. Unpopuläre Entscheidungen durchzusetzen dürfte 2020 deshalb eher schwierig werden - sei es auf der politischen Weltbühne oder auch zu Hause.

In den kommenden Monaten hat die Ratte zu ihrem eigenen Wasserelement strukturierendes Metall im Gepäck. Das dürfte es für so manches Tierzeichen leichter machen, vorausschauend zu planen. Da ist es dann auch gleich viel einfacher, in den kommenden Monaten neue Impulse zu setzen. Die können sich nicht nur auf das eigene Leben, sondern auch auf das der Menschen in der unmittelbaren Umgebung auswirken.

Auch im neuen Zyklus fallen uns die guten Gelegenheiten leider nicht so vor die Füße, sondern wir müssen uns schon aktiv auf die Suche machen. Der neue Jahresregent hilft uns zu erkennen, wann es an der Zeit ist, beherzt zuzugreifen und Entscheidungen zu treffen. Dabei kann es in den kommenden Monaten durchaus dazu kommen, dass wir gewohnte Pfade verlassen und uns auf etwas Neues einlassen.

Wer trotzdem lieber auf seinem bewährten Weg bleiben möchte, wird vom neuen Herrscher mit ausreichend Ideen versorgt, wie sich bestehende Strukturen optimieren lassen. Auch in diesem Fall dürfte es 2020 alles andere als langweilig werden.

Das Erd-Schwein hat 2019 einen ganz klaren Schwerpunkt auf Heim und Familie gelegt und dafür gesorgt, dass genug Zeit für die schönen Dinge im Leben geblieben ist. Bei der Metall-Ratte dürfte der Fokus jetzt wieder ein wenig mehr im Außen liegen.

Für 2020 wünsche ich uns allen viele zündende Ideen und Tatkraft, diese auch umsetzen zu können.

Herzlichst

Daniela Herzberg

So können Sie dieses Jahrbuch optimal nutzen

Mit der Metall-Ratte kommt im Februar 2020 ein Tierzeichen an die Regentschaft, das vor allem für frische Ideen und Neuanfang steht.

Wie immer kommen hier ein paar nützliche Informationen, die Ihnen die Anwendung unseres Ratgebers erleichtern sollen.

Wie bestimme ich mein Tierzeichen?

Der Hauptunterschied zwischen einem westlichen und einem chinesischen Horoskop besteht darin, dass in China das Tierzeichen nach dem Jahr berechnet wird, und nicht wie im westlichen Horoskop nach dem Monat. **Welches chinesische Tierzeichen für welches Jahr gilt, können Sie ganz einfach in der Tabelle auf den Seiten 8/9 nachlesen.** Aber Achtung: Bei den Chinesen beginnt das astrologische Jahr nicht wie bei uns am 1. Januar, sondern nach dem chinesischen Sonnenkalender immer um den 4. Februar. Wer also vor diesem Termin geboren wurde, gehört noch zum Tierzeichen des Vorjahres.

Die zu der Jahresvorschau der einzelnen Tierzeichen angegebenen Daten ab Seite 10 beziehen sich übrigens auf den jeweiligen Termin des chinesischen Neujahrsfestes, der im Gegensatz zum persönlichen Horoskop nach dem Mondkalender berechnet wird.

Was Ihre Geburtsstunde über Sie verrät

Neben dem Geburtsjahr hat auch die Geburtsstunde einen wichtigen Einfluss auf die Persönlichkeit eines Menschen. Gibt das Tier des Jahres Hinweise auf Ihr Äußeres, so spiegelt das Tier der Geburtsstunde eher Ihre innere Persönlichkeit wider. Je nachdem, wie diese beiden Tiere zueinander stehen, ist der Mensch in Harmonie mit sich selbst oder geprägt von Spannungen innerhalb seiner Persönlichkeit. Oft finden sich auch Aspekte Ihrer Persönlichkeit im Tier der Geburtsstunde, die das Jahrestier nicht repräsentiert.

Die Chinesen teilen den Tag in zwölf Doppelstunden ein, und ihr Tag beginnt, anders als bei uns, bereits um 23:00 Uhr mit der Doppelstunde der Ratte. Ihr persönliches Stundentier können Sie ganz einfach mit Hilfe der Tabelle auf den Seiten 8 und 9 finden.

Je nachdem, wo Sie geboren sind, müssen Sie Ihre Geburtszeit bitte der realen astronomischen Zeit anpassen. Für Deutschland, Österreich, die Schweiz und einige andere europäischen Länder gilt die sogenannte Mitteleuropäische Zeit (kurz MEZ), die bei Görlitz an der deutsch-polnischen Grenze gemessen wird. Generell gilt: Je weiter westlich Ihr Geburtsort von Görlitz entfernt liegt, desto höher die Abweichung. Wenn also jemand zum Beispiel um 12:00 Uhr in Köln geboren wurde, ergibt sich aus astronomischer Sicht eine Abweichung von minus 32 Minuten. Das bedeutet, dass die astronomische Geburtszeit etwas früher bei etwa 11:28 Uhr liegt. Für Geburtsdaten nach 1980 müssen Sie darüber hinaus zwischen Ende März und Anfang Oktober die Sommerzeit berücksichtigen und eine Stunde abziehen, um die genaue astronomische Zeit zu erhalten.

Die Entstehung der Tierzeichen, die Fünf Elemente und Yin/Yang

Jahrtausende lang waren die Geheimnisse der chinesischen Astrologie dem Kaiser und seinem Hofstaat vorbehalten. Wahrscheinlich waren es buddhistische Mönche, die vor etwa 1.200 Jahren einen Weg fanden, die kaiserlichen Verbote zu umgehen, um mit Horoskopen ihren Lebensunterhalt aufbessern zu können. Sie nahmen das bis dahin geheime Wissen um die Fünf Elemente und Yin und Yang und ordneten den Eigenschaften zwölf Tierzeichen zu. Jedes Jahr wurde einem Tier zugewiesen, so dass sich jedes der Tierzeichen alle zwölf Jahre wiederholt. So kam jedes Tier zu seinem persönlichen Ele-

ment und seiner Polarität, die seine Charaktereigenschaften recht genau widerspiegeln. Yang-Holz steht zum Beispiel für ungestümes, expansives Wachstum, das sehr eindrucksvoll durch den Tiger repräsentiert wird. Die mütterliche Yin-Erde passt dagegen hervorragend zur sanftmütigen Ziege.
Neben dem Element, welches das Tier repräsentiert, ergibt sich durch das Geburtsjahr jedoch noch ein weiterer Elemente-Anteil, mit dessen Hilfe sich die Tierzeichen noch besser einordnen lassen. Nicht jeder Drache ist gleich – je nachdem, ob Holz, Feuer, Erde, Metall oder Wasser ihn begleiten ist er mal forscher, mal verträumter. **Welches Element Ihr Geburtszeichen charakterisiert, können Sie auf der Seite mit Ihrer persönlichen Jahresvorschau ab Seite 10 im Kasten neben den Geburtsjahren nachlesen.**

Wer passt zu wem?

Diese Frage ist leider nicht ganz so einfach zu beantworten. Man kann aber klar sagen, dass es wie auch im westlichen Horoskop Tierzeichen gibt, die sich besser verstehen als andere. **In der Tabelle auf den Seiten 8 und 9 finden Sie die günstigen und die weniger günstigen Kombinationen für Ihr Tierzeichen.** Falls Sie Ihr Stundentier kennen, können Sie auch dieses in Ihr Urteil mit einbeziehen. Manchmal ergeben sich daraus neue Aspekte, die bei ausschließlicher Betrachtung des Jahrestiers nicht so offensichtlich zu sehen sind. Generell vermittelt Ihnen die Tabelle eine Tendenz, wie die Tiere miteinander harmonieren. Bedenken Sie jedoch bitte, dass sich ein komplettes Horoskop (Geburtstag, -stunde, -monat und -jahr) aus vier Tierzeichen bzw. acht Elemente-Anteilen zusammensetzt, die für eine genaue Analyse im Gesamtkontext und unter dem zeitlichen Aspekt betrachtet werden müssen. So kann die Kombination aus zwei Jahrestieren auf den ersten Blick unharmonisch wirken, sich aber bei genauerem Betrachten des gesamten Bildes durchaus zu einem harmonischen Ganzen zusammenfügen.

Astronomische Abweichung der Geburtszeit von der MEZ

Aachen	ca. -36 min	**Freiburg**	ca. -29 min
Augsburg	ca. -16 min	**Fulda**	ca. -21 min
Baden-Baden	ca. -27 min	**Hamburg**	ca. -20 min
Berlin	ca. -6 min	**Hannover**	ca. -25 min
Bielefeld	ca. -26 min	**Karlsruhe**	ca. -26 min
Bonn	ca. -32 min	**Kassel**	ca. -22 min
Bremen	ca. -25 min	**Kiel**	ca. -19 min
Dortmund	ca. -30 min	**Köln**	ca. -32 min
Dresden	ca. -5 min	**Leipzig**	ca. -11 min
Düsseldorf	ca. -33 min	**Magdeburg**	ca. -14 min
Erfurt	ca. -16 min	**München**	ca. -14 min
Flensburg	ca. -22 min	**Nürnberg**	ca. -16 min
Frankfurt a. Main	ca. -25 min	**Stuttgart**	ca. -23 min
Wien	ca. + 5 min	**Zürich**	ca. -26 min
Graz	ca. + 1 min	**Bern**	ca. -30 min

Tierzeichen	Grund-element	Geburts-zeit	Passt generell zu	Passt gene-rell nicht zu	Geburtsjahre mit Zusatzelement	Eigenschaften
Ratte 	Yang Wasser	23:00 – 01:00	Ratte Büffel Drache Affe	Pferd Hase Hahn	1924, 1984 Holz-Ratte 1936, 1996 Feuer-Ratte 1948, 2008 Erd-Ratte 1960, 2020 Metall-Ratte 1972, 2032 Wasser-Ratte	kreativ bewusst clever weitsichtig kommunikativ
Büffel 	Yin Erde	01:00 – 03:00	Ratte Schlange Hahn	Ziege Drache Hund	1925, 1985 Holz-Büffel 1937, 1997 Feuer-Büffel 1949, 2009 Erd-Büffel 1961, 2021 Metall-Büffel 1973, 2033 Wasser-Büffel	einfallsreich stark konservativ durchsetzungsstark aufmerksam
Tiger 	Yang Holz	03:00 – 05:00	Pferd Hund Schwein Hase	Affe Tiger Schlange	1926, 1986 Feuer-Tiger 1938, 1998 Erd-Tiger 1950, 2010 Metall-Tiger 1962, 2022 Wasser-Tiger 1974 Holz-Tiger	strategisch willensstark entschlossen mutig führungsstark
Hase 	Yin Holz	05:00 – 07:00	Hase Ziege Schwein Schlange Tiger	Drache Hahn Pferd Ratte	1927, 1987 Feuer-Hase 1939, 1999 Erd-Hase 1951, 2011 Metall-Hase 1963, 2023 Wasser-Hase 1975 Holz-Hase	träumerisch diplomatisch häuslich heilend intuitiv
Drache 	Yang Erde	07:00 – 09:00	Ratte Affe Schlange	Hund Hase Ziege Büffel	1928, 1988 Erd-Drache 1940, 2000 Metall-Drache 1952, 2012 Wasser-Drache 1964, 2024 Holz-Drache 1976 Feuer-Drache	moralisch selbstsicher glückbringend opportunistisch erfolgreich
Schlange 	Yin Feuer	09:00 – 11:00	Büffel Hahn Drache Hase	Schwein Tiger	1917, 1977 Feuer-Schlange 1929, 1989 Erd-Schlange 1941, 2001 Metall-Schlange 1953, 2013 Wasser-Schlange	traditionell zufrieden abwartend verlässlich

	Feuer	13:00	Tiger Hund Ziege	Hahn Hase	1930, 1990 Metall-Pferd 1942, 2002 Wasser-Pferd 1954, 2014 Holz-Pferd 1966, 2026 Feuer-Pferd	verantwortungsvoll hitzig versonnen aktiv
Ziege 	Yin Erde	13:00 – 15:00	Ziege Hase Schwein Pferd	Büffel Hund Drache	1919, 1979 Erd-Ziege 1931, 1991 Metall-Ziege 1943, 2003 Wasser-Ziege 1955, 2015 Holz-Ziege 1967, 2027 Feuer-Ziege	selbstlos freundlich genügsam künstlerisch versonnen
Affe 	Yang Metall	15:00 – 17:00	Affe Ratte Drache Hahn Schlange	Tiger Schwein	1920, 1980 Metall-Affe 1932, 1992 Wasser-Affe 1944, 2004 Holz-Affe 1956, 2016 Feuer-Affe 1968, 2028 Erd-Affe	entschlussfreudig elegant fingerfertig leichtsinnig zuversichtlich
Hahn 	Yin Metall	17:00 – 19:00	Büffel Schlange Affe	Hase Hahn Ratte Pferd	1921, 1981 Metall-Hahn 1933, 1993 Wasser-Hahn 1945, 2005 Holz-Hahn 1957, 2017 Feuer-Hahn 1969, 2029 Erd-Hahn	stolz weitsichtig perfektionistisch offen sparsam
Hund 	Yang Erde	19:00 – 21:00	Hund Tiger Pferd Schwein	Drache Ziege Büffel	1922, 1982 Wasser-Hund 1934, 1994 Holz-Hund 1946, 2006 Feuer-Hund 1958, 2018 Erd-Hund 1970, 2030 Metall-Hund	wachsam intellektuell loyal misstrauisch komplex
Schwein 	Yin Wasser	21:00 – 23:00	Schwein Hase Ziege Hund Tiger	Schlange Affe	1923,1983 Wasser-Schwein 1935, 1995 Holz-Schwein 1947, 2007 Feuer-Schwein 1959, 2019 Erd-Schwein 1971, 2031 Metall-Schwein	gesprächig treu hingebungsvoll mitfühlend fleißig

Die Tierzeichen und ihre Entsprechungen

TZE, die RATTE kann viel erreichen

Grund-Element
Wasser Yang

Wenn Sie eine Ratte sind, sind Sie in einem der folgenden Jahre geboren:

鼠

1936	Feuer-Ratte	(24.01.1936-10.02.1937)
1948	Erd-Ratte	(10.02.1948-28.01.1949)
1960	Metall-Ratte	(28.01.1960-14.02.1961)
1972	Wasser-Ratte	(15.02.1972-03.02.1973)
1984	Holz-Ratte	(02.02.1984-19.02.1985)
1996	Feuer-Ratte	(19.02.1996-06.02.1997)
2008	Erd-Ratte	(07.02.2008-25.01.2009)
2020	Metall-Ratte	(25.01.2020-11.02.2021)

In den letzten 12 Monaten musste sich die Ratte zuweilen sicher ein bisschen durchbeißen und mehr anstrengen als sonst, um ans Ziel zu kommen. Wer dabei die Notwendigkeit erkannt hat, zu einem guten Abschluss zu kommen, kann jetzt im eigenen Ratte-Jahr mit frischem Elan durchstarten. Hat Sie das Schwein jedoch nicht genug motivieren können, auch die lästigen Restarbeiten endlich zu erledigen, dann werden Sie sich 2020 wohl mit einigen Altlasten herumplagen müssen.

Wer im vergangenen Jahr dem Wunsch des Schweins nach mehr Familie nachgekommen ist, darf sicher auch unter der neuen Regentschaft harmonische Zeiten im Kreise seiner Lieben genießen. Dabei könnte es allerdings durchaus passieren, dass die Ratte zuweilen etwas abgelenkt wird - es gibt einfach zu viele neue aufregende Dinge zu erleben. Kluge Ratten nehmen Partner und Familie von Anfang an mit ins Boot. Dann gibt es später auch keine Beschwerden. Außerdem bekommt sie so tatkräftige Helfer zur Seite gestellt, was der Ratte beim anfallenden Pensum deutlich weniger Stress bereiten dürfte.

Im Bereich der persönlichen Entwicklung stehen alle Zeichen für die Ratte 2020 auf Expansion. Vor allem beruflich lassen sich lang gehegte Ambitionen mit der neuen Regentin viel besser ausleben als mit ihrem Vorgänger. So lässt sich die Karriereleiter nun deutlich einfacher erklimmen und die Zeichen stehen auf Anerkennung und Erfolg.

Damit die Ratte jedoch wirklich durchstarten kann, sollte sie sich entschlussfreudig zeigen! Wer seine Möglichkeiten zu lange im Kopf hin und her schiebt, kommt auch im Jahr der Metall-Ratte auf keinen grünen Zweig. Wem es jedoch gelingt, möglichst zügig vom Denken ins Tun zu kommen, der kann in den kommenden zwölf Monaten wirklich alles erreichen, was er sich vorgenommen hat und muss sich dafür gar nicht so extrem anstrengen.

Ihr Powertipp für 2020
Nutzen Sie die Gunst der Stunde und richten Sie Ihre Energie darauf, neue vielversprechende Projekte an den Start zu bringen!

Wie die Ratte gut durchs Leben kommt

Als erstes Tierzeichen im Chinesischen Tierkreis wird der Ratte ein besonders wacher Geist nachgesagt. Sie ist ständig auf der Suche nach neuen Inspirationen und Möglichkeiten, die sie im Kopf entwickelt und gestaltet. Kein Plan ist der Ratte zu abwegig, kein Weg zu kompliziert, wenn es darum geht, sich komplexe Strategien auszudenken. So lassen sich im Kopf der Ratte die ganz großen Zusammenhänge erkennen und in der Theorie die Probleme dieser Welt ganz einfach lösen. Dabei kommt ihr allerdings zuweilen ein wenig der Realitätssinn abhanden...

Deshalb ist es für dieses Tierzeichen enorm wichtig, seine Umwelt an den vielen faszinierenden Ideen teilhaben zu lassen. Damit sich bei der Ratte kein Frust einstellen kann, weil sich die Dinge nicht so entwickeln, wie sie es sich vorstellt, braucht sie nicht nur gute Zuhörer, sondern vor allem engagierte Mitstreiter. Dann nämlich lassen sich ihre Strategien auch erfolgreich umsetzen. So bekommt das erste Tierzeichen im Chinesischen Horoskop genug Raum für seine kreativen Fähigkeiten.

Auch im Alltag ist es für die Ratte wichtig, Menschen an ihrer Seite zu wissen, die sich mit der täglichen Routine bereitwilliger auseinander setzen als sie selbst. Kaum eine Ratte mag sich ständig mit der schmutzigen Wäsche herumplagen, wenn es darum geht, den Klimawandel zu bekämpfen...

Das persönliche Umfeld der Ratte mag es manchmal ein bisschen befremdlich finden, wenn sie wieder einmal eine bereits geplante Verabredung in letzter Minute sausen lässt, weil ihr etwas anderes dazwischen gekommen ist oder weil sie sich einfach nicht so weit im Vorfeld festlegen mag. Damit hier weder im Beruf noch privat der Eindruck entsteht, dass die Ratte ihre Prioritäten falsch setzt, ist es wichtig, die Kommunikation mit den nächsten Mitmenschen nicht zu vernachlässigen. Sollte es trotzdem zu Irritationen kommen, hilft nur eine charmante Entschuldigung.

Ein gewisses Durchhaltevermögen ist sehr wichtig, damit die Ratte auf der gesundheitlichen Ebene gut durchs Leben kommt. Dabei geht es vor allem darum, am Ball zu bleiben, wenn sie sich einmal zu einer notwendigen gesunden Ernährung oder dem Fitnessprogramm entschlossen hat.

Ist stets mit viel Begeisterung bei der Sache: DIE RATTE

Eine gesunde Ratte kommt sicher am besten klar, wenn sie keine bestimmte Ernährungsform vorzieht, sondern sich ausgewogen aus allen Bereichen ernährt. Ein Speiseplan auf Basis der Fünf-Elemente-Ernährung, der auf Getreide Gemüse und Obst basiert und je nach Geschmack und Laune mit ein wenig Fleisch, Fisch und Milchprodukten angereichert wird, sollte ganz nach dem Geschmack der aufgeschlossenen Ratte sein und wird auch kaum langweilig werden.

Der Ernährungstipp für die Ratte:

Da die meisten Ratten nicht unbedingt zu den geduldigsten Zeitgenossen gehören, sind zeitaufwendige Rezepte für dieses Tierzeichen eher nicht geeignet. Auf der anderen Seite braucht die Ratte allerdings schon eine gewisse Inspiration für ihre Ernährung - zum Beispiel mit vielen bunten und durchaus auch exotischen Zutaten.

KIU, der BÜFFEL bricht zu neuen Ufern auf

Grund-Element
Erde Yin

Wenn Sie ein Büffel sind, sind Sie in einem der folgenden Jahre geboren:

牛

1937	Feuer-Büffel	(11.02.1937-30.01.1938)
1949	Erd-Büffel	(29.01.1949-16.02.1950)
1961	Metall-Büffel	(15.02.1961-04.02.1962)
1973	Wasser-Büffel	(04.02.1973-22.01.1974)
1985	Holz-Büffel	(20.02.1985-08.02.1986)
1997	Feuer-Büffel	(07.02.1997-27.01.1998)
2009	Erd-Büffel	(26.01.2009-13.02.2010)
2021	Metall-Büffel	(12.02.2021-31.01.2022)

Ging es in den vergangenen zwölf Monaten für den Büffel vor allem darum, das Erreichte zu genießen und zufrieden zu sein, mit dem was er hat, brechen nun mit der Metall-Ratte sicher andere Zeiten an.

Den Büffeln, denen es schon länger nicht mehr gereicht hat, einfach nur auf Bewährtes zu zählen, eröffnen sich 2020 gute Möglichkeiten. Schließlich gehört die neue Jahresregentin zu jenen Tierzeichen, die den Büffel mit ihrem Ideenreichtum aus dem gewohnten Umfeld herauslocken kann. Wer sich also in den kommenden Monaten traut, gewohntes Terrain zu verlassen, darf mit Unterstützung rechnen.

Ratte und Büffel sind auch beruflicher Ebene ein gutes Team. So kann der Büffel vom günstigen Einfluss des neuen Herrschers immer dann profitieren, wenn es darum geht, die eigenen Ambitionen voranzutreiben. Auch wenn es ihm bislang nicht wirklich klar war, wohin die Reise in der Zukunft gehen soll, ist die Metall-Ratte ein guter Ratgeber. Mit Hilfe ihres strukturierenden Metall-Anteils lässt sich ohne Umschweife herausfinden, was wirklich wichtig ist, um voranzukommen. Was sich überlebt hat, kann 2020 deutlich schneller losgelassen werden, als noch in den Jahren zuvor.

Selbst der vorsichtigste Büffel tut gut daran, sich zuweilen aus seinem Stall herauszuwagen. Gerade, wenn es darum geht, einen neuen Partner zu finden, kann es nun nicht schaden, über den eigenen Schatten zu springen und auch ungewöhnlichste Gelegenheiten beim Schopf zu packen. Schließlich findet man die Liebe oft dort, wo man sie am wenigsten erwartet hätte.

Manche Entscheidungen, die der Büffel in den kommenden Monaten trifft, mögen sich zunächst einmal als schwierig umsetzbar erweisen. Mit seiner Durchsetzungskraft und dem Durchhaltewillen kommt er am Ende aber sicher erfolgreich ans Ziel.

Ihr Powertipp für 2020

Wer nicht wagt, der nicht gewinnt! Also raus aus der Komfortzone und rein in das neue Abenteuer, lieber Büffel!

Wie der Büffel gut durchs Leben kommt

Im Gegensatz zur Ratte braucht der Büffel nicht ständig sprühende Ideen und spannende Neuheiten in seinem Leben. Er besinnt sich lieber auf Bewährtes und sucht sich einen Weg, den er auf jeden Fall bis zum Ende beschreiten kann. Dabei macht es ihm überhaupt nichts aus, wenn es nicht ganz so spektakulär in seinem Alltag zugeht - ganz im Gegenteil! Mit seiner bedächtigen Art zieht er es vielmehr vor, wenn Regelmäßigkeit und Ordnung herrscht. Er mag sich einfach nicht ständig auf neue Entwicklungen einstellen, sondern will sich lieber darauf konzentrieren, bestehende Projekte gewissenhaft zu Ende zu bringen.

In seinem persönlichen Umfeld kommt der Büffel in der Regel am besten klar, wenn er sich mit Menschen umgibt, auf die Verlass ist und die nicht zu sehr versuchen, ihn ständig anzutreiben. Zu viel Hektik schadet dem Ergebnis genauso wie zu viel neumodischer Schnickschnack - da ist sich das zweite Zeichen im Tierkreis ganz sicher! Alte, bewährte Pfade liegen ihm deshalb deutlich mehr als gewagte Ansätze. Wer will sich schon durchs Dickicht schlagen, wenn es bereits einen gut ausgebauten Weg gibt!

Am Arbeitsplatz braucht der Büffel klare Vorgaben und dann genug Zeit, diese auch umsetzen zu können. Stimmen diese Grundparameter kann man ihn ruhig laufen lassen und sich darauf verlassen, dass er ein erstklassiges Ergebnis abliefern wird. Es erfüllt ihn mit großer Zufriedenheit, wenn er die Dinge so erledigen kann, wie er es sich vorstellt. Da macht es ihm auch nichts aus, wenn der Weg zuweilen etwas steiniger ist oder er etliche Hindernisse aus dem Weg räumen muss. Schließlich wächst man mit seinen Aufgaben.

Auf der emotionalen Ebene kommt der Büffel am besten durchs Leben, wenn er versucht, nicht alles mit sich allein auszumachen. Es ist keine Schande, um Hilfe zu bitten! Gerade in der Partnerschaft kann es befreiend sein, auch mal Schwäche zu zeigen und seine Gefühle offen auszudrücken. Schließlich braucht jeder von uns hin und wieder eine Schulter zum anlehnen.

Zeigt großes Verantwortungsgefühl und Pflichttreue: DER BÜFFEL

Es tut übrigens auch der Gesundheit gut, wenn man nicht immer nur Stärke markiert... Will man einen Büffel von der Notwendigkeit einer Behandlung überzeugen, braucht man gute Argumente und einiges an Geduld. Bevor ihm nämlich nicht hundertprozentig klar ist, was genau man mit ihm machen will, lässt er niemanden an sich heran. Sein starker Wille hat sicher schon so manchen Therapeuten und Arzt verzweifeln lassen.

Die meisten Büffel wissen ganz genau, was ihnen schmeckt und sind auch konsequent, wenn es darum geht, andere Speisen von ihrem Teller zu verbannen. Manchmal würde es ihnen allerdings gut tun, wenn sie auch einmal Dinge probieren, die sie bislang kategorisch abgelehnt haben

Der Ernährungstipp für den Büffel:

Der Büffel sollte unbedingt darauf achten, dass das, was er zu sich nimmt ihm auch bekommt. Er darf ruhig jeden Morgen mit dem gleichen „langweiligen" Getreidefrühstück starten - solange es aus wertvollen Zutaten stammt!

YING, der TIGER darf sich rundum wohl fühlen

Grund-Element
Holz Yang

Wenn Sie ein Tiger sind, sind Sie in einem der folgenden Jahre geboren: 虎

1938	Erd-Tiger	(31.01.1938-18.02.1939)
1950	Metall-Tiger	(17.02.1950-05.02.1951)
1962	Wasser-Tiger	(05.02.1962-24.01.1963)
1974	Holz-Tiger	(23.01.1974-10.02.1975)
1986	Feuer-Tiger	(09.02.1986-28.01.1987)
1998	Erd-Tiger	(28.01.1998-15.02.1999)
2010	Metall-Tiger	(14.02.2010-02.02.2011)
2022	Wasser-Tiger	(01.02.2022-21.01.2023)

Wer mit dem gemütlichen Erd-Schwein gut klar gekommen ist, hat im vergangenen Jahr sicher auch gelernt, mehr zu genießen und sich Zeit für die wirklich wichtigen Dinge im Leben zu nehmen. Aus dieser entspannten Grundhaltung heraus kann der Tiger 2020 das Vertrauen entwickeln, für die nächsten Stufen seines persönlichen Fortkommens bestens gerüstet zu sein. So kann er mit Hilfe der neuen Jahresherrscherin auf der emotionalen und geistigen Ebene zu mehr Ausgeglichenheit finden und auch gesundheitliche Probleme lassen sich besser in den Griff bekommen.

Mit der Metall-Ratte beginnt ein neuer Zwölfjahreszyklus, der besonders für expansionsfreudige Tierzeichen wie den Tiger spannende Dinge bereit hält. Schließlich scheut sich der König des Dschungels in der Regel nicht, unbekanntes Terrain zu erkunden. Je furchtloser sich der Tiger den kommenden Herausforderungen stellt, desto ansehnlicher wird das Ergebnis sein. Berufliche Veränderungen sind an der Seite des neuen Regenten genauso gut möglich wie ein Ortswechsel oder eine neue Beziehung - die Grenzen setzt der Tiger dabei stets selbst.

Manchmal sollte man sich allerdings nicht nur auf den Rat der Ratte und das eigene Gefühl zu verlassen. Vor allem in finanziellen Angelegenheiten ist es 2020 ratsam, nicht einfach blind loszumarschieren, sondern sich eine Expertenmeinung einzuholen. In Gelddingen ist die Ratte nämlich nicht unbedingt der beste Ansprechpartner.

In der Liebe kann der Tiger dafür umso mehr punkten - vor allem, wenn er sich wirklich auf seinen Partner einlässt. Mit der neuen Regentin mag der erste Kontakt zwar eher oberflächlich sein. Lernt man sich aber erst einmal näher kennen, öffnet sich das Herz und es kann eine wunderbare Basis geschaffen werden, auf der sich langfristig aufbauen lässt.

Ihr Powertipp für 2020

Sehen Sie den neuen Herausforderungen gelassen entgegen und ergreifen Sie beherzt die Gelegenheiten, die sich nun für Sie ergeben.

Wie der Tiger gut durchs Leben kommt

Der König der Tiere braucht auf jeden Fall genug Platz zum Ausbreiten - das gilt sowohl auf privater als auch auf beruflicher Ebene. Dazu kommt noch ein großes Bedürfnis nach Unabhängigkeit und das Gefühl, zu wichtigen Entscheidungen nicht gedrängt zu werden, sondern über sein Schicksal selbst zu bestimmen. Werden dem Tiger diese Freiräume gegeben, wird er seine Fähigkeiten optimal entwickeln können.

Am Arbeitsplatz kommt der Tiger am besten klar, wenn er seine Kompetenz in bestimmten Bereichen ohne Einschränkungen einbringen darf. Dafür muss er gar nicht unbedingt immer der Chef sein (obwohl er das in der Regel sehr gut kann...). Viel wichtiger ist es, dass er auf seinem Gebiet die Kontrolle nicht aus der Hand geben muss. Wird ihm zu viel in sein Fachgebiet reingeredet und seine Kompetenz in Zweifel gestellt, kann der Tiger schnell seine Krallen ausfahren - oder sich beleidigt aus dem Geschehen zurückziehen. Er würde sich das Leben deutlich leichter machen, wenn er dann das Gespräch sucht und Kompromissbereitschaft signalisiert. Das fällt vielen Tigern aber nicht gerade leicht. Als König des Dschungels möchte man am liebsten die Entscheidungen treffen - schließlich weiß man genau, wie das geht!

Auf der privaten Ebene brauchen die meisten Tiger einen Ort, an den sie sich zurückziehen können, wenn die Dinge einmal nicht so laufen wie gewünscht. In der Regel leckt der Tiger seine Wunden nämlich lieber im Verborgenen statt vor den Augen seiner Lieben. Braucht er seine Höhle, sollte er das rechtzeitig ankündigen, damit niemand sich verletzt fühlt, wenn er sich zurückzieht, anstatt das Gespräch zu suchen. Gerade in der Partnerschaft kann sonst der Eindruck entstehen, dass er Auseinandersetzungen lieber aus dem Weg geht, anstatt die Probleme lösen zu wollen.

Die meisten Tiger verfügen im Grunde über eine stabile Gesundheit - und da sind sie in der Regel auch mächtig stolz darauf. Damit das so bleiben kann, ist es wichtig, erste Anzeichen eines Ungleichgewichtes nicht nur

Fühlt sich in Kontrollfunktionen besonders wohl: DER TIGER

wahrzunehmen, sondern auch aktiv gegenzusteuern. Manchmal mag es dafür erforderlich sein, sich Probleme offen einzugestehen und sich eine zweite Meinung einzuholen. Es gibt einfach Situationen, die sollte der Tiger nicht allein mit sich selbst ausmachen! Eine Eigendiagnose bei gesundheitlichen Schwierigkeiten kann sicher hilfreich sein. Im Zweifelsfall ist es aber sicher besser, einen Fachmann mit zu Rate zu ziehen.

Wenn den König der Tiere der Hunger plagt, dann muss sofort etwas auf den Tisch – Qualität und Vitamingehalt werden bei einem leeren Magen schnell zweitrangig. So variiert dann auch sein Speiseplan. Von gesunder Vollwertkost bis zu Chips und Hamburger dürfte so ziemlich alles vertreten sein.

Der Ernährungstipp für den Tiger:

Da der Tiger nicht unbedingt zu den geduldigsten Vertretern im Tierkreis gehört, sind aufwendig zubereitete Speisen in der Regel nichts für ihn. Aber auch wenn es schnell gehen muss, sollte man auf frische und nachhaltig produzierte Lebensmittel zurückgreifen.

MAO, der HASE sollte Entschlossenheit zeigen

Grund-Element
Holz Yin

Wenn Sie ein Hase sind, sind Sie in einem der folgenden Jahre geboren:

兔

1939	Erd-Hase	(19.02.1939-07.02.1940)
1951	Metall-Hase	(06.02.1951-26.01.1952)
1963	Wasser-Hase	(25.01.1963-12.02.1964)
1975	Holz-Hase	(11.02.1975-30.01.1976)
1987	Feuer-Hase	(29.01.1987-16.02.1988)
1999	Erd-Hase	(16.02.1999-04.02.2000)
2011	Metall-Hase	(03.02.2011-22.01.2012)
2023	Wasser-Hase	(22.01.2023-09.02.2024)

Das Erd-Schwein war 2019 ein besonders fürsorglicher Regent für den Hasen, der sich in allen Bereichen unterstützt fühlen konnte. Mit der Ratte übernimmt nun ein Tierzeichen das Zepter, das zwar mit dem Hasen die kreative Ader teilt, sich aber in vielen anderen Bereichen von ihm unterscheidet. Das sollte ihn aber nicht allzu sehr aus dem Gleichgewicht bringen, solange beide sich auf gemeinsame Ziele verständigen können. Wie diese dann erreicht werden, hängt 2020 sicher mehr von der Kompromissbereitschaft des Hasen ab als in den vergangenen Jahren.

Der neue Regent bringt zu einem recht starken Wasserelement auch noch strukturierendes Metall mit in das neue Jahr. Das kann der Hase nun vor allem auf beruflicher Ebene nutzen und seine Wünsche nicht nur deutlicher artikulieren, sondern auch gleich die nötige Planung für eine erfolgreiche Umsetzung präsentieren. Damit neue Projekte ans Laufen kommen können, ist es wichtig bei aller Euphorie, auch den klaren Verstand einzusetzen. Sonst könnte es leicht passieren, dass man dem Hasen in den kommenden Monaten so viel auf die Schultern lädt, dass für die eigenen Ambitionen nur noch wenig Raum bleibt.

Auf der zwischenmenschlichen Ebene sollte sich der Hase nicht allzu irritiert zeigen, wenn der Ton zuweilen etwas fordernder wird. Das gibt ihm gute Gelegenheiten, sich auch bei jenen Menschen besser durchzusetzen, denen er bislang kaum einen Wunsch abschlagen konnte.

Ein gesundes Gleichgewicht zwischen Geben und Nehmen ist 2020 noch wichtiger als zuvor, denn nur so bleiben dem Hasen genug Freiräume, um im neuen Zwölfjahreszyklus eigene Ideen und Projekte an den Start zu bringen.

Ihr Powertipp für 2020

Vordergründige Hindernisse sollten Sie nicht davon abhalten, weiter entschlossen Ihren Weg zu gehen. Bei Licht betrachtet lassen sie sich einfach beseitigen und geben Ihnen Kraft und zusätzliche Stärke.

Wie der Hase gut durchs Leben kommt

Der Hase wird von außen gerne als nachgiebig und sanft wahrgenommen. Lässt er dieses Bild unkorrigiert, führt das oft dazu, dass er in seinem Leben mehr Kompromisse schließen muss, als er das im Grunde möchte. Dabei weiß dieses Tierzeichen durchaus, was es will und verfügt auch über das nötige Geschick, seine Ziele zu erreichen. Was ihm dabei häufig einen Strich durch die Rechnung macht, ist sein großes Harmoniebedürfnis. Viele Hasen gehen lieber einer Auseinandersetzung aus dem Weg und geben nach, als für die eigene Meinung zu kämpfen. Damit nicht der Eindruck entsteht, dass man den Hasen nach Wunsch in die gewünschte Richtung drängen kann, darf er zuweilen etwas mehr Mut und Durchsetzungskraft an den Tag legen.

Auf der beruflichen Ebene fühlt der Hase sich am wohlsten, wenn er in ein sicheres freundliches Umfeld eingebettet ist. Dabei macht er oft den Eindruck, dass ihm gar nicht daran liegt, stetig auf der Karriereleiter nach oben zu klettern. Das kann dazu führen, dass er trotz hervorragender Leistungen bei Beförderungen und neu zu besetzenden Positionen zuweilen übergangen wird. Wenn der Hase sich weiterentwickeln will, muss er über seinen Schatten springen und seine Ambitionen laut und deutlich kundtun.

Auch im Privatleben steht für die meisten Hasen Harmonie an erster Stelle. In einer konfliktgeladenen Umgebung fühlt sich dieses Tierzeichen einfach nicht wohl und kann sich nicht so entfalten, wie es ihm gut tun würde. Der Hase könnte sich manches Problem ersparen, wenn er seine persönlichen Bedürfnisse offener einfordern würde. Das würde auch bedeuten, dass man sich manchmal mit seinem Partner streiten muss. Dafür lässt sich die Sache dann auch schneller aus der Welt schaffen und er muss sich nicht länger darüber innerlich aufregen.

Viele Hasen haben eine recht empfindliche Konstitution. Unterdrückte Konflikte, negative Schwingungen oder auch eine schlechte Stimmung können den feinfühligen Hasen emotional so mitnehmen, dass sich sein Gefühlszustand auf körperlicher Ebene durch eine Krankheit manifestiert. Hinzu kommt, dass sich Hase-Geborene trotz ihrer guten Intuition oft viel zu spät eingestehen, dass es ihnen schlecht geht. So schleppen sie Keime und Bakterien oft über einen langen Zeitraum mit sich herum. Damit der Hase gesund durchs Leben kommt, ist es deshalb wichtig, frühe Zeichen zu erkennen und dann auch gleich aktiv zu werden.

Im Dienst am Menschen zeigt er sich am rechten Platz: DER HASE

Das Dilemma des Hasen bei der Ernährung ist, dass er es am liebsten immer allen recht machen will und dabei zuweilen seine eigenen Bedürfnisse übergeht. Am besten bekommt ihm ein individueller Speiseplan, der ihn stark macht. Mit energiereicher Nahrung versorgt, kann er seinen Körper dauerhaft schützen.

Der Ernährungs-Tipp für den Hasen:

Für den Hasen ist es vor allem wichtig, dass es auch seinem Umfeld schmeckt. Dafür nimmt er durchaus auch Einschränkungen in Kauf. Dabei sollte der Hase ruhig besser auf sein Gefühl vertrauen und Speisen, die ihm nicht behagen, konsequent von seinem Ernährungsplan verbannen.

SHENG, der DRACHE stellt die Weichen für den Erfolg

Grund-Element
Erde Yang

Wenn Sie ein Drache sind, sind Sie in einem der folgenden Jahre geboren:

龍

1928	Erd-Drache	(23.01.1928-09.02.1929)
1940	Metall-Drache	(08.02.1940-26.01.1941)
1952	Wasser-Drache	(27.01.1952-13.02.1953)
1964	Holz-Drache	(13.02.1964-01.02.1965)
1976	Feuer-Drache	(31.01.1976-17.02.1977)
1988	Erd-Drache	(17.02.1988-05.02.1989)
2000	Metall-Drache	(05.02.2000-23.01.2001)
2012	Wasser-Drache	(23.01.2012-09.02.2013)

Endlich ist Schluss mit der abwartenden Haltung, die den Drachen in den letzten beiden Jahren begleitet hat. Hund und Schwein haben den Drachen, das einzige Fabeltier im Chinesischen Tierkreis, immer wieder auf den Boden der Tatsachen zurückgeholt mit ihren pragmatischen Argumenten. Mit der Metall-Ratte an seiner Seite darf der Drache nun endlich wieder fliegen! Von oben betrachtet lassen sich größere Zusammenhänge besser erkennen und mit Aussicht auf Erfolg anstehende Aufgaben in Angriff nehmen.

Keine Idee ist zu verrückt, als dass man sie nicht wenigstens gründlich durchdenken könnte, kein Projekt zu visionär, als dass man es nicht näher in Augenschein nehmen sollte. Der Einfluss der neuen Jahresregentin, der Ratte, bringt die Kreativität des Drachen richtig in Schwung, so dass er von einer frischen Begeisterung getragen wird.

Für die unmittelbare Umgebung des Drachen kann das allerdings 2020 zuweilen etwas viel werden - schließlich kommen nicht alle Tierzeichen so gut mit der Ratte klar wie der Drache. Da kann es sowohl auf der beruflichen als auch der privaten Ebene manchmal nötig sein, einen Gang zurückzuschalten. Schließlich ist es wichtig, seine Mitmenschen mit ins Boot zu nehmen und von den eigenen Visionen zu überzeugen, wenn sich Positives entwickeln soll.

Vor allem im Beruf gibt es für den Drachen in den kommenden Monaten reichlich Gelegenheit zu glänzen. Dabei wird es sich aller Wahrscheinlichkeit nach um neue Projekte handeln, bei denen seine Fähigkeiten und seine Fantasie ganz besonders gefragt sind.

Wer schon länger auf der Suche nach harmonischer Zweisamkeit ist, kann in den kommenden Monaten fündig werden. Aber auch in langjährige Partnerschaften kann mit dem Einfluss der Ratte 2020 frischer Wind kommen.

Ihr Powertipp für 2020

Seien Sie bereit für Veränderungen, aber springen Sie nicht gleich auf jeden Zug auf. Gerade große Schritte wollen gut überlegt werden.

Wie der Drache gut durchs Leben kommt

Bei den Chinesen gilt der Drache als ein Glückszeichen im Tierkreis. Das ist sicher auch der Grund, als vor allem zu Zeiten der Einkind-Politik im Reich der Mitte in Drachenjahren besonders viele Kinder geboren wurden. Man sollte also meinen, dass der Drache gar nicht viel tun muss, um gut durchs Leben zu kommen... aber genau da liegt bei vielen Drachen das Problem. Sie erwarten nämlich zuweilen, dass ihnen das Glück von ganz alleine in den Schoß fällt! Sollte das dann nicht der Fall sein, ist der Drache oft ratlos und weiß nicht so recht, wie er sich verhalten soll. Wer es dagegen nicht als selbstverständlich voraussetzt, dass alles immer wie am Schnürchen läuft und sich selbst engagiert, wird die Früchte seines Fleißes auch ernten können.

Im Beruf wünscht sich der Drache in der Regel ein Tätigkeitsfeld, in dem er glänzen kann. Routinearbeiten und Vorbereitung überlässt er gerne anderen und konzentriert sich lieber auf die Präsentation. Damit das nicht zu bösem Blut führt, ist es wichtig, dass er auch all diejenigen mit ins Boot nimmt, die zuverlässig ihre Arbeit erledigen und dabei mit Lob und Anerkennung nicht spart. Nicht jeder hat die Gabe, über so vielfältige Talente zu verfügen wie der charismatische Drache! Stellt er seine Fähigkeiten in den Dienst der Allgemeinheit ist ihm in der Regel die Anerkennung gewiss. Das ist den meisten Drachen ohnehin wichtiger als der finanzielle Ausgleich.

Auch im Bereich der zwischenmenschlichen Beziehungen kommt der Drache am besten klar, wenn er sich nicht zu sehr in den Vordergrund spielt. Gerade in der Partnerschaft ist es für die Zufriedenheit enorm wichtig, dass beide Seiten zu ihrem Recht kommen. Gibt der Drache hier zu sehr den Ton an, kann es schnell zu einer emotionalen Schieflage kommen.

Krankheit und Schwäche wollen einfach nicht so recht zu dem geflügelten Glückstier passen. Das ist sicher auch der Grund, warum sich der Drache recht schwer tut, wenn es ihn irgendwo zwickt oder er sich nicht hundertprozentig fit fühlt. Am besten kommt er aus die-

Steht gern im Rampenlicht und hat viel Fantasie: DER DRACHE

sem Tief wieder heraus, wenn er sich seiner Umgebung mitteilen darf - auch wenn das zuhören in einem solchen Fall für seine Lieben nicht unbedingt einfach ist. Dafür ist er im Gegenzug aber auch immer bereit, kompetenten Rat anzunehmen.

Den gesundheitlichen Aspekt seines Speiseplanes lässt so mancher Drache mehr oder weniger außer Acht. Sein Essen soll vor allen Dingen Auge und Gaumen erfreuen und am besten auch noch mächtig Eindruck schinden. Vitamine, Mineralstoffe und Co. sind ihm nicht so wichtig wie der Geschmack. Damit ihm die Mahlzeiten wirklich gut bekommen, wäre es sicher sinnvoll, das Thema Ernährung nicht nur an der Oberfläche anzukratzen.

Der Ernährungs-Tipp für den Drachen:

Auch wenn es ihm nicht so wichtig ist, wo die Zutaten für seine kreativen Menüs herstammen, sollte der Drache sich mehr damit beschäftigen, was er seinem Körper an Nahrung zuführt. Ein bisschen mehr auf Inhaltsstoffe, Herkunft und Mengen zu achten, würde seiner Gesundheit auf jeden Fall gut tun.

SZE, die SCHLANGE kommt stetig voran

Grund-Element
Feuer Yin

Wenn Sie eine Schlange sind, sind Sie in einem der folgenden Jahre geboren:

蛇

1929	Erd-Schlange	(10.02.1929-29.01.1930)
1941	Metall-Schlange	(27.01.1941-14.02.1942)
1953	Wasser-Schlange	(14.02.1953-02.02.1954)
1965	Holz-Schlange	(02.02.1965-20.01.1966)
1977	Feuer-Schlange	(18.02.1977-06.02.1978)
1989	Erd-Schlange	(06.02.1989-26.01.1990)
2001	Metall-Schlange	(24.01.2001-11.02.2002)
2013	Wasser-Schlange	(10.02.2013-30.01.2014)

Mit dem Schwein als Herrscher mag so manche Schlange ihre Probleme gehabt haben. Die Einstellung zum Leben im Allgemeinen ist bei diesen Beiden aber auch wirklich sehr unterschiedlich! Das hat vielleicht dazu geführt, dass sich die Schlange in vielen Bereichen 2019 deutlich zurückgehalten hat und nun darauf brennt, wieder ein wenig aktiver ins Geschehen einzugreifen. Mit der cleveren und agilen Metall-Ratte ist das sicher besser möglich, denn gerade dieses Tierzeichen verfügt über einen sehr guten Überblick. Mit Hilfe der neuen Herrscherin kann sich die Schlange ein recht klares Bild von dem machen, was sein könnte.

Bleibt die Frage, ob die Schlange mit den gebotenen Möglichkeiten zufrieden ist. Zumal die Ratte sich nicht unbedingt um die Fakten kümmert, sondern erst einmal mit viel Fantasie Pläne macht. Für den Erfolg der Schlange ist es 2020 deshalb wichtig, dass sie für sich Klarheit über die aktuelle Situation gewinnt und erst dann handelt, wenn sie sich sicher und bestätigt fühlt.

Sollte das zu Beginn des neuen Zwölfjahreszyklus zu Verzögerungen führen, darf man diese getrost in Kauf nehmen. Am Ende zählt die beste Vorbereitung und nicht das schnellste Ergebnis.

Eine klare Kommunikation sollte für die Schlange in den kommenden Monaten auf allen Ebenen ganz groß geschrieben werden. Besonders im Bereich der zwischenmenschlichen Beziehungen bleiben ansonsten viele Dinge einfach auf der Gedankenebene hängen und setzen ein Kopfkino in Gang, das viel Energie in Anspruch nimmt und alle Beteiligten nur hemmen kann. Da ist es allemal besser, offen über die eigenen Wünsche und Bedürfnisse zu sprechen. Wer zu sehr über die Gefühle und Belange seiner Lieben grübelt, kommt im Jahr der Metall-Ratte nicht ganz so schnell ans Ziel.

Ihr Powertipp für 2020

Lassen Sie sich nicht von kleineren Problemen irritieren, die in den kommenden Monaten auftreten können. Wer das große Ziel im Auge behält, wird es auch erreichen.

Wie die Schlange gut durchs Leben kommt

So manche Schlange könnte sich das Leben deutlich leichter machen, wenn sie nicht immer allen Dingen hundertprozentig auf den Grund gehen müsste. Ihre Genauigkeit kostet sie nämlich nicht nur viel Zeit, sondern hindert sie unter Umständen auch daran, in vielen Bereichen richtig durchzustarten. Wer immer überlegt, dass er noch nicht genug weiß, zögert vielleicht im entscheidenden Moment einfach zu lange, ehe er in die Gänge kommt. Da sind andere dann unter Umständen deutlich schneller zur Stelle und bekommen tolle Chancen, die eigentlich der Schlange zugestanden hätten.

Auf der anderen Seite ist es in unseren oberflächlichen und schnelllebigen Zeiten auch sinnvoll, wenn man nicht zu schnell voran sprintet, sondern sich gerade bei wichtigen Entscheidungen die nötige Zeit nimmt. Für die Schlange geht es vor allem darum, eine gute Balance zwischen beiden Polen zu finden. Mit ihrem tiefen Wissen wird sie dann ein solides Fundament aufbauen, auf dem sich die gründliche Arbeiterin optimal entfalten kann.

Im Chinesischen Horoskop wird die Schlange gerne als die „Verführerin" bezeichnet, wenn es um die Liebe geht. Dem wird sie im wirklichen Leben allerdings nur dann gerecht, wenn sie sich sicher fühlt in ihrer Umgebung. Ansonsten verhält sie sich nämlich lieber zurückhaltend und wirkt manchmal sogar zögerlich, wenn es darum geht, die andere Seite von ihrem Charme zu überzeugen. Die meisten Schlangen brauchen positives Feedback, damit sie sich trauen, ihre wahre Seite zu zeigen.

Nicht umsonst sagt man der Schlange einen guten Draht nach oben nach, denn gemeinsam mit dem Drachen zählt dieses Tierzeichen zum „Haus der Spiritualität". Sie kommt in der Regel besser mit ihrer Umgebung klar, wenn sie mit diesem Wissen nicht hausieren geht, sondern es einfach ganz selbstverständlich in ihren Alltag integriert.

Auch wenn es um die eigene Gesundheit geht, darf die Schlange darauf vertrauen, die richtigen Informationen und Eingebungen für

Ist detailverliebt, weise und wissbegierig: DIE SCHLANGE

die Genesung zu bekommen. Wenn sie sich einmal für eine Behandlungsmethode entscheidet, sollte sie sich sich davon nicht mehr abbringen lassen. Schwankt sie zwischen verschiedenen Ansätzen und ist nicht mit voller Überzeugung dabei, wird das Ergebnis unter Umständen nicht so recht befriedigen.

Hat das Thema Ernährung erst einmal das Interesse der Schlange geweckt, bleibt sie garantiert mit Ausdauer am Ball. Sie verfolgt aktuelle Trends, befragt die Menschen in ihrem Umfeld nach deren Erfahrungen und studiert entsprechende Literatur. Bei ihrem Wissensdrang vergisst sie allerdings manchmal die Umsetzung in die Realität. Das kann dann dazu führen, dass sie ihr umfassendes Wissen einfach nicht in die Praxis umsetzt.

Der Ernährungs-Tipp für die Schlange:

Die Schlange möchte schon ganz genau wissen, woher ihre Nahrung stammt. Nachhaltig, fair und gesund sind für sie wichtige Kriterien, wenn es darum geht, den eigenen Speiseplan zusammenzustellen. Manchmal ist sie vielleicht ein bisschen zu akribisch in der Recherche...

WU, das PFERD trotzt allen Stürmen

Grund-Element
Feuer Yang

Wenn Sie ein Pferd sind, sind Sie in einem der folgenden Jahre geboren:

馬

1930	Metall-Pferd	(30.01.1930-16.02.1931)
1942	Wasser-Pferd	(15.02.1942-04.02.1943)
1954	Holz-Pferd	(03.02.1954-23.01.1955)
1966	Feuer-Pferd	(21.01.1966-08.02.1967)
1978	Erd-Pferd	(07.02.1978-27.01.1979)
1990	Metall-Pferd	(27.01.1990-14.02.1991)
2002	Wasser-Pferd	(12.02.2002-31.01.2003)
2014	Holz-Pferd	(31.01.2014-18.02.2015)

Mit der Metall-Ratte übernimmt nach dem Schwein ein weiteres Tierzeichen mit einem starken Wasser-Element die Regentschaft. Da sollte das Pferd mit seinem starken Feuer tunlichst darauf achten, im Gleichgewicht zu bleiben. Hinzu kommt, dass Ratte und Pferd im chinesischen Tierkreis in der Opposition stehen und recht unterschiedliche Auffassungen haben, wie vor allem Beruf und Alltag zu meistern sind. Das Pferd war traditionell immer schon mehr der Macher, während man der Ratte in der Regel auf der geistigen Ebene die größten Fähigkeiten nachsagt.

Doch diese Gegensätze kann das Pferd in den nächsten zwölf Monaten durchaus für sich nutzen. Schließlich ergänzt die Ratte seinen oft rein praktischen Ansatz, was in allen Bereichen des Lebens eine gute Planung ermöglicht. Allzu ungeduldig darf das Pferd dabei aber nicht werden - schließlich muss unter dem Einfluss des neuen Regenten erst einmal alles gut durchdacht werden, bevor man zur Tat schreiten kann. Das kann erfahrungsgemäß schon mal etwas länger dauern. Dafür gibt es dann vielleicht auch weniger Schnellschüsse, die am Ende zu nichts führen und dem Pferd bleiben einige Enttäuschungen erspart.

Es mag dem Pferd jetzt wiederholt passieren, dass sich die unmittelbare Umgebung nicht für die eigenen Ideen begeistern lässt und man ihm nicht sofort die Unterstützung zukommen lässt, die es sich wünschen würde. Das wird seinen Ehrgeiz sicher erst recht anspornen und vielleicht dazu führen, dass es sich mit Aktionen verausgabt, die wenig Erfolg versprechen.

In der Liebe geht es im Jahr der Ratte weniger darum zu handeln. Da spielt sich nun deutlich mehr auf der Gefühlsebene ab, was für so manches Pferd ein wenig ungewohnt sein mag. Wer offener mit seinen Emotionen umgeht, bekommt von der anderen Seite sicher deutlich mehr zurück.

Ihr Powertipp für 2020

Halten Sie im Jahr der Ratte die Bälle flach und starten Sie keine riskanten Unternehmungen! Auch mit kleinen besonnenen Schritten kann man dem Ziel näher kommen.

Wie das Pferd gut durchs Leben kommt

Da das Pferd das männliche Prinzip im Chinesischen Tierkreis repräsentiert, setzt die Außenwelt oft einfach voraus, dass es entschlossen und gradlinig seinen Weg durchs Leben geht und keine Herausforderung scheut. Dabei verfügt dieses Tierzeichen in seinem Inneren über einen recht starken Yin-Anteil, darf seine sanften Seiten aber oft nicht so zeigen, wie es sich das wünschen würde. Damit sich daraus kein Dilemma entwickeln kann, ist es wichtig für das Pferd, grundsätzliche Entscheidungen unabhängig von seinem Umfeld zu treffen. Wenn es ihm gelingt, Yin und Yang in der Waage zu halten, stellt sich nicht nur eine innere Zufriedenheit ein, sondern auch der Erfolg lässt nicht auf sich warten.

Auf der beruflichen Ebene kommt das Pferd am besten klar, wenn es in einem Team von Gleichgesinnten an interessanten Projekten arbeiten darf. Gemeinsam werden tragfähigen Lösungen entwickelt, jeder darf seine Meinung äußern und niemand drängt sich in den Vordergrund... so sieht das perfekte Arbeitsklima für das Pferd aus. Wenn man ihm dann noch die Freiheit lässt, eigene gut durchdachte Pläne zu entwickeln, kann das Pferd eine echte Bereicherung für sein Arbeitsumfeld sein.

Im Bereich der persönlichen Beziehungen mag so manches Pferd erst einmal zu direkt auf seine Umgebung wirkt. Denn dieses Tierzeichen scheut sich in der Regel nicht davor anzupacken, wenn es darauf ankommt und Verantwortung für seine Beziehungen zu übernehmen. Das kann allerdings leicht dazu führen, dass dem Pferd mehr Lasten aufgebürdet werden, als es eigentlich übernehmen möchte. Manchmal möchte auch das energische Pferd Schwäche zeigen dürfen und sich auf andere verlassen anstatt sich immer um alles selbst zu kümmern. In der Partnerschaft ist es deshalb wichtig, dass die Rollenverteilung nicht zu starr festgelegt wird.

Geht es um seine Gesundheit, gehört das Pferd nicht zu den Tierzeichen, die sich bei jeder Kleinigkeit hilfesuchend an einen Therapeuten wenden. Mitunter hat es die Neigung, zu lange zu warten, bis es Rat und Unterstützung von außen sucht. Gesundheitliche Probleme versucht es zunächst, alleine in den Griff zu bekommen, denn es behagt ihm nicht, sich von anderen abhängig zu machen. Selbst im Familienkreis oder vor dem Partner spielt es seinen Zustand herunter und will nicht, dass Rücksicht genommen wird. Das kann ihm immer dann gefährlich werden, wenn es dadurch Krankheiten verschleppt.

Hat den richtigen Teamgeist und zeigt viel Fleiß: DAS PFERD

In Ernährungsfragen sind die meisten Pferde recht pragmatisch. Es wird gegessen, was da ist! Befindet sich der Bauernladen direkt um die Ecke, kauft es im Sommer mit Begeisterung dort ein und freut sich über das frische Gemüse und Obst. Gibt es dagegen nur den Supermarkt, kommt es auch damit klar.

Der Ernährungs-Tipp für das Pferd:

Im Grunde weiß das Pferd schon, wie eine ausgewogene Ernährung aussehen sollte. Im Alltag gibt es allerdings meist - aus seiner Sicht - viel wichtigere Dinge zu beachten, so dass man sich einfach nicht die Zeit nimmt, sich um gesundes Essen zu kümmern. Da hilft nur, die Prioritäten neu auszurichten!

WEI, die ZIEGE sollte selbstbewusst ihre Ziele verfolgen

Grund-Element
Erde Yin

Wenn Sie eine Ziege sind, sind Sie in einem der folgenden Jahre geboren:

羊

1931	Metall-Ziege	(17.02.1931-05.02.1932)
1943	Wasser-Ziege	(05.02.1943-24.01.1944)
1955	Holz-Ziege	(24.01.1955-11.02.1956)
1967	Feuer-Ziege	(09.02.1967-29.01.1968)
1979	Erd-Ziege	(28.01.1979-15.02.1980)
1991	Metall-Ziege	(15.02.1991-03.02.1992)
2003	Wasser-Ziege	(01.02.2003-21.01.2004)
2015	Holz-Ziege	(19.02.2015-07.02.2016)

Mit dem Erd-Schwein hatte die Ziege ein ganz besonders inniges Verhältnis - man hat sich einfach auf allen Ebenen verstanden! So waren die letzten zwölf Monate sicher vielfach von Harmonie geprägt und haben der Ziege ausreichend Gelegenheit gegeben, die ihr wichtigen Pläne zu verfolgen.

Mit der Metall-Ratte ist die Ziege nicht ganz so sehr auf einer Wellenlänge. Sie kann mit dem sprunghaften Geist des neuen Herrschers in der Regel recht wenig anfangen - da mangelt es ihr einfach an Vorstellungskraft. Umgekehrt ist der Ratte die Methodik der Ziege manchmal ein bisschen lästig, denn viele ihrer großartigen Ideen halten dem prüfenden Auge der Ziege nicht unbedingt stand. Leben und leben lassen könnte das Verhältnis dieser Beiden in den nächsten zwölf Monaten recht gut beschreiben.

Die Ziege sollte in Ruhe zielstrebig ihren persönlichen Weg weiterverfolgen. Dabei sollte sie tunlichst vermeiden, sich zu sehr in die Belange anderer einzumischen, denn darauf kann das persönliche Umfeld und dort vor allem der Partner schneller als in der Vergangenheit gereizt reagieren. Um so wichtiger ist es 2020 seine Worte mit Bedacht zu wählen - vor allem dann, wenn die Ziege sich bemüßigt fühlt, Kritik zu üben.

Beruflich können sich die Dinge für die Ziege immer dann gut entwickeln, wenn sie im letzten Jahr des alten Tierzeichen-Zyklus die richtigen Weichen gestellt hat. Wer jedoch noch immer alten Seilschaften nachhängt und zu viel auf die Meinung anderer gibt, anstatt auf seinen Bauch zu hören, darf in den kommenden Monaten kaum auf Unterstützung hoffen.

Bei finanziellen Angelegenheiten ist im Jahr der Ratte immer ein wenig Vorsicht geboten, denn das erste Zeichen im Chinesischen Kreis neigt bei seinen Ausgaben oft ein wenig zum Leichtsinn.

Ihr Powertipp für 2020

Richten Sie Ihr Leben danach aus, was Ihnen gut tut und lassen Sie sich nicht aus Sorge um Andere oder vor der öffentlichen Meinung davon abhalten.

Wie die Ziege gut durchs Leben kommt

Das Element der Ziege ist die Yin Erde. Die steht in der Fünf-Elemente-Lehre vor allem für das Mütterliche, Gebende. Da ist es nicht verwunderlich, dass man in der Chinesischen Astrologie dieses Tierzeichen mit dem weiblichen Prinzip in Verbindung bringt. Und tatsächlich verschreiben viele Ziegen ihr Leben dem Dienst an den Menschen, die ihnen wichtig sind und die ihre Unterstützung brauchen. Dagegen ist absolut nichts einzuwenden, so lange die Ziege in ihrer Aufgabe aufgeht und dabei selbst nicht zu kurz kommt. Meistens braucht dieses Tierzeichen allerdings zuweilen einen sanften Anstupser, damit es bei aller Sorge um seine Nächsten selbst nicht ins Hintertreffen gerät. Nimmt sich die Ziege genug Zeit für die eigenen Bedürfnisse, kann sie zufriedener durchs Leben kommen.

In der Liebe wünschen sich die meisten Ziegen eine starke Schulter zum Anlehnen. Besonders bei weiblichen Ziegen kommt es in der Regel sehr gut an, wenn die andere Seite beherzt die Initiative ergreift und ihr Herz erobert. Schwieriger wird es, wenn der auserkorene Herzensmensch keine Anstalten macht, auf sie zuzugehen. In einem solchen Fall braucht es mehr Mut auf der Seite der Ziege - sonst wird so manche vielversprechende Begegnung im Sand verlaufen.

Fühlt sich die Ziege in ihrer Partnerschaft wohl, kann sie dann durchaus auch Initiative zeigen und die Führung übernehmen, um ihre Wünsche umzusetzen - natürlich mit der Zustimmung der besseren Hälfte!

Im Beruf kommen die meisten Ziegen am besten klar, wenn sie eine gute Struktur am Arbeitsplatz vorfinden und methodisch ihre Aufgaben erledigen. Viele Ziegen fühlen sich nicht besonders wohl, wenn man sie in eine Führungsrolle drängt. Sie wünschen sich vielmehr klare Vorgaben, nach denen sie Projekte dann auch gerne selbständig und zügig erledigen. Sind die Positionen klar definiert, weiß die Ziege genau woran sie ist und kann sich ganz entspannt ans Werk machen.

So sehr sich die meisten Ziege-Geborenen um das Wohlergehen ihrer Lieben sorgen, so wenig kümmern sie sich oft um die eigene Gesundheit. Viele suchen oft erst dann Hilfe, wenn das Kind bereits in den Brunnen gefallen ist. Dann ordnen sie sich allerdings bereitwillig dem Arzt oder Therapeuten unter und lassen sich ohne Murren wie ein braves Lamm führen. Ein wenig mehr kritischer Abstand wäre da zuweilen sicher angebracht - auch wenn es der Ziege nicht leicht fällt, andere auf ihre Fehler aufmerksam zu machen.

Besitzt viel Kunstverständnis und ist sehr hilfsbereit: DIE ZIEGE

Den meisten Ziegen ist durchaus klar, wie wichtig das Thema Ernährung für das das eigene Wohlbefinden und das ihrer Lieben ist. Gesundes Essen will allerdings gut geplant und organisiert sein - für spontane Versuche und Schnellschüsse ist da recht wenig Platz.

Der Ernährungs-Tipp für die Ziege:

Die meisten Ziegen ernähren sich durchaus bewusst und achten auf Kalorien und Nährstoffe. Manchmal gehen sie vielleicht zu sehr nach einem Schema vor und vergessen darüber ein wenig den Genuss... Um die Freude am Essen nicht zu verlieren, ist es wichtig, manchmal nicht ganz so streng mit sich zu sein.

SUNG, dem AFFEN bieten sich viele Chancen

Grund-Element
Metall Yang

Wenn Sie ein Affe sind, sind Sie in einem der folgenden Jahre geboren:

猴

1932	Wasser-Affe	(06.02.1932-25.01.1933)
1944	Holz-Affe	(25.01.1944-12.02.1945)
1956	Feuer-Affe	(12.02.1956-30.01.1957)
1968	Erd-Affe	(30.01.1968-16.02.1969)
1980	Metall-Affe	(16.02.1980-04.02.1981)
1992	Wasser-Affe	(04.02.1992-22.01.1993)
2004	Holz-Affe	(22.01.2004-08.02.2005)
2016	Feuer-Affe	(08.02.2016-28.01.2017)

Für den Affen brechen 2020 aufregende Zeiten an! Schließlich gehört die Ratte zu den Tierzeichen, die ihn am besten ergänzen! Ging es mit dem Erd-Schwein in den vergangenen zwölf Monaten vor allem darum, aufzuräumen und Platz für Neues zu schaffen, darf nun jede Menge Neues im Leben des Affen Einzug halten. Wer 2019 seine Zeit allerdings mehr mit Genießen anstatt Arbeiten verbracht hat, muss nun vielleicht erst einmal eine Menge nachholen, bevor eine Neuausrichtung möglich ist.

Ratte und Affe gehören aus Sicht der Chinesischen Astrologie zum Norddreieck, was unter anderem das Wasser-Element und damit auch die Bereiche Kommunikation und Reisen stärkt. 2020 kann der Affe deshalb mehr unterwegs sein als noch in den Jahren zuvor. Sein Geschick im Gespräch mit anderen Menschen ebnet ihm jetzt manchen Weg und öffnet manche Tür, die in den vergangenen Monaten noch verschlossen war. Seine verbalen und manuellen Fähigkeiten brauchen in der Regel nur einen kleinen Impuls, damit daraus wirklich beeindruckende Dinge entstehen können. Genau diesen bringt die neue Regentin mit, die vor allem durch ihre kreativen Einfälle verblüfft. Der Affe kann diese auf allen Ebenen aufgreifen und zur Reife bringen, was sich nicht nur im Geldbeutel, sondern auch am Grad seiner inneren Zufriedenheit zeigen dürfte.

Auf der privaten Ebene dürfte es für den Affen immer dann rund laufen, wenn er bei all seinen Aktivitäten immer auch seine Lebensqualität im Blick behält. Davon profitiert er dann nicht nur selbst, sondern auch seine Lieben. Eine Gefahr für den Affen besteht 2020 allerdings darin, dass er wieder einmal zu viel auf einmal will, was Partner und Familie vor einige Herausforderungen stellen könnte. In der Regel wird man aber sicher bereit sein, ihm in den kommenden Monaten den Rücken frei zu halten.

Ihr Powertipp für 2020

Bei der Fülle der Möglichkeiten ist es nun wirklich wichtig, dass Sie sich nicht verzetteln. Wählen Sie Ihre Projekte mit Weitsicht und springen Sie nicht auf jeden Zug auf.

Wie der Affe gut durchs Leben kommt

Die meisten Affen sind gern vorne mit dabei, wenn es darum geht, etwas Neues zu probieren. Dadurch gestaltet sich ihr Leben in der Regel bunt und abwechslungsreich. Das ist auch gut so, denn Langeweile und Eintönigkeit bekommen diesem Tierzeichen überhaupt nicht gut! Vor allem auf der beruflichen Ebene kann das schnell dazu führen, dass der Affe die Lust verliert und nicht die Leistung bringt, zu der er im Grunde in der Lage wäre. Lässt er sich zu sehr ablenken, kann er sich einfach nicht mehr auf das konzentrieren, was von ihm verlangt wird. In der Regel schafft er es aber fast immer rechtzeitig, die Kurve zu kriegen und doch noch ein passables Ergebnis hinzulegen.

Im Gegensatz zu vielen anderen Tierzeichen im Chinesischen Horoskop macht es dem Affen nichts aus, auf verschiedenen Hochzeiten gleichzeitig zu tanzen. Dabei vergisst er allerdings zuweilen, dass er damit nicht nur sich selbst unnötig unter Druck setzt, sondern auch seine Umgebung ganz schön stressen kann.

Das geht schon in der Jugend los, wenn sich die Eltern ständig Sorgen machen müssen, ob bei allen Aktivitäten die Schule nicht zu kurz kommt. Später im Erwachsenenalter mag der Partner zuweilen den Überblick verlieren und sich unter Umständen regelrecht abgehängt fühlen, wenn der Affe wieder einmal ohne vorherige Absprache voran prescht. Damit das persönliche Umfeld dabei nicht frustriert das Handtuch wirft, sind eine offene Kommunikation und rechtzeitige Ankündigungen enorm wichtig.

In Situationen, die der Affe alleine nicht bewältigen kann, ist es für sein Wohlbefinden unabdingbar, dass er auch mal einen guten Rat annimmt und der anderen Seite gut zuhört - auch wenn ihm das nicht immer leicht fällt.

Leider nehmen viele Affen ihre Gesundheit nicht immer ernst genug. Wer will sich schon von kleinen Wehwehchen die Lebensfreude verderben lassen! Damit sich diese nicht zu größeren Problemen entwickeln können, würde es diesem Tierzeichen sicher nicht schaden, ein bisschen mehr auf die Signale seines Körpers zu hören. Die Sorglosigkeit, mit der der Affe Krankheiten begegnet, hat ihre guten und schlechten Seiten. Er ist der festen Überzeugung, dass ihn nichts wirklich Schlimmes treffen kann und kann mit dieser positiven Grundhaltung sicher so manches Leiden abwenden oder seine Heilung beschleunigen. Auf der anderen Seite fehlt es ihm jedoch manchmal an der nötigen Ernsthaftigkeit, die es braucht, langwierige Therapien oder schmerzhafte Behandlungen durchzustehen.

Liebt es spannend, abwechslungsreich und glänzt mit Worten: DER AFFE

Die meisten Affen sind Genussmenschen, die sich auf keinen Fall einschränken lassen möchten. Damit sie gesund und fit durchs Leben gehen können, ist es aber wichtig, zuweilen auch einmal auf die Bremse zu treten..

Der Ernährungs-Tipp für den Affen:

Für die meisten Affen gilt: „Je umfassender das Angebot, desto besser!" Das kann allerdings dazu führen, dass der Affe bei Essen gerne mal über die Stränge schlägt. Gelingt es ihm, mehr auf die Qualität und weniger auf die Menge zu achten, kann er sich vielseitig und gut ernähren.

YU, der HAHN kommt mit Gelassenheit gut voran

Grund-Element
Metall Yin

Wenn Sie ein Hahn sind, sind Sie in einem der folgenden Jahre geboren:

雞

1933	Wasser-Hahn	(26.01.1933-13.02.1934)
1945	Holz-Hahn	(13.02.1945-01.02.1946)
1957	Feuer-Hahn	(31.01.1957-17.02.1958)
1969	Erd-Hahn	(17.02.1969-05.02.1970)
1981	Metall-Hahn	(05.02.1981-24.01.1982)
1993	Wasser-Hahn	(23.01.1993-09.02.1994)
2005	Holz-Hahn	(09.02.2005-28.01.2006)
2017	Feuer-Hahn	(29.01.2017-15.02.2018)

Hahn und Ratte mögen auf den ersten Blick nicht viel gemeinsam haben. Trotzdem können sich diese Beiden auf vielen Ebenen unterstützen. Voraussetzung dafür ist allerdings, dass man einen gesunden Abstand zueinander hält und sich nicht gegenseitig in die Quere kommt.

Ging es 2019 für den Hahn vor allem darum, seinen Pflichten nachzukommen und liegengebliebene Aufgaben zu erledigen, weht mit der Ankunft der neuen Regentin nun ein deutlich frischerer und innovativerer Wind. Das dürfte den meisten Hähnen gut gefallen, denn schließlich ist dieses Tierzeichen bekannt dafür, sich für neue Trends und interessante Ideen zu begeistern. Langweilig wird es in den nächsten 12 Monaten also auf keinen Fall werden.

Mit der Ratte als neuem Herrscher dürfte es 2020 mehr als genug spannende neue Aufgaben für den Hahn geben. Damit er sich für die besten Optionen entscheiden kann, ist es wichtig, die Augen aufzuhalten und sich auf die für ihn passenden Projekte zu konzentrieren.

Besonders die Gelegenheiten, die sich nun auf der beruflichen Ebene bilden, scheinen auf den ersten Blick recht erfolgversprechend zu sein. Der Hahn sollte aber nicht vergessen, dass die Aktivitäten der Ratte eher auf kurzfristige Ergebnisse ausgerichtet sind. Es ist also jetzt nicht ratsam, sich zu sehr auf solche Optionen zu verlassen.

Bei den persönlichen Beziehungen tut der Hahn gut daran, weiterhin auf gegenseitiges Verständnis und Harmonie zu bauen. Wichtig bleibt der gegenseitige Austausch und absolute Ehrlichkeit im Miteinander. Die neue Herrscherin hat zuweilen die Tendenz, ihre Gedanken eher für sich zu behalten und Versprechen manchmal etwas zu leichtfertig zu geben. Auf derartige Spielchen sollte sich der Hahn aber in den kommenden Monaten auf keinen Fall einlassen und felsenfest zu seinem Wort stehen.

Ihr Powertipp für 2020

Verlassen Sie sich nicht darauf, dass man Sie unterstützt. Am besten kommen Sie voran, wenn Sie vor allem auf die eigenen Fähigkeiten bauen.

Wie der Hahn gut durchs Leben kommt

Er präsentiert sich mit viel Disziplin und einem Hang zur Perfektion: DER HAHN

Der Hahn weiß in der Regel ganz genau, was er braucht. Schließlich zählt er zu den Tierzeichen, die besonders gut für sich sorgen können. So scheut er nicht davor zurück, seine Bedürfnisse anzumelden und im Zweifelsfall ohne Wenn und Aber auch gegen Widerstand durchzusetzen. Das kommt vielleicht nicht immer gut in seiner Umgebung an, ist aber für sein persönliches Wohlbefinden notwendig. Zur Not setzt er seine Entscheidungen auch alleine um, schließlich ist er das seinem Körper und seinem Geist schuldig.

Manchmal kann es ihm allerdings passieren, dass er sich zu sehr von Äußerlichkeiten ablenken lässt. Dann trifft er seine Entscheidungen weniger danach, was ihm wirklich gut tut, sondern konzentriert sich mehr darauf, was nach außen das bessere Bild abgibt.

Eine möglichst makellose Erscheinung ist für den Hahn enorm wichtig - sonst fühlt er sich einfach nicht wohl. Partner und Familie mögen damit manchmal Probleme haben, können sich aber mit der Situation arrangieren, solange der Hahn nicht versucht, seinen Hang zum Perfektionismus auch an seinen Lieben auszulassen. Leben und leben lassen lautet hier die Devise, wenn er in diesem Bereich Konflikte vermeiden möchte.

Im Beruf kommt dem Hahn seine Genauigkeit zugute. Vor allem, wenn er darüber wachen darf, dass alles richtig gemacht wird, ist er in seinem Element. Nicht umsonst gehört der Hahn zu den „Chefs" im Chinesischen Tierkreis! Damit es bei seiner unermüdlichen Kontrolle kein Murren gibt, ist es wichtig, Kollegen und Mitarbeiter in wichtige Pläne miteinzubeziehen und ihnen auch Vertrauen zu bekunden. Einsame Entscheidungen mögen nach dem Geschmack des Hahnes sein, bringen aber mittelfristig meistens Probleme mit sich.

Der stolze Hahn achtet sehr auf seine Gesundheit, denn er ist sich bewusst, dass Körper und Geist sein höchstes Gut sind. So kann er einen mächtigen Ehrgeiz entwickeln, wenn es darum geht, sich selbst fit und gesund zu halten. Dabei kann es ihm allerdings leicht passieren, dass er seine persönlichen Ambitionen zu hoch schraubt und sich mehr zumutet, als ihm gut bekommt. Dann braucht es klare Ansagen aus seinem Umfeld, damit er seine Aktivitäten auf ein vernünftiges Maß zurückschraubt und es nicht übertreibt.

Ob Sport oder gesunde Ernährung – der Hahn ist meist auf dem neuesten Stand und spürt Trends oft schon dann auf, wenn sie noch gar nicht ans Licht der Öffentlichkeit gedrungen sind. Hat er eine Methode für sich als richtig erkannt, verschreibt er sich ihr gerne mit Haut und Haar und folgt akribisch dem aufgestellten Plan. Schließlich will er ja auf jeden Fall alles richtig machen. Unter Umständen neigt er dann allerdings dazu, sein Umfeld missionieren zu wollen.

Der Ernährungs-Tipp für den Hahn:

Vor allem optisch ansprechend sollte eine gute Mahlzeit für den Hahn sein. Darüber hinaus ist ihm aber auch die Qualität der Zutaten sehr wichtig. Gelingt es ihm, beide Aspekte zu kombinieren, ernährt er sich nicht nur gesund, sondern kann seine Mahlzeiten auch richtig genießen.

SHIH, der HUND sollte nichts überstürzen

Grund-Element
Erde Yang

Wenn Sie ein Hund sind, sind Sie in einem der folgenden Jahre geboren:

犬

1934	Holz-Hund	(14.02.1934-03.02.1935)
1946	Feuer-Hund	(02.02.1946-21.01.1947)
1958	Erd-Hund	(18.02.1958-07.02.1959)
1970	Metall-Hund	(06.02.1970-26.01.1971)
1982	Wasser-Hund	(25.01.1982-12.02.1983)
1994	Holz-Hund	(10.02.1994-30.01.1995)
2006	Feuer-Hund	(29.01.2006-17.02.2007)
2018	Erd-Hund	(16.02.2018-04.02.2019)

In den letzten beiden Jahren wurde die Loyalität des Hundes belohnt und er konnte sich in einem sicheren Umfeld und nach seinem eigenen Tempo entwickeln. Gerade mit dem Schwein stand 2019 mehr Gefühl und weniger Anspannung auf der Agenda.

Mit der Metall-Ratte beginnt 2020 ein neuer Zwölfjahreszyklus, der alle Tierzeichen beeinflusst und auch für den Hund einiges an Veränderung mit sich bringen kann. Das könnte vor allem jene Hundgeborene gehörig irritieren, die sich generell mit neuen Situationen eher schwer tun. Hinzu kommt, dass die neue Regentin im Vergleich zu ihrem Vorgänger, dem Schwein, ein deutlich schnellere Gangart an den Tag legt, was für zusätzlichen Stress sorgen kann.

Niemand verpflichtet den Hund dazu, sich den Strategien der neuen Regentin anzupassen. Auch auf das neue Tempo muss sich der Hund nicht unbedingt einlassen, sondern darf ruhig seinem bisherigen Rhythmus folgen, wenn ihm das mehr Sicherheit gibt. Wenn es dem Hund so gelingt,, die für ihn machbaren Veränderungen einzuleiten, reicht das fürs Erste sicher vollkommen aus.

Vor allem auf finanzieller Ebene tut der Hund gut daran, bei seiner bewährten Gangart zu bleiben und nicht zu viel zu riskieren. Konservatives Investieren ist in den kommenden Monaten sicher die bessere Option, denn der neue Jahresregent neigt in diesem Bereich zuweilen zu Leichtsinn. Dafür kann sich der Hund ansonsten auf die Unterstützung der Metall-Ratte verlassen, die ihm vor allem in beruflichen Fragen eine Hilfe sein kann.

Auf der persönlichen Ebene kann sich der positive Trend des vergangenen Jahres immer dann fortsetzen, wenn der Hund entsprechenden Einsatz zeigt. Eine neue Liebe will umworben sein. Auch bestehenden Beziehungen tut zu Beginn des neuen Zyklus ein wenig frischer Wind und mehr Engagement sehr gut.

Ihr Powertipp für 2020

Der positive Trend der vergangenen zwei Jahre kann vor allem dann anhalten, wenn Sie sich in wichtigen Situationen Mitstreiter suchen.

Wie der Hund gut durchs Leben kommt

Der Hund braucht in der Regel nicht viel, um ein zufriedenes Leben zu führen. So lange eine gewisse Regelmäßigkeit gewährleistet ist und er sich nicht ständig auf neue Situationen einstellen muss, fühlt er sich wohl. Dabei ist für die meisten Hunde vor allem wichtig, dass das persönliche Umfeld stimmt.

Loyale Freunde und eine Familie, die zu ihm hält - mehr braucht der Hund nicht, um gut durch sein Leben zu kommen. Sein Privatleben ist ihm enorm wichtig. Kommt es hier zu Vertrauensbrüchen oder einschneidenden Veränderungen hat er daran meist lange Zeit zu knabbern. Leider sind nicht alle Tierzeichen so treue Seelen wie der Hund - da ist so manche Enttäuschung vorprogrammiert, wenn es ihm nicht gelingt, gleich zu Anfang die faulen Früchte auszusortieren. Ein gewisses Misstrauen zu Beginn einer frischen Beziehung ist also immer auch ein bisschen Selbstschutz. Wenn der Hund nämlich erst einmal einen Menschen in seinen inneren Kreis aufgenommen hat, fällt es ihm enorm schwer, diesen fallen zu lassen.

Auf der beruflichen Ebene kann der Hund immer dann am erfolgreichsten sein, wenn er etwas tut, was seinem Wesen entspricht. Deshalb ist es keine gute Idee, sich zu verbiegen oder die eigenen Ideale über Bord zu werfen, bloss um eine bestimmte Stellung einnehmen zu können. Kurzfristig mag der Hund damit auf der Karriereleiter nach oben klettern - auf lange Sicht wird er mit einem solchen Verhalten aber sicher keine Freude haben. Sein hohes Sicherheitsbedürfnis mag zuweilen dazu führen, dass der Hund sich in Bereichen wiederfindet, die auf den ersten Blick nicht besonders spannend erscheinen und vielleicht auch nicht immer eine wirkliche Herausforderung bieten. In einem solchen Fall muss er entscheiden, was ihm wichtiger ist - ein stabiler oder ein interessanter Job...

Neben dem Hahn gehört der Hund zu den diszipliniertesten chinesischen Tierzeichen. Das hilft ihm immer dann, wenn es darum geht, für das eigene Wohlbefinden Wege zu gehen, die langwierig und schwierig sein können. Es bereitet dem Hund keine Schwierigkeiten, sich an gestellte Vorgaben zu halten und Regeln zu folgen, auch wenn das nicht immer angenehm ist. Geht es um seine Gesundheit nimmt er Strapazen nicht unbedingt um seiner selbst Willen auf sich, sondern entwickelt für die ihm anvertrauten Menschen den Willen zur Genesung. Dabei sollte er nie vergessen, dass es zuweilen wirklich um ihn geht und nicht um seine Schutzbefohlenen.

Auf ihn ist Verlass und seine Aufgaben nimmt er ernst: DER HUND

Bei der Ernährung macht der Hund eher keine Experimente, sondern verlässt sich lieber auf Bewährtes. Wenn es ihm dabei gelingt, den gesundheitlichen Aspekt ausreichend zu berücksichtigen, ist dagegen nichts einzuwenden. Alte Muster aus vergangenen Zeiten müssen dafür allerdings wahrscheinlich losgelassen werden.

Der Ernährungs-Tipp für den Hund:

Den meisten Hunden sagt man einen gesunden Pragmatismus nach. Das gilt auch für das Essen, wo das Ergebnis immer den Aufwand rechtfertigen muss. Gute Zutaten sind dabei besonders wichtig - und davon müssen es gar nicht viele auf einmal sein, um für den Hund eine bekömmliche Mahlzeit zu kreieren.

HAN, dem SCHWEIN bieten sich viele Möglichkeiten

Wenn Sie ein Schwein sind, sind Sie in einem der folgenden Jahre geboren:

豬

1935	Holz-Schwein	(04.02.1935-23.01.1936)
1947	Feuer-Schwein	(22.01.1947-09.02.1948)
1959	Erd-Schwein	(08.02.1959-27.01.1960)
1971	Metall-Schwein	(27.01.1971-14.02.1972)
1983	Wasser-Schwein	(13.02.1983-01.02.1984)
1995	Holz-Schwein	(31.01.1995-18.02.1996)
2007	Feuer-Schwein	(18.02.2007-06.02.2008)
2019	Erd-Schwein	(05.02.2019-24.02.2020)

Den meisten Schweingeborenen wäre es sicher recht, wenn es gerade so weitergehen würde, wie im vergangenen Jahr. Mit einem gleichgesinnten Schwein an der Seite konnte viel erreicht werden und der Genuss ist trotzdem nicht zu kurz gekommen.

Wer sich bis spätestens Januar weitgehend von seinen Altlasten befreien konnte, ist nun offener für das, was die kreative Ratte zu bieten hat. Die Frage ist allerdings, ob es für das Schwein wirklich lohnenswert ist, nun zu neuen Ufern aufzubrechen. Schließlich zeigt sich das Gras auf seiner Seite des Flusses auch wunderbar grün... Gleich zu Beginn der neuen Ratte-Regentschaft stellt sich deshalb die Frage, ob es wirklich in allen Bereichen so rund läuft, wie das Schwein das glauben möchte. Sollte das nicht der Fall sein, kann mit Hilfe der neuen Regentin sicher eine Veränderung angeschoben werden.

Besonders gründliches Abwägen ist gefragt, wenn aufgrund neuer Möglichkeiten das Privatleben deutlich eingeschränkt werden könnte. Das Schwein ist in der Regel ein Familienmensch, für den es wichtig ist, Zeit mit seinen Lieben zu verbringen. Da gilt es nun wirklich genau zu überlegen, ob man zum Beispiel die traute Zweisamkeit einem neuen Job oder einer höheren Gehaltsstufe opfern möchte... Ungebundene Schweine haben es da 2020 etwas einfacher, denn sie müssen auf familiäre Bande oder den Partner keine Rücksicht nehmen und können eine gute Gelegenheit unmittelbar beim Schopf ergreifen - selbst wenn damit ein Ortswechsel oder ein tief greifender Lebenswandel verbunden wäre.

In der Liebe kommt es in den kommenden Monaten vor allem auf eine ehrliche Kommunikation an. Wer kleine Probleme unmittelbar anspricht, sorgt dafür, dass sie sich erst gar nicht zu großen Problemen entwickeln können.

Ihr Powertipp für 2020

Verschießen Sie Ihr Pulver nicht gleich zu Beginn der neuen Regentschaft, sondern teilen Sie sich Ihre Reserven gut ein. Bei den vielen Möglichkeiten braucht es 2020 einen langen Atem.

Wie das Schwein gut durchs Leben kommt

Für die alten Chinesen war das Schwein immer schon neben dem Drachen das Glückstier im Tierkreis. Das liegt vor allem daran, dass dieses Zeichen schon mit einer gewissen Grundzufriedenheit auf die Welt kommt. So können sich alle Dinge, die ihm im Leben passieren, zu etwas Gutem entwickeln - auch wenn das am Anfang nicht immer so aussehen mag. Für das Schwein braucht es meistens gar nicht viel, um glücklich durchs Leben zu kommen. Da zeigt sich seine grundsätzliche Stärke, aus jeder Situation das Beste zu machen und auch dann zufrieden zu sein, wenn andere schon mit dem Schicksal hadern. Gelingt es ihm, immer optimistisch zu bleiben, kann in seinem Leben wirklich kaum etwas schief gehen!

Harmonie im Familienleben und in der Partnerschaft sind für das Schwein enorm wichtig und es geht große Strecken, damit seine Lieben zufrieden sind und sich gut entwickeln können. Damit das eigene Glück dabei nicht ins Hintertreffen gerät, ist es manchmal allerdings erforderlich, dass das Schwein ein wenig egoistischer handelt und vehementer die eigenen Ambitionen vorantreibt.

Im Beruf tun sich die meisten Schweine vor allem durch einen unermüdlichen Fleiß hervor. Das zahlt sich immer dann besonders aus, wenn es nicht nur für andere die Arbeit macht, sondern seiner eigenen Berufung folgt. Mit seinem Sinn für die schönen Dinge im Leben ist es meistens in den Bereichen besonders gut aufgehoben, wo es darum geht, es sich und anderen gemütlich zu machen. Folgt das Schwein seinem inneren Ruf, dann wird es sicher nicht ausgenutzt, sondern kann sich auf der gewünschten Ebene verwirklichen. Wenn es dagegen zu sehr der Vernunft oder der Meinung von außen folgt, kann es sich unter Umständen dabei wiederfinden, wie andere die Lorbeeren für die eigene Arbeit einheimsen.

Die meisten Schweine haben eine recht robuste Konstitution, so dass sie so schnell nichts umwerfen kann. Körperliche und emotionale Krisen werden am besten bewältigt, wenn die rosarote Brille ausgezogen wird, man der Realität furchtlos ins Auge schaut und fest daran

Im Dienst einer guten Sache kann es seine Qualitäten unter Beweis stellen: DAS SCHWEIN

glaubt, dass sich alles zum Guten wendet. Mit Optimismus, sorgfältiger Planung und bedingungsloser Hingabe trotzt das Schwein kleinen gesundheitlichen Problemen genauso wie ernsthaften Erkrankungen.

In der Chinesischen Astrologie steht das Schwein für ein schönes Heim und Geborgenheit. Da ist es nicht verwunderlich, dass es im Bereich der Ernährung zu Hause in der Regel das Zepter fest in der Hand hält. Vielleicht lässt es sich manchmal ein wenig zu sehr von seinen Lieben dabei beeinflussen, was auf den Tisch kommt. Damit es in diesem Bereich zufrieden sein kann, ist es wichtig, den eigenen Ansprüchen und Bedürfnissen auf jeden Fall gerecht zu werden.

Der Ernährungs-Tipp für das Schwein:

Die meisten Schwein-Geborenen stehen recht gerne in der Küche. Ein gutes Mahl sollte nicht nur lecker schmecken, sondern darf auch ansprechend angerichtet sein und Augen und Gaumen erfreuen. Wenn es dann auch noch aus gesunden Zutaten zusammengestellt wird, kann es nur gut tun!

Die wertvollen Entscheidungshilfen für jeden Tag

Egal, ob Sie einen wichtigen Termin wie eine Geschäftseröffnung oder eine Hochzeit planen oder einfach nur wissen wollen, unter welchen Vorzeichen ein bestimmter Tag in der Woche für Ihr Tierzeichen steht – schlagen Sie das entsprechende Datum einfach in unseren praktischen Monatstabellen nach. Ab Seite 42

Wie schon in den letzten Jahren finden Sie auch im aktuellen Horoskop wieder nach jedem Monat eine zusätzliche Doppelseite, auf der wir übersichtlich in Tabellenform wichtige Informationen zu jedem einzelnen Tag des Jahres der **Metall-Ratte** zusammengefasst haben.

Sie können so nicht nur sofort erkennen, welche Tage für Sie persönlich besonders günstig sind, sondern auch, welches Tierzeichen den jeweiligen Tag eines Monats regiert. Darüber hinaus finden Sie oberhalb der Tabelle noch Angaben zum Tierzeichen des Jahres und des jeweiligen Monats.

Komprimiert auf zwei Zeilen für jeden Tag haben wir in der Tabelle farblich die günstigen und ungünstigen Aktivitäten gekennzeichnet. Außerdem können Sie in der 1. Zeile rot Zeile farblich ablesen, ob der jeweilige Tag für Ihr Tierzeichen eher günstig oder ungünstig ist.

So kann Ihnen dieses Horoskop-Jahrbuch noch mehr zum unentbehrlichen Begleiter durch das Jahr der **Metall-Ratte** werden.

Die große Monatsvorschau für jedes der zwölf chinesischen Tierzeichen im Jahr 2020

TZE
Ratte

Grundtendenz des Monats: Die Geduld der Ratte wird in diesen Wochen sicher noch so manches Mal auf die Probe gestellt. Der Büffel, der den Januar begleitet, hat es nämlich mit seinem Erd-Element überhaupt nicht eilig, vom Platz zu kommen. Wenn Sie das nervös macht, sollten Sie sich eine Beschäftigung suchen, die nicht unbedingt ergebnisorientiert sein muss, Ihnen aber Freude machen sollte. So lässt sich die Wartezeit am besten überbrücken.

Sie möchten mit dem Kopf durch die Wand, um Ihr Ziel jetzt sofort zu erreichen? Dann werden Sie sich nun wahrscheinlich eine blutige Nase holen, liebe Ratte. Konzentrieren Sie sich lieber auf die Dinge, die nun realistisch möglich sind.

Liebe, Familie, Freundschaft: Wer das Bedürfnis nach familiärer Harmonie hat, sollte nun im Schoße seiner Lieben noch einmal so richtig auftanken. Schon ab nächsten Monat kann es Ihnen passieren, dass dafür deutlich weniger Zeit bleibt. Mit dem Erd-Schwein können Sie Ihre Batterien vor allem auf emotionaler Ebene nun noch einmal so richtig gut auffüllen.

Es mag allerdings auch Ratten geben, denen die Nähe zur Familie und der Alltag in den letzten Monat ein wenig über den Kopf gewachsen ist. In diesem Fall wäre es spätestens jetzt angebracht, sich eine Auszeit zu nehmen.

Beruf, Finanzen: Ratte und Büffel sind auf beruflicher Ebene ein fast unschlagbares Team. In Verbindung mit dem scheidenden Jahresregenten kann sich dieser Effekt noch positiver auf Ihre Karriere auswirken als in den vergangenen Jahren. Schließlich bekommen Sie jetzt im Januar mit Büffel und Schwein gleich zwei Tierzeichen an Ihre Seite, die Sie dabei unterstützen, Angefangenes auch wirklich zu Ende zu bringen. Den ersten Schritt in diese Richtung können allerdings nur Sie ganz alleine gehen. Es lohnt sich jetzt besonders, auch zähen Projekte noch einmal eine Chance zu geben.

Tipp des Monats: Wer seine Ansprüche nun ein wenig herunterschraubt, kann sich so manchen Stress ersparen.

KIU
Büffel

Grundtendenz des Monats: Die Regentschaft des Schweins neigt sich langsam dem Ende zu. Damit verlagert sich die Aufmerksamkeit von der Gefühlsebene wieder mehr auf den Verstand. Hinzu kommt, dass der Januar traditionell von einem Büffel begleitet wird, dem ohnehin der Sinn mehr nach rationalen Entscheidungen steht.

Es wäre dem Büffel zu wünschen, dass er seinem inneren Pragmatiker jetzt nicht wieder komplett das Ruder überlässt, sondern auch 2020 seinen Emotionen einen wichtigen Anteil im Leben zugesteht. So werden Ihre Entscheidungen vielleicht nicht immer ganz vernünftig sein. Aber dafür kommen sie von Herzen.

Liebe, Familie, Freundschaft: Vielleicht braucht der Büffel nun eine Pause von seinen familiären Verpflichtungen... Gönnen Sie sich ruhig eine kleine Auszeit, bevor mit der Ratte ein deutlich agileres Zeichen das Ruder übernimmt.

In den vergangenen zwölf Monaten konnten Sie vor allem im Bereich der zwischenmenschlichen Beziehungen viel lernen. Das hat Sie hoffentlich erkennen lassen, dass es keineswegs erstrebenswert ist, immer nach dem absoluten Ideal zu streben. Gerade unsere kleinen Macken und Kanten machen eine Beziehung spannend! Mit zu hohen moralischen Ansprüchen machen Sie sich und Ihren Lieben das Leben unnötig schwer.

Beruf, Finanzen: Am Anfang des Jahres mögen Sie vielleicht gedacht haben, dass Sie noch nicht einmal die Hälfte der Strecke zurückgelegt haben. Viele kleine unspektakuläre Schritte waren in den vergangenen Monaten nötig, dass so manch einer dabei leicht das Ziel aus den Augen verlieren konnte. Wer sich davon nicht hat entmutigen lassen, der darf nun wirklich stolz auf sich sein!

Mit der Ratte tritt ab dem nächsten Monat ein Tierzeichen an die Spitze, dass für den Büffel auch auf beruflicher Ebene eine neue Phase einläuten kann. Sind Sie dazu bereit?

Tipp des Monats: Wägen Sie ab, was im nächsten Jahr für Sie wirklich machbar ist!

YING
Tiger

Grundtendenz des Monats: Am Horizont zeichnet sich schon ab, dass ab dem nächsten Monat mit der Ratte jede Menge frischer Wind ins Leben des Tigers kommt. Da ist es nun absolut legitim, wenn Sie es im letzten Monat des Jahr des Schweins etwas geruhsamer angehen lassen. Ziehen Sie sich ruhig ein wenig aus dem Alltag zurück und nehmen Sie sich Zeit für sich selbst. Ihre Umgebung wird dafür sicher Verständnis haben - vor allem, wenn Sie Ihre Auszeit zeitig ankündigen.

Mit dem Büffel tritt im Januar ein Tierzeichen auf den Plan, das dem Tiger an Durchsetzungskraft in nichts nachsteht. Da könnte Ihnen nun noch einmal ein wenig mehr Opposition entgegen gebracht werden.

Liebe, Familie, Freundschaft: Im Grunde können Sie doch wirklich mit dem zufrieden sein, was Sie haben. Gerade im Bereich der persönlichen Beziehungen konnte der Tiger vom Schwein lernen, das anzunehmen, was ist und daraus für sich selbst das Beste zu machen. Dabei mögen die ganz großen Gefühle ausgeblieben sein. Ihrem stillen Glück hat das aber sicher keinen Abbruch getan.

Hat sich der Tiger voll und ganz auf seine Gefühle eingelassen, wurde er in den vergangenen Monaten sicher mehrfach belohnt. Nun dürfte es 2020 darum gehen, nicht wieder in alte Muster zu verfallen.

Beruf, Finanzen: Vielleicht hat das Erreichte nicht immer den hohen Ansprüchen des Tigers genügen können. Dafür dürften sich viele kleine Probleme und lästige Aufgaben zum Ende des Jahres in Luft aufgelöst haben. Manchmal ist es eben notwendig, sich erst einmal um den Kleinkram zu kümmern, bevor man sich daran wagt, die großen Visionen anzugehen.

Finanziell dürften sich die Dinge zur Zufriedenheit des Tigers entwickelt haben. Vor allem, wenn Sie ein waches Auge auf Ihre Ausgaben hatten, dürfte die Bilanz positiv ausfallen.

Tipp des Monats: Gehen Sie weiter offen mit Ihren Emotionen um, anstatt sich in Ihre Höhle zurückzuziehen!

MAO
Hase

Grundtendenz des Monats: Mit dem ersten Monat im neuen Jahr macht sich schon allerorten die Energie des neuen Herrschers bemerkbar. Es mag sein, dass Ihnen die Metall-Ratte auf den ersten Blick nicht ganz so gut liegt wie das Erd-Schwein. Aber auch mit diesem Tierzeichen gibt eine Reihe von Gemeinsamkeiten, auf die sich in kommenden Monaten sicher vor allem auf der intellektuellen Ebene aufbauen lässt.

Bis es endgültig so weit ist, sollte der Hase sich aber noch einmal verstärkt darum kümmern, nun auch die letzten Altlasten aus den vergangenen Jahren endlich zu beseitigen. Es wäre doch schade, wenn Sie in den neuen Tierkreiszyklus mit unfertigen Angelegenheiten starten müssten.

Liebe, Familie, Freundschaft: Sie sollten vom scheidenden Regenten vor allem gelernt haben, gerade im Privatleben zu mehr Zufriedenheit zu kommen. Mit dem realistischen Büffel an der Seite können Sie im Januar noch einmal Ihre Ansprüche mit der realen Situation abgleichen. In den meisten Fällen sollten Sie sich gut mit dem Ist-Zustand arrangieren können. Falls das nicht der Fall sein sollte, müssen Sie sich in den nächsten 12 Monaten etwas anderes überlegen.

Mit Zuneigung und Herzenswärme lassen sich auf der privaten Ebene fast alle Probleme lösen. Hören Sie einfach nur zu - das bekommt Ihrem Gegenüber nun am besten!

Beruf, Finanzen: Mit dem Büffel bekommt der Hase in den letzten Wochen der alten Regentschaft immer dann Unterstützung, wenn es darum geht, sich durchzubeißen. Das kann besonders hilfreich sein, wenn Sie noch unerledigte lästige Arbeiten auf Ihrem Schreibtisch liegen haben. Langes Zögern können Sie sich nun allerdings nicht weiter erlauben. Machen Sie sich unverzüglich ans Werk!

Vor allem, wenn Sie Ihre Fähigkeiten zum Wohle anderer eingesetzt haben, dürfte sich Ihre Karriere in den letzten Monaten sehr positiv entwickelt haben.

Tipp des Monats: Konzentrieren Sie sich auf einige wenige Ziele für das kommende Jahr.

SHENG
Drache

Grundtendenz des Monats: Vielleicht haben Sie im vergangenen Jahr manche schwierige Situation zunächst ein wenig unterschätzt. Aber gerade dadurch waren sie wahrscheinlich in der Lage, unvoreingenommen und ohne Angst nach einer Lösung zu suchen. Da hat die Unbedarftheit des Erd-Schweins sicher so manches Mal ein wenig auf den Drachen abgefärbt. Trotzdem sollten Sie jetzt in den letzten Wochen seiner Regentschaft nicht zu leichtfertig mit Ihren Entscheidungen sein.

Mit einem beharrlichen Büffel bekommt der Drache im Januar noch einmal Biss, um den gestellten Anforderungen gerecht zu werden.

Liebe, Familie, Freundschaft: Frisch geknüpfte Verbindungen können mit Hilfe des Büffels sicher gefestigt werden. Trotzdem wird es sich wahrscheinlich erst in den nächsten Monaten zeigen, ob die Sache auch wirklich Bestand haben kann. Genießen Sie nun einfach die gegenseitige Aufmerksamkeit, die das Erd-Schwein seinen Untertanen auf der romantischen Ebene beschert.

Spontane Aktionen kommen bei Ihrem Partner nun wahrscheinlich nicht so gut an. Dafür beharrt der Büffel zu sehr auf Beständigkeit. Wenn im nächsten Monat die Ratte das Ruder übernimmt, sieht die Sache ganz anders aus.

Beruf, Finanzen: Was bis jetzt nicht fertig ist, wird es in den kommenden Wochen wahrscheinlich auch nicht mehr. Vor allen bei komplexen Sachverhalten hätten Sie wirklich ein bisschen früher anfangen sollen, lieber Drache. Beklagen Sie sich also nicht, wenn Sie die erste Zeit der neuen Herrschaft mit lästigen Restarbeiten verbringen müssen.

So manchem Drachen mag im letzten Jahr die Erkenntnis gekommen sein, dass er mit weniger zufrieden sein kann. Auch 2020 sollten Sie sich mehr darauf konzentrieren, was machbar ist, anstatt Ihren Träumen zu sehr nachzuhängen.

Tipp des Monats: Bevor die Ratte im nächsten Monat übernimmt, sollten Sie sich noch einmal die Zeit nehmen, tief durchzuatmen.

SZE
Schlange

Grundtendenz des Monats: Zum Ende der Regentschaft des Erd-Schweins schauen die meisten Schlangen zurück und stellen fest, dass es im Großen und Ganzen doch ein gutes Jahr war. Vom scheidenden Jahresherrscher konnten Sie sicher lernen, mit sich selbst und anderen großzügiger umzugehen und offen und ehrlich zu den eigenen Gefühlen zu stehen.

Mit dem Feuer-Büffel bekommen Sie jetzt im Januar noch einmal einen Helfer an Ihre Seite, der gemeinsam mit Ihnen die Ärmel hochkrempelt und auch noch die letzten Dinge erledigt, die noch im Weg liegen. So räumen Sie die Bahn frei für einen unbelasteten Start in den neuen Zwölfjahres-Zyklus.

Liebe, Familie, Freundschaft: Am Ende des Tages ist es vor allem wichtig, dass Sie sich in Ihrer Partnerschaft aufeinander verlassen können. Das kann nur funktionieren, wenn man sich gegenseitige Vertrauen entgegenbringt. Vielleicht haben Sie vom Schwein lernen können, sich in diesem Bereich mehr zu öffnen.

Im Familien- und Freundeskreis war in den letzten zwölf Monaten sicher immer ordentlich etwas los. Da hat sich die Schlange nach all dem Trubel nun wirklich eine Auszeit verdient. Lassen Sie nun den Druck des Alltags hinter sich und gönnen Sie sich etwas!

Beruf, Finanzen: Sie mögen sich 2019 sicher nicht immer durchgesetzt haben und mussten einige Kompromisse machen. Trotzdem dürfte die Gesamtbilanz eher positiv ausfallen. Manchmal muss man eben mit dem Spatz in der Hand vorlieb nehmen, anstatt der Taube auf dem Dach nachzutrauern.

Gemeinsam mit dem Büffel kann die Schlange wunderbar Ihre Finanzen in Ordnung bringen, bevor sie nächsten Monat ins Jahr der Metall-Ratte startet. Dabei sollten Ihre Investitionen nun eher konservativ ausfallen und Sie sollten kein Geld ausgeben, was Sie nicht auch haben.

Tipp des Monats: Offenheit und Großzügigkeit konnte die Schlange vom Schwein lernen! Behalten Sie das gut in Ihrem Gedächtnis.

WU
Pferd

Grundtendenz des Monats: In diesen letzten Wochen sollte es auch für das Pferd noch einmal verstärkt darum gehen, den Zwölfjahreszyklus sauber abzuschließen. Je weniger Altlasten Sie mit in das kommende Jahr der Metall-Ratte nehmen, desto besser. Damit auch knifflige Projekte zu einem guten Ende kommen können, bekommen Sie im Januar die Beharrlichkeit des Feuer-Büffels mit auf Ihren Weg.

Wer noch einmal Zeit zum Nachdenken braucht, darf sich zurückziehen und die letzten Monate Revue passieren lassen. Herz und Kopf brauchen Zeit, um loszulassen.

Liebe, Familie, Freundschaft: Das Yin-Feuer des Büffels wärmt die Herzen und hilft auch dem Pferd, sich emotional noch einmal mehr zu öffnen. Das wirkt sich nicht nur positiv auf Ihre bestehenden Beziehungen aus, sondern kann sicher auch helfen, wenn Sie nach wie vor auf der Suche nach einer neuen Liebe sind. Gehen Sie jetzt aber bitte nicht zu pragmatisch an die Sache heran, sondern lassen Sie auch Ihren Bauch mit entscheiden.

In den letzten zwölf Monaten sollte es im Privatleben der meisten Pferd harmonisch zugegangen sein. Dem scheidenden Jahresregenten war es wichtig, dass sich alle verstehen.

Beruf, Finanzen: Vielleicht ist Ihnen in den vergangenen Monaten nicht der ganz große Wurf gelungen, verehrtes Pferd. Dafür haben Sie aber sicher lernen können, mehr Verantwortung zu übernehmen und auch ungewöhnliche Meinungen zuzulassen.

Versuchen Sie auch im Jahr der Metall-Ratte, sich mehr darauf zu konzentrieren, was realistisch erreichbar ist und lassen Sie lieber die Anderen die Luftschlösser bauen. Das kann Ihnen 2020 so manchen Frust ersparen und dafür sorgen, dass Sie sich nicht übernehmen. Außerdem stellen Sie so sicher, dass Sie sich nicht mit Dingen verzetteln, die Sie von Ihrem eigentlichen Ziel nur ablenken.

Tipp des Monats: Praktisches Handeln zählt ab sofort mehr für Sie als reines Pläne schmieden!

WEI
Ziege

Grundtendenz des Monats: Jetzt ist wirklich die letzte Gelegenheit, lästige Angelegenheiten endgültig zu erledigen. Zum Ende des Zwölfjahres-Zyklus wäre das wichtig für die Ziege. Schließlich wollen Sie den alten Ballast doch sicher nicht mit in die neue Periode nehmen, oder? Fassen Sie sich also ein Herz und gehen Sie die Sache an - auch wenn es erst einmal unangenehm sein könnte.

Manche Pläne der Ziege haben sich in den letzten zwölf Monaten vielleicht nicht ganz so entwickelt wie geplant. Anstatt verpassten Gelegenheiten nachzutrauern, wäre es nun wirklich besser, sich auf das zu konzentrieren, was Sie weiter bringt. Sie dürfen ruhig ein bisschen stolzer sein auf das, was Sie erreicht haben!

Liebe, Familie, Freundschaft: Manchmal muss sich auch die sanfteste Ziege einfach durchbeißen, wenn Sie auf einen grünen Zweig kommen will. Das mag für Ihre Lieben vielleicht im ersten Augenblick ein wenig befremdlich sein. Schließlich ist man so an Ihre sanfte Nachgiebigkeit gewöhnt. Das nächste Mal sollten Sie Ihre Grenzen vielleicht ein bisschen früher ziehen.

Im letzten Monat das Schwein-Jahres darf sich die Ziege ruhig auch einmal eine Auszeit von Familie und Alltag nehmen. Tanken Sie Ihre Batterien noch einmal so richtig voll, dann können Sie deutlich gelassener in die neue Regentschaft starten.

Beruf, Finanzen: Mit dem sturen Büffel an der Seite kann die Ziege nun auch auf der beruflichen Ebene bestimmter auftreten. Wenn Ihre Appelle in den letzten Monaten immer noch nicht gefruchtet haben, sollten Sie ruhig noch einmal einen letzten Versuch starten.

Stehen Aufräumarbeiten an oder müssen noch Schulden beglichen werden, sollten Sie tunlichst vermeiden, diese Dinge mit in das nächste Jahr zu nehmen. Ein sauberer Abschluss erspart Ihnen in den nächsten Monat Zeit und Geld.

Tipp des Monats: Ihre Qualitäten waren in den vergangenen Monaten sehr gefragt. Darauf können Sie 2020 selbstbewusst aufbauen.

SUNG
Affe

Grundtendenz des Monats: Mit dem Büffel kommt nun im Januar noch einmal ein Tierzeichen ins Spiel, das die letzten Anstrengungen des Affen unterstützt, möglichst unbelastet in den neuen Zwölfjahres-Zyklus zu starten. Ein gewisses Maß an Beharrlichkeit von Seiten des Affen ist aber trotzdem nötig, damit die letzten Abschiede genommen und die ausstehenden Leistungen bezahlt und gewürdigt werden können.

Sicher haben Sie in den vergangenen Monaten oft nach den Sternen gegriffen. Realistisch betrachtet sollten Sie im kommenden Jahr lieber auf das fokussieren, was wirklich machbar ist.

Liebe, Familie, Freundschaft: Im Jahr des Schweins steht man in der Familie und im Freundeskreis füreinander ein - und zwar bedingungslos! Das war sicher eine der schönsten Erfahrungen, die der Affe in den vergangenen Monaten machen durfte. Wer aus vollem Herzen gibt, wird auch in den nächsten zwölf Monaten vor allem auf der emotionalen Ebene viel zurückbekommen.

Bevor der neue Regent ab dem nächsten Monat für Wirbel im Leben des Affen sorgt, wäre es sicher keine schlechte Idee, sich gemeinsam mit dem Partner noch einmal eine kleine Auszeit zu gönnen. Wer weiß, wann Sie dazu das nächste Mal die Zeit finden?

Beruf, Finanzen: Wenn der Affe die unangenehmen Aufgaben bis zum Schluss hat liegen lassen, muss er sich nun wahrscheinlich mit Dingen herumschlagen, die ihm gar nicht behagen. Da nützt nun allerdings kein Jammern, verehrter Affe, denn diese Arbeiten kann Ihnen keiner abnehmen. Beißen Sie also die Zähne zusammen und bringen Sie es hinter sich!

Gemeinsam mit dem Büffel gelingt dem Affen recht gut eine realistische Einschätzung seiner beruflichen Möglichkeiten. Unter Umständen wäre vor dem nächsten Monat da noch eine Kurskorrektur angebracht.

Tipp des Monats: Lassen Sie sich nicht hetzen! Sie geben das Tempo vor, das für Sie problemlos machbar ist.

YU
Hahn

Grundtendenz des Monats: Der Büffel erweist sich jetzt als zuverlässiger Partner für den Hahn. Seine Beharrlichkeit und Beständigkeit sind wahrscheinlich genau das, was Ihnen jetzt gut tut, um Ihrem Tun die nötige Struktur zu geben.

Machen Sie sich nicht zu viele Gedanken darüber, was jetzt noch alles schief laufen könnte, sondern konzentrieren Sie sich lieber auf eine gut organisierte Abwicklung. Schließlich möchten Sie doch noch so viel wie möglich im Jahr des Schweins erledigt bekommen! Wer zu viele Gedanken auf Eventualitäten verwendet, kann am Ende keine Ergebnisse vorweisen.

Liebe, Familie, Freundschaft: Mit dem freundlichen Schwein hat der Hahn sicher lernen können, in einem sicheren Umfeld mehr Gefühle zu zeigen. Das kann es Ihnen auch zukünftig erleichtern, ein ehrliches Bild von sich selbst zu zeigen. Dabei können Sie sicher einiges an Energie sparen, die Sie anderweitig viel besser verwenden können.

Wenn mit der Metall-Ratte ab dem nächsten Monat ein neuer Herrscher den Thron besteigt, mag es für den Hahn nicht mehr ganz so einfach sein, sein Herz zu verschenken. Vielleicht wollen Sie lieber zum Ausklang des alten Jahres noch einmal einen Versuch in diese Richtung unternehmen?

Beruf, Finanzen: Das Schwein hat dem Hahn in den letzten zwölf Monaten dabei geholfen, die eigene Position vor allem auf der sozialen Ebene zu stärken. Auf diesem gesteigerten Ansehen lässt sich 2020 sicher aufbauen. Vor allem, wenn es darum geht, Unterstützung zu bekommen, dürfte es leichter sein, die Menschen in Ihrem Arbeitsumfeld zu überzeugen.

2019 hat es recht wenig gebracht, sich ausschließlich auf eine Sache zu konzentrieren... vor allem, wenn deshalb andere Dinge liegengeblieben sind. Auch in den nächsten Monaten ist Multitasking gefragt.

Tipp des Monats: Stellen Sie sich lieber gleich darauf ein, dass Sie nicht immer alles perfekt machen können.

SHIH
Hund

Grundtendenz des Monats: Jetzt ist es wirklich höchste Eisenbahn für einen Endspurt, lieber Hund. Im letzten Monat des Schwein-Jahres geht es wirklich nur noch darum, einen sauberen Abschluss hinzubekommen. Nicht umsonst besagt ein chinesisches Sprichwort, dass uns die Dinge lange verfolgen, die wir nicht bis zum Ende des Zyklus erledigt haben. Sie wollen doch wohl kaum Ihre Altlasten noch zwölf weitere Jahre mit sich herumschleppen?

Glücklicherweise steht Ihnen im Januar ein durchsetzungsstarker Büffel zur Seite. Mit dessen Hilfe lassen sich auch unbequeme Aufgaben nun noch zu Ende bringen.

Liebe, Familie, Freundschaft: Wer alles erledigt hat, darf sich in den letzten Wochen des Jahres ruhig einmal komplett aus dem Geschehen zurückziehen. Vielleicht planen Sie eine Auszeit mit Ihrem Partner oder einem guten Freund, bei dem Sie einfach nur die Seele baumeln lassen. Sie dürfen aber gerne auch alleine losziehen, wenn das Bedürfnis nach Ruhe und Abgeschiedenheit sehr groß ist.

Wenn Ihre Lieben Sie nun mit überzogenen Ansprüchen konfrontieren, sollten Sie sofort klare Worte finden. Nicht umsonst zählt das Schwein zu den Lebenskünstlern und ist in der Lage, sein Glück außerhalb der materiellen Welt zu finden. Daran dürfen sich Partner und Familie ruhig ein Beispiel nehmen.

Beruf, Finanzen: Manchmal muss man seine Pläne anpassen, damit sie sich umsetzen lassen. Bestehen Sie nun also nicht zu sehr darauf, dass alles genauso gemacht werden muss, wie Sie es sich vorstellen. Eine gewisse Kompromissbereitschaft stellt sicher, dass aus der Sache auch noch relativ kurzfristig etwas werden kann.

In finanziellen Angelegenheiten dürfen Sie sich nun dagegen ruhig als stur erweisen und die gewählte Strategie beibehalten. Warum etwas ändern, was im Grunde gut läuft?

Tipp des Monats: Haben Sie Ihre Ziele erreicht? Dann dürfen Sie nun schon mal neue Pläne für das Jahr der Metall-Ratte schmieden.

HAN
Schwein

Grundtendenz des Monats: Mit dem Büffel beginnt der letzte Monat im Jahr des Erd-Schweins. Dieses Tierzeichen ist unter anderem für seinen starken Willen bekannt. Der kann Ihnen nun dabei helfen, auf einen wirklichen Abschluss zu erreichen, auch wenn Ihnen das nicht leicht fällt. Unter Umständen müssen dafür Abschiede genommen, alte Rechnungen beglichen, fremde Leistungen anerkannt und letzte Hindernisse aus dem Weg geräumt werden. Wer wirklich einen frischen Start in den neuen Zyklus machen will, kommt um diese Aufgaben nun aber nicht herum.

Wenn die Gefühle nun Achterbahn fahren, ist das ganz normal. Bleiben Sie bei allem möglichst ruhig und gelassen.

Liebe, Familie, Freundschaft: Die meisten Schwein-Geborenen dürften in den letzten zwölf Monaten auf der privaten Ebene meist Sonnenschein erlebt haben. Damit das auch im kommenden Jahr so bleiben kann, ist es wichtig, dass Sie sich dankbar zeigen, für das, was Sie haben. Bringen Sie dieses Gefühl auf jeden Fall auch den Menschen gegenüber zum Ausdruck, die Sie 2019 treu begleitet haben.

Wer sich nach wie vor mit der Partnersuche ein wenig schwer tut, sollte auf keinen Fall verzagen. Auch im Jahr der Ratte wird es sicher Gelegenheit geben, sein Herz zu verschenken.

Beruf, Finanzen: Realistische Ziele konnten in den vergangenen Monaten recht einfach erreicht werden. Dafür mussten Sie sich wahrscheinlich noch nicht einmal sehr anstrengen. Wer allerdings die Hürden sehr hoch gelegt hat, wird nun unter Umständen feststellen, dass er sich übernommen hat. Eine ehrliche Bestandsaufnahme kann Ihnen jetzt helfen, derartige Fehler im Jahr der Metall-Ratte zu vermeiden. Sie haben Ihre Möglichkeiten noch nicht ausgeschöpft.

Es dürfte nun nicht viel nützen, stur auf Ihrem Willen zu beharren. Zeigen Sie sich lieber noch ein letztes Mal in diesem Jahr kompromissbereit.

Tipp des Monats: Nehmen Sie sich ruhig noch einmal eine kleine Auszeit, wenn Sie das brauchen.

Januar 2020	**Jahreskonstellation – Erd-Schwein** **Monatskonstellation – Feuer-Büffel**

1. Wasser Hase	Ratte Büffel **Tiger Hase** Drache Schlange Pferd **Ziege** Affe Hahn Hund **Schwein** **Günstig:** Versammlungen, gerechte Verteilungen, Hochzeit, Konferenzen, Umzug **Ungünstig:** Gartenarbeit, Dinge zum Abschluss bringen.
2. Holz Drache	**Ratte** Büffel Tiger Hase **Drache Schlange** Pferd Ziege **Affe** Hahn Hund Schwein **Günstig:** Gartenarbeit, Feiern, Hochzeit, Dinge zum Abschluss bringen. **Ungünstig:** keine Anschuldigungen gegen Dritte erheben.
3. Holz Schlange	Ratte **Büffel** Tiger Hase **Drache Schlange** Pferd Ziege Affe **Hahn** Hund Schwein **Günstig:** Gartenarbeit, Hochzeit, Dinge zum Abschluss bringen. **Ungünstig:** Umzug, Reisen, Geschäftseröffnung
4. Feuer Pferd	Ratte Büffel **Tiger** Hase Drache Schlange **Pferd Ziege** Affe Hahn **Hund** Schwein **Günstig:** Ausruhen, Meditation, seinen Hobbys nachgehen. **Ungünstig:** wichtige Unternehmungen.
5. Feuer Ziege	Ratte Büffel Tiger **Hase** Drache Schlange **Pferd Ziege** Affe Hahn Hund **Schwein** **Günstig:** Amüsieren, mit Freunden ausgehen, Freizeitaktivitäten **Ungünstig:** geschäftliche Aktivitäten, neue Dinge anfangen.
6. Erd Affe	**Ratte** Büffel Tiger Hase **Drache** Schlange Pferd Ziege **Affe Hahn** Hund Schwein **Günstig:** für die meisten Aktivitäten, Geschäftsabschlüsse, Partnerschaft **Ungünstig:** negative Bemerkungen über andere Menschen.
7. Erd Hahn	Ratte **Büffel** Tiger Hase Drache **Schlange** Pferd Ziege **Affe Hahn** Hund Schwein **Günstig:** für die meisten Aktivitäten, Geschäftsabschlüsse, Partnerschaft **Ungünstig:** negative Bemerkungen über andere Menschen.
8. Metall Hund	Ratte Büffel **Tiger** Hase Drache Schlange **Pferd** Ziege Affe Hahn **Hund Schwein** **Günstig:** Handel, Geschäftseröffnungen, Hochzeiten und andere Feste planen. **Ungünstig:** Beerdigungen, Reisen, Arztbesuche.
9. Metall Schwein	Ratte Büffel Tiger **Hase** Drache Schlange Pferd **Ziege** Affe Hahn **Hund Schwein** **Günstig:** Handwerkliche Aktivitäten, Handel, Hochzeiten, Reisen **Ungünstig:** Trauerfeiern und Beerdigungen, schwere körperliche Arbeit
10. Wasser Ratte	**Ratte Büffel** Tiger Hase **Drache** Schlange Pferd Ziege **Affe** Hahn Hund Schwein **Günstig:** Ankündigungen machen, Beerdigungen, Trauerfeiern. **Ungünstig:** Handel, Vergnügungen, Freizeitaktivitäten
11. Wasser Büffel	**Ratte Büffel** Tiger Hase Drache **Schlange** Pferd Ziege Affe **Hahn** Hund Schwein **Günstig:** Kleidung schneidern, Handel, Buchhaltung, Ausflüge, neue Dinge beginnen. **Ungünstig:** Geschäfte eröffnen, Kraftanstrengungen, Reisen, Ersparnisse ausgeben.
12. Holz Tiger	Ratte Büffel **Tiger Hase** Drache Schlange **Pferd** Ziege Affe Hahn **Hund** Schwein **Günstig:** Putzen, waschen, fasten, seelische und körperliche Pflege, Arztbesuche. **Ungünstig:** Ausdauersport, Reisen, Hochzeit.
13. Holz Hase	Ratte Büffel **Tiger Hase** Drache Schlange Pferd **Ziege** Affe Hahn Hund **Schwein** **Günstig:** Umziehen, Reisen, Hochzeiten, Empfänge, wichtige Konferenzen. **Ungünstig:** geistige Arbeiten, Gartenarbeit, häusliche Tätigkeiten.
14. Feuer Drache	**Ratte** Büffel Tiger Hase **Drache Schlange** Pferd Ziege **Affe** Hahn Hund Schwein **Günstig:** Versammlungen, gerechte Verteilungen, Hochzeit, Konferenzen, Umzug. **Ungünstig:** Gartenarbeit, Dinge zum Abschluss bringen.
15. Feuer Schlange	Ratte **Büffel** Tiger Hase **Drache Schlange** Pferd Ziege Affe **Hahn** Hund Schwein **Günstig:** Gartenarbeit, Feiern, Hochzeit, Dinge zum Abschluss bringen. **Ungünstig:** keine Anschuldigungen gegen Dritte erheben.

Ob ein Tag besonders günstig für Ihr Tierzeichen ist, sehen Sie an folgenden Farben:
Rot = sehr günstig, Grau = günstig, Schwarz = nicht günstig

Jahreskonstellation – Erd-Hund **Monatskonstellation – Holz-Büffel**	**Januar 2020**

16. Erd Pferd	Ratte Büffel **Tiger** Hase Drache Schlange **Pferd Ziege** Affe Hahn **Hund** Schwein **Günstig:** Gartenarbeit, Hochzeit, Dinge zum Abschluss bringen. **Ungünstig:** Umzug, Reisen, Geschäftseröffnung
17. Erd Ziege	Ratte Büffel Tiger **Hase** Drache Schlange **Pferd Ziege** Affe Hahn Hund **Schwein** **Günstig:** Ausruhen, Meditation, seinen Hobbys nachgehen. **Ungünstig:** wichtige Unternehmungen
18. Metall Affe	**Ratte** Büffel Tiger Hase **Drache** Schlange Pferd Ziege **Affe Hahn** Hund Schwein **Günstig:** Amüsieren, mit Freunden ausgehen, Freizeitaktivitäten **Ungünstig:** geschäftliche Aktivitäten, neue Dinge anfangen.
19. Metall Hahn	Ratte **Büffel** Tiger Hase Drache **Schlange** Pferd Ziege **Affe Hahn** Hund Schwein **Günstig:** für die meisten Aktivitäten, Geschäftsabschlüsse, Partnerschaft **Ungünstig:** negative Bemerkungen über andere Menschen.
20. Wasser Hund	Ratte Büffel **Tiger** Hase Drache Schlange **Pferd** Ziege Affe Hahn **Hund Schwein** **Günstig:** Handel, Geschäftseröffnungen, Hochzeiten und andere Feste planen. **Ungünstig:** Beerdigungen, Reisen, Arztbesuche.
21. Wasser Schwein	Ratte Büffel Tiger **Hase** Drache Schlange Pferd **Ziege** Affe Hahn **Hund Schwein** **Günstig:** Handwerkliche Aktivitäten, Handel, Hochzeiten, Reisen **Ungünstig:** Trauerfeiern und Beerdigungen, schwere körperliche Arbeit
22. Holz Ratte	**Ratte Büffel** Tiger Hase **Drache** Schlange Pferd Ziege **Affe** Hahn Hund Schwein **Günstig:** Ankündigungen machen, Beerdigungen, Trauerfeiern. **Ungünstig:** Handel, Vergnügungen, Freizeitaktivitäten
23. Holz Büffel	**Ratte Büffel** Tiger Hase Drache **Schlange** Pferd Ziege Affe **Hahn** Hund Schwein **Günstig:** Kleidung schneidern, Handel, Buchhaltung, Ausflüge, neue Dinge beginnen. **Ungünstig:** Geschäfte eröffnen, Kraftanstrengungen, Reisen, Ersparnisse ausgeben.
24. Feuer Tiger	Ratte Büffel **Tiger Hase** Drache Schlange **Pferd** Ziege Affe Hahn **Hund** Schwein **Günstig:** Putzen, waschen, fasten, seelische und körperliche Pflege, Arztbesuche. **Ungünstig:** Ausdauersport, Reisen, Hochzeit.
25. Feuer Hase	Ratte Büffel **Tiger Hase** Drache Schlange Pferd **Ziege** Affe Hahn Hund **Schwein** **Günstig:** Umziehen, Reisen, Hochzeiten, Empfänge, wichtige Konferenzen. **Ungünstig:** geistige Arbeiten, Gartenarbeit, häusliche Tätigkeiten.
26. Erd Drache	**Ratte** Büffel Tiger Hase **Drache Schlange** Pferd Ziege **Affe** Hahn Hund Schwein **Günstig:** Versammlungen, gerechte Verteilungen, Hochzeit, Konferenzen, Umzug. **Ungünstig:** Gartenarbeit, Dinge zum Abschluss bringen.
27. Erd Schlange	Ratte **Büffel** Tiger Hase **Drache Schlange** Pferd Ziege Affe **Hahn** Hund Schwein **Günstig:** Gartenarbeit, Feiern, Hochzeit, Dinge zum Abschluss bringen. **Ungünstig:** keine Anschuldigungen gegen Dritte erheben.
28. Metall Pferd	Ratte Büffel **Tiger** Hase Drache Schlange **Pferd Ziege** Affe Hahn **Hund** Schwein **Günstig:** Gartenarbeit, Hochzeit, Dinge zum Abschluss bringen. **Ungünstig:** Umzug, Reisen, Geschäftseröffnung
29. Metall Ziege	Ratte Büffel Tiger **Hase** Drache Schlange **Pferd Ziege** Affe Hahn Hund **Schwein** **Günstig:** Ausruhen, Meditation, seinen Hobbys nachgehen. **Ungünstig:** wichtige Unternehmungen
30. Wasser Affe	**Ratte** Büffel Tiger Hase **Drache** Schlange Pferd Ziege **Affe Hahn** Hund Schwein **Günstig:** Amüsieren, mit Freunden ausgehen, Freizeitaktivitäten **Ungünstig:** geschäftliche Aktivitäten, neue Dinge anfangen.
31. Wasser Hahn	Ratte **Büffel** Tiger Hase Drache **Schlange** Pferd Ziege **Affe Hahn** Hund Schwein **Günstig:** für die meisten Aktivitäten, Geschäftsabschlüsse, Partnerschaft **Ungünstig:** negative Bemerkungen über andere Menschen.

TZE Ratte

Grundtendenz des Monats: Mit dem Start in die neue Regentschaft bekommt die Ratte einen gleichgesinnten Partner zur Seite gestellt. Endlich wieder ein Herrscher, der Ihre Bedürfnisse unterstützt, weil er sie voll und ganz versteht! „Die Ratte auf dem Dachbalken" wird der neue Herrscher auch genannt. Das bedeutet für Sie nun, dass Sie einen deutlich besseren Überblick über Ihre Gesamtsituation bekommen können. So lässt sich viel besser abschätzen, welche Chancen Ihre vielen wundervollen Ideen haben und gute Gelegenheiten lassen sich beizeiten erkennen. Ob Sie diese dann auch tatsächlich ergreifen, steht allerdings auf einem anderen Blatt...

Liebe, Familie, Freundschaft: Mit dem Tiger kommt im Februar immer ein Tierzeichen ins Spiel, das der Ratte deutlich mehr Mut verleihen kann. Das können Sie nun gleich nutzen, wenn Sie sich wünschen, dass Jemand Neues in Ihr Leben treten soll. Spielen Sie die verschiedenen Szenarien nicht zu lange im Kopf durch, sondern trauen Sie sich einfach! Wer es versteht, seinen Charme einzusetzen, kann jetzt nur gewinnen.

Es mag ja sein, dass Sie recht haben. Trotzdem müssen Sie das Ihren Lieben nicht ständig unter die Nase reiben! Helfen Sie Ihnen lieber, bestehenden Hindernisse zu überwinden!

Beruf, Finanzen: Tiger und Ratte sind ein sehr gutes Team, wenn es darum geht, konkrete Pläne zu schmieden. Damit das Ganze jedoch über die Planungsphase hinaus gehen kann, wäre es sicher besser, sich gleich zu Beginn des neuen Jahres tatkräftige Mitstreiter zu suchen. Gerade die Ratte scheut sich oft davor, lästige Routinearbeiten zu erledigen. Da macht es viel Sinn, diese Aufgaben gleich jetzt zu delegieren.

Im Jahr der Metall-Ratte kommen Anerkennung und Reichtum auch zu Ihren Artgenossen nicht automatisch. Da braucht es in den nächsten Monaten schon ein gesundes Maß an Anstrengung von Ihrer Seite.

Tipp des Monats: Behalten Sie den Überblick und wählen Sie sorgfältig aus den zahlreichen Gelegenheiten aus.

KIU Büffel

Grundtendenz des Monats: Mit dem Start in die neue Regentschaft heißt es nun für so manchen Büffel „raus aus der Komfortzone!" Schließlich beginnt mit der Ratte ein neuer Zwölfjahres-Zyklus! Man kann es sich natürlich weiterhin gemütlich machen auf dem Sofa daheim und sich nicht weiter von der erneuernden Energie stören lassen... Aber es wäre doch schade, wenn Sie in den nächsten Monaten nicht wenigstens versuchen, Ihre persönlichen Ambitionen mehr auszuleben, oder?

Mit der Ratte erscheint im Februar ein entschlossener Erd-Tiger auf der Bildfläche. Da kann es passieren, dass nun erst einmal einige Aspekte Ihres Lebens in Frage gestellt werden.

Liebe, Familie, Freundschaft: Zu Beginn des Jahres will Sie der neue Regent dazu anspornen, gerade im Bereich der persönlichen Beziehungen mehr aus sich herauszugehen. Gerade auf der Gefühlsebene tut es Ihnen nicht gut, wenn Sie immer alles mit sich selbst ausmachen, anstatt offen mit Ihrem Partner darüber zu sprechen, wie es im Inneren aussieht.

Sie sollten es akzeptieren, wenn sich Familienmitglieder, Freunde oder auch der Partner zuweilen einfach einmal zurückziehen möchten. Nehmen Sie die Bedürfnisse Ihrer Lieben ernst und gönnen Sie sich selbst und den anderen eine Auszeit, wenn es nötig wird.

Beruf, Finanzen: Was hindert Sie im Augenblick daran, auf der beruflichen Ebene durchzustarten? Gibt es noch Hindernisse zu überwinden? Gespräche zu führen? Vorbereitungen zu treffen? Was immer es auch sein mag - gehen Sie es an, lieber Büffel. Sonst könnte, wenn die Initialzündung, die Ratte und Tiger Ihnen jetzt mit auf den Weg geben, vollkommen nutzlos verpuffen.

Natürlich kann es nerven, wenn Kollegen oder Mitarbeiter die Dinge nicht so erledigen, wie Sie sich das vorstellen. Wer nun aber zu unwirsch reagiert, bringt die allgemeine Motivation auf den Nullpunkt.

Tipp des Monats: Auch ambitionierte Ziele lassen sich in diesem Jahr mit Fleiß und Selbstbewusstsein erreichen.

YING
Tiger

Grundtendenz des Monats: Das Wesen des Tigers ist es, sich auszubreiten und neues Terrain zu erobern. Das kann er gleich zu Beginn der neuen Regentschaft wunderbar umsetzen, denn neben der Ratte kommt im Februar ein weiterer Tiger ins Spiel, was die Expansionslust kräftig anspornen dürfte. Gleichzeitig wird in diesen Wochen aber auch die Yang-Erde gestärkt, so dass es keine zu großen Risiken in sich birgt, den nächsten Schritt der persönlichen Entwicklung einzuleiten.

Mit der agilen Metall-Ratte an Ihrer Seite wird es Ihnen in den kommenden zwölf Monaten sicher nicht allzu schwer fallen, sich aktiv für Ihr persönliches Glück einzusetzen.

Liebe, Familie, Freundschaft: Heim und Familie könnten so manchem Tiger in diesem Monat ein wenig eng erscheinen. Wenn Sie das Gefühl haben, dass Sie sich aufgrund der Bedürfnisse von Partner und Nachwuchs zu sehr einschränken müssen, ist ein klärendes Gespräch angesagt. Zeigen Sie sich dabei kompromissbereit! Sie sind schließlich nicht der Einzige, der sich selbst verwirklichen will.

Im ersten Jahr eines neuen Zwölfjahres-Zyklus ist es meist an der Zeit, neue Weichen zu stellen. Dazu kann auch gehören, alles Bisherige auf den Prüfstand zu stellen - also auch die persönlichen Beziehungen...

Beruf, Finanzen: Im Kopf hat der Tiger seine Pläne schon lange fertig. Nun geht es allerdings darum, damit auch an die Öffentlichkeit zu treten. Da mag die Ratte nicht unbedingt hilfreich sein, denn sie neigt zuweilen dazu, einfach zu viel zu denken und zu wenig zu tun. Wenn sich dadurch nun noch Zweifel an Ihrem Projekt einschleichen, sollten Sie vielleicht noch ein wenig mit der Präsentation warten.

Es braucht auch 2020 Entschlossenheit und Eigeninitiative, um voran zu kommen. Lassen Sie sich also nicht abschrecken, wenn sich nun noch ein paar kleinere Hindernisse auftun.

Tipp des Monats: Fragen Sie sich jetzt „Was tut mir wirklich gut?" Diese Dinge sollten Sie in Ihrem Leben unterstützen!

MAO
Hase

Grundtendenz des Monats: Ratte und Tiger verbinden sich im Februar und feuern ein regelrechtes Feuerwerk an Optionen und Möglichkeiten ab. So manchem Hasen mag das zu viel sein und er würde sich mehr Zeit wünschen, um sich erst einmal in Ruhe zu sortieren. Diesen Gefallen wird man Ihnen aber jetzt wohl kaum tun. Das bedeutet, Sie stürzen sich entweder gleich ins Getümmel oder ziehen sich erst einmal zurück und betrachten das Ganze mehr von außen. Wie Sie sich entscheiden hängt auch davon ab, was Sie sich für 2020 vorgenommen haben.

Das Feuer-Element ist nun nicht besonders gut ausgeprägt. Da kann es schon einmal ein wenig an Energie und Motivation mangeln...

Liebe, Familie, Freundschaft: Gerade im Privatleben sind die meisten Hasen Harmonie und Kompromissbereitschaft aus dem letzten Jahr gewohnt. Schließlich war es dem Schwein vor allem wichtig, dass sich alle gleichermaßen wohl fühlen. Mit der Ratte an der Spitze sieht das nun unter Umständen ein bisschen anders aus. Da ist es um so wichtiger, dass gleich zu Beginn des Jahres gemeinsam die Prioritäten festgelegt werden.

Mit der Unterstützung des Tigers lassen sich ganz hervorragend Herzen erobern! Nehmen Sie nun also ruhig Ihren ganzen Mut zusammen und versuchen Sie Ihr Glück!

Beruf, Finanzen: Wer sich zu Beginn der neuen Regentschaft regelrecht überrollt fühlt von den gestellten Anforderungen, sollte das am Besten sofort kundtun. Sonst kann es leicht passieren, dass Sie Erwartungen wecken, die später schwer zu erfüllen sind.

Sowohl der neue Jahresregent als auch der Tiger unterstützen den Wunsch des Hasen nach mehr Selbstverwirklichung. Man mag sich in diesen Wochen allerdings vielleicht nicht ganz klar darüber sein, ob das Ziel direkt oder indirekt am besten zu erreichen ist.

Tipp des Monats: Schätzen Sie Ihre Kräfte realistisch ein! Es bringt niemandem etwas, wenn Sie sich gleich zu Beginn des Jahres übernehmen.

SHENG Drache

Grundtendenz des Monats: Nach zwei eher unspektakulären Jahren kann der Drache endlich wieder in größeren Zusammenhängen planen. Diesen frischen Wind kann man gleich zu Beginn des Ratten-Jahres spüren, wo mit dem Tiger ein weiteres Tierzeichen ins Spiel kommt, das sich nicht mit kleinen Schritten zufrieden gibt. Sie können nun aus den Vollen schöpfen, lieber Drache!

Damit man in Ihr selbstbewusstes Auftreten in Ihrem Umfeld nicht als zu befremdlich wahrnimmt, wäre es allerdings gut, wenn Sie nicht gleich zu Beginn des Jahres Ihr ganzes Pulver verschießen. Vor allem in Ihrer Kommunikation sollten Sie nun deshalb erst einmal ein wenig zurückhaltender sein.

Liebe, Familie, Freundschaft: Mit freundlichen Worten können Sie jetzt deutlich besser überzeugen als mit klaren Ansagen. Schließlich wollen Sie doch nicht, dass Ihr Privatleben bei Ihren ambitionierten Plänen 2020 auf der Strecke bleibt, oder? Sorgen Sie jetzt dafür, dass vor allem Ihr Partner genau erfährt, was in den nächsten zwölf Monaten auf Ihre Beziehung zukommt. Das gebietet die Fairness.

Einsame Drachen möchten nun am liebsten losziehen und nach einer neuen Liebe Ausschau halten. Worauf warten Sie? Die Aussichten könnten im Augenblick kaum günstiger sein.

Beruf, Finanzen: Drache und Ratte sind im chinesischen Tierkreis eine ausgesprochen gute Kombination, wenn es um kreative Projekte geht. Wer nun in diesem Bereich tätig ist, kann deshalb gleich zu Beginn des neuen Jahres einen ordentlichen Schritt nach vorne machen.

Mit engen Vorgaben konnte der Drache noch nie viel anfangen. Das dürften Vorgesetzte und Mitstreiter nun ganz besonders schnell merken. Sollte man Ihnen immer noch nicht genug Raum geben damit sich Ihre Ideen auch wirklich entwickeln können, ist es vielleicht an der Zeit, über einen neuen Wirkungskreis nachzudenken.

Tipp des Monats: Ihre Begeisterung ist ansteckend! Gewinnen Sie nun Mitstreiter für Ihre zahlreichen Aktivitäten.

SZE Schlange

Grundtendenz des Monats: Das neue Jahr fängt gut für alle Schlangen an, die jetzt zu neuen Ufern aufbrechen wollen - vorausgesetzt, sie wissen genau, wo sie hinwollen! Haben Sie Ihre Ziele nicht klar definiert, ist erst einmal Zurückhaltung angesagt. Schließlich wollen Sie ja nicht, dass Ihre Pläne am Ende reine Kopfgeburten sind und nicht umgesetzt werden können.

Mit dem Tiger an der Seite können sich unentschlossene Schlangen im Februar lieber darauf konzentrieren, bestehende Hindernisse zu überwinden. So kommen Sie auf einen Weg, wo Sie Ihr volles Potential entfalten können. Die innere Stärke, die Sie jetzt verspüren, können Sie später noch gut gebrauchen.

Liebe, Familie, Freundschaft: Gerade im Bereich der persönlichen Beziehungen zeigt Ihnen die neue Regentin recht deutlich, was sein könnte. Damit diese Dinge aber auch eintreten können, braucht es von der Schlange ein gutes Maß an Entschlossenheit und Mut. Stille Bewunderung aus einer entfernten Ecke wird Ihnen jetzt nicht helfen, um das Objekt Ihres Herzens zu erobern. Da müssen Sie schon aktiver werden.

Im Jahr der Metall-Ratte ist es besonders wichtig, dass Sie die Gefühle von Partner und Familie ernst nehmen. Sorgen Sie schon jetzt dafür, dass sich niemand übergangen fühlt.

Beruf, Finanzen: Der frische Wind, den die Ratte jetzt mitbringt, kommt nicht bei jedem Tierzeichen gleich gut an. So tut sich auch die Schlange nun unter Umständen schwer, wenn es am Arbeitsplatz Änderungen gibt, auf die sie sich nicht vorher einstellen konnte. Sie können jetzt sicher zusätzliche Zeit einfordern, damit Sie die Arbeitsabläufe entsprechend anpassen können. Übertreiben Sie es aber bitte nicht mit Ihrer Akribie.

Subtile Anmerkungen werden nun nicht unbedingt wahrgenommen. Da müssen Sie schon ein bisschen direkter werden, liebe Schlange.

Tipp des Monats: Mit allen fünf Elementen in der Monatskonstellation dürfen Sie sich jetzt ruhig aus der Komfortzone heraus trauen.

WU
Pferd

Grundtendenz des Monats: Mit dem Tiger tritt gleich zu Beginn der neuen Regentschaft ein wirklich guter Freund des Pferdes auf den Plan. So kommen Sie sicher recht gut in das neue Jahr und können gleich zu Beginn vielleicht einige nützliche Verbindungen knüpfen. Die können Sie dann zu einem späteren Zeitpunkt nutzen, wenn es darum geht, Hindernisse aus dem Weg zu räumen oder Unterstützung für eher gewagte Vorhaben zu gewinnen.

Am besten wäre es, wenn Sie das Ratten-Jahr recht pragmatisch angehen und möglichst realistisch planen. Wer zu viel erwartet, wird ansonsten vielleicht enttäuscht.

Liebe, Familie, Freundschaft: Klare Ansagen ersparen Ihnen im Februar so manchen Stress im Kreise der Familie. Wenn jeder klar weiß, was zu tun ist, muss man auch nicht mehr darüber diskutieren und kann die gemeinsame Zeit mit sinnvolleren Dingen verbringen.

In der Partnerschaft dürfte es im Jahr der Ratte für das Pferd nicht immer einfach sein, einen harmonischen Konsens zu finden. Dafür sind Sie und der Jahresregent einfach zu unterschiedlich. Zeigen Sie sich jetzt nicht zu empfindlich, wenn Sie kritisiert werden. Vor allem, wenn die Kritik liebevoll vorgetragen wird, gibt es keinen Grund sich beleidigt zurückzuziehen.

Beruf, Finanzen: Mit dem Tiger an Ihrer Seite können Sie gleich zu Beginn des neuen Jahres einige lästige Hindernisse aus dem Weg räumen. Das bedeutet zwar nicht unbedingt, dass Sie jetzt freie Bahn haben bis zum Schluss. Aber ein recht großes Stück des Weges können Sie auf jeden Fall einfacher zurücklegen.

Finanzielle Entscheidungen sollten besser gleich zu Anfang des Jahres getroffen werden. Schließlich vereinen sich im Februar und März für das Pferd alle fünf Elemente zum produktiven Zyklus. Wer geschickt handelt, kann daraus einiges an Nutzen ziehen.

Tipp des Monats: Mutig und entschlossen sollte das Pferd ins neue Jahr starten. So können Sie jetzt auch Zweifler überzeugen.

WEI
Ziege

Grundtendenz des Monats: Gleich zu Beginn des Ratten-Jahres wird die Ziege merken, dass nun ein ganz anderer Wind weht als noch im letzten Monat. Die neue Regentin wünscht sich einen Neuanfang auf allen Ebenen und reagiert eher gelangweilt, wenn sich nichts bewegt. Diese Aufbruchsstimmung wird jetzt im Februar zusätzlich von einem Tiger unterstützt, der sich am liebsten sofort zu neuen Ufern aufmachen möchte.

Für die Ziege mag das nun zunächst ein wenig befremdlich wirken. Schließlich wird dieses Tierzeichen geprägt von der erhaltenden Energie des Erd-Elementes und kann Veränderungen nicht ganz so unbefangen hinnehmen.

Liebe, Familie, Freundschaft: Wer im vergangenen Jahr des Schweins wieder einmal viel zu viel Energie in das Wohlbefinden seiner Lieben gesteckt hat, darf sich ab sofort deutlich mehr um die eigenen Belange kümmern. Die Frage ist allerdings, ob Partner und Familie das genauso sehen. Schließlich sind sie es in der Regel gewohnt, dass die Ziege sich um alles kümmert und ihnen das Gros der Arbeit abnimmt. Da sind nun gleich zu Beginn des Jahres sicher ein paar klärende Worte von Seiten der Ziege nötig.

Frisch verliebte Ziegen sollten nun nicht warten, bis die andere Seite den ersten Schritt tut. Werden Sie selbst aktiv!

Beruf, Finanzen: Wer in den vergangenen Monaten seine alten Baustellen abgearbeitet hat, darf sich ab sofort auf neue spannende Optionen freuen. Sie haben die freie Auswahl! Entscheiden Sie nicht nur mit dem Kopf, sondern vor allem auch mit dem Herzen, was Sie zukünftig tun wollen.

Restlasten aus dem letzten Zwölfjahres-Zyklus können sich 2020 als ausgesprochen lästiges Gepäck erweisen und die Ziege in ihrem Bewegungsfreiraum stark einschränken. Da hilft es auch nicht, diese einfach in die hinterste Ecke zu verbannen. Derartige Dinge lösen sich nicht von selbst.

Tipp des Monats: Zeigen Sie Stärke und artikulieren Sie Ihre Wünsche laut und deutlich.

SUNG
Affe

Grundtendenz des Monats: Mit dem Start ins Jahr der Metall-Ratte weht für den Affen gleich ein ganz anderer erfrischender Wind. Schließlich bekommt er nun eine Regentin an die Seite gestellt, die ihm viele neue Impulse geben kann. Daraus können sich jetzt gleich im Februar durchaus schon spannende Projekte entwickeln.

Der Tiger, der den Monat nun begleitet, mag den Affen zuweilen ein wenig bremsen, wenn dieser zu bereitwillig auf jeden neuen Zug aufspringt. Das kann im ersten Augenblick ein wenig nerven, ist aber nur zu Ihrem Besten. Denn schließlich können Sie nicht alle Gelegenheiten auf einmal wahrnehmen. Denken Sie daran, dass der Tag auch für den Affen nur 24 Stunden hat.

Liebe, Familie, Freundschaft: So mancher Affe kann im Februar leicht seine häuslichen Verpflichtungen vergessen. Das Leben da draußen ist gerade zu spannend, als dass er auch nur eine Sekunde davon verpassen möchte. Wenn Sie Ihre Lieben nun darauf hinweisen, dass Sie sich mehr kümmern müssen, wäre es gut, die Kritik anzunehmen. Schließlich wollen Sie ja nicht gleich zu Beginn der neuen Regentschaft, dass der Haussegen schief hängt, oder?

Mit dem Tiger kann der Affe übrigens prima sein Terrain erweitern. Das kann jetzt besonders hilfreich sein, wenn es darum geht, einen neuen Partner zu finden. Je ungewöhnlicher der Ort, desto mehr ist der Affe in seinem Element.

Beruf, Finanzen: Bevor Sie sich mit vollem Elan in neue Aufgaben stürzen, wäre es sicher erst einmal angebracht, bereits angefangene Dinge zu Ende zu bringen. Wenn der Affe sich erst voll und ganz auf die neue Regentin einlässt, ist die Gefahr groß, dass viele Dinge einfach halb fertig liegenbleiben. Manche Projekte mögen es vielleicht nicht wert sein, dass man sie zum Ende bringt. Bei vielen anderen wäre es jedoch schade, wenn Sie sie aufgeben.

Tipp des Monats: Schwelgen Sie ruhig in Ihren Visionen! Aber versuchen Sie nicht, alles auf einmal umzusetzen.

YU
Hahn

Grundtendenz des Monats: Zum Start in das Jahr der Metall-Ratte kann der Hahn gleich Führungsstärke zeigen. Mit dem Tiger tritt im Februar ein Tierzeichen auf den Plan, dass wie er selbst ohne zu zögern das Ruder in die Hand nimmt, wenn die Situation dies erfordert. Sie sollten allerdings sicherstellen, dass es in Ihrem Umfeld jetzt auch gewünscht ist, dass Sie den Ton angeben. Ist das nicht der Fall kann es für den Hahn unter Umständen etwas unangenehm werden.

Am liebsten würde der Hahn seine Entscheidungen vollkommen unabhängig von seiner Umgebung treffen. Das wird aber wohl so kaum machbar sein, denn Sie haben eine gewisse Verantwortung, die sie nun erfüllen sollten.

Liebe, Familie, Freundschaft: Wer auf der Suche nach einem neuen Partner ist, darf sein Revier nun ruhig ein wenig ausbreiten. Die kreative Ratte führt Sie unter Umständen an ungewöhnliche Plätze, wo Sie ungewöhnliche Menschen kennenlernen können.

Damit es im Alltag rund laufen kann ist es schon wichtig, dass einer den Überblick behält und die Zügel in die Hand nimmt. Allerdings sollten Sie diese nun nicht zu straff ziehen. Das verursacht unnötigen Unmut bei Partner und Nachwuchs und kann Ihre Pläne ganz schön durcheinander bringen.

Beruf, Finanzen: Zu sehr sollten Sie sich lieber nicht in die Angelegenheiten des neuen Jahresregenten einmischen. Das könnte nämlich im Februar leicht als Bevormundung ausgelegt werden. Gerade wenn Sie nicht der Chef sind, kommt das nun gar nicht gut an. Aber auch wenn Sie das Sagen haben, würde es sicher nicht schaden, sich ein bisschen diplomatischer zu verhalten. Schließlich will man ja auch das restliche Jahr noch miteinander auskommen.

So mancher Hahn fühlt sich nun vielleicht zu Höherem berufen. Wer das nun zu deutlich hervorhebt, ruft in erster Linie Neider auf den Plan.

Tipp des Monats: Zeigen Sie Stärke und Entschlossenheit, aber stoßen Sie damit niemanden vor den Kopf.

SHIH
Hund

Grundtendenz des Monats: Ab sofort weht mit der Metall-Ratte ein deutlich lebhafterer Wind im Leben des Hundes. Im Vergleich dazu ging es mit dem Schwein im vergangenen Jahr deutlich gemütlicher zu! Das sollte Sie aber auf keinen Fall beunruhigen, sondern viel mehr motivieren, die kommenden zwölf Monate Dinge zu wagen, an die Sie sich bislang noch nicht herangetraut haben.

Eine neue Regentschaft beginnt traditionell immer mit dem Monat des Tigers und der ist bekanntlich einer der besten Freunde des Hundes. Das kann Ihnen nun immer dann Mut machen, wenn es darum geht, neues Terrain zu erkunden.

Liebe, Familie, Freundschaft: Schlichtende Worte vom Hund sind nun immer dann nötig, wenn Ihre Lieben sich zu sehr in persönliche Themen verstricken. Zeigen Sie sich diplomatisch und versuchen Sie nicht, der anderen Seite Ihre Meinung aufzuzwingen. Sätze wie „das habe ich Dir schon immer gesagt" helfen garantiert nicht dabei, jemanden aufzubauen, der gerade enttäuscht wurde.

Mit dem Tiger an der Seite trauen sich nun vielleicht auch der eher zurückhaltende Hund mehr, auf neue interessante Menschen zuzugehen. Das kann sehr hilfreich bei der Partnersuche sein, ist aber auch nützlich, wenn Sie neue Freundschaften schließen wollen.

Beruf, Finanzen: Je stärker Sie sich gleich zu Beginn der neuen Regentschaft präsentieren, desto mehr wird man nun auch bereit sein, Sie mit neuen Aufgaben zu betrauen. Vor allem, wenn Ihnen das innerhalb bereits bestehender Projekte angeboten wird, sollten Sie die Herausforderung ohne Zögern annehmen. Die erfolgreiche Linie lässt sich so auf jeden Fall fortsetzen.

Haben Sie das Gefühl, dass Ihnen zu Beginn des Jahres der Ratte ein wenig der Antrieb fehlt, sollten Sie Ihr Feuer-Element mehr unterstützen. Mit der entsprechenden Motivation können Sie jetzt Ihre Arbeit mit Leichtigkeit bewältigen.

Monats: Sie dürfen nun ruhig nach Höherem streben! Setzen Sie sich ambitionierte Ziele!

HAN
Schwein

Grundtendenz des Monats: Das Schwein hätte sicher nichts dagegen, wenn es im neuen Jahr einfach so weiter gehen würde wie in den vergangenen zwölf Monaten. Daraus wird aber wohl eher nichts, denn mit der Metall-Ratte kommt nun ein Tierzeichen an die Macht, dass deutlich rühriger als sein Vorgänger ist. Auch für das Schwein bedeutet das nun mehr Aktivität und weniger Gemütlichkeit.

So manches Schwein mag nun das Gefühl haben, dass es keine so gute Idee ist, sich auf neues Terrain vorzuwagen. Sicher ist es gut, auf das eigene Bauchgefühl zu hören. Trotzdem sollten Sie Augen und Ohren nicht vor der Realität verschließen. Vielleicht trauen Sie sich mehr zu, wenn Sie sich eine Begleitung suchen?

Liebe, Familie, Freundschaft: Mit dem Tiger bekommt das Schwein im Februar Unterstützung, wenn es darum geht, ein Herz zu erobern. Der König des Dschungels dürfte in diesem Bereich einige Erfahrung haben und lässt sich durch ein nein nicht unbedingt beeindrucken. Das bedeutet für Sie, dass Sie nicht gleich aufgeben sollten, wenn die Resonanz nicht von Anfang grandios ist. Manchmal braucht man einfach eine gewisse Zeit, um miteinander warm zu werden.

Kritik will in diesem Monat vorsichtig vorgebracht werden, denn Partner und Familie reagieren unter Umständen sehr empfindlich.

Beruf, Finanzen: Mit Hilfe von Tiger und Ratte kann das Schwein nun nicht nur neue Ideen entwickeln, sondern sich auch bei der Umsetzung durchsetzen. Wem es allerdings nun zu anstrengend ist, selbst aktiv zu werden, der darf sich durchaus auch bei fremden Projekten beteiligen. Der Vorteil dabei ist, dass Sie dafür nicht so viel Verantwortung übernehmen müssen. Allerdings können Sie am Ende dann auch nicht die ganzen Lorbeeren ernten.

Eine realistische Einschätzung Ihrer finanziellen Situation kann Ihnen in den kommenden Monaten einiges an Ärger ersparen.

Tipp des Monats: Zeigen Sie Stärke und Entschlossenheit, wenn man Ihnen nun Hindernisse in den Weg legt.

Februar 2020	Jahreskonstellation – Metall-Ratte Monatskonstellation – Erd-Tiger

1. Holz Hund	Ratte Büffel **Tiger** Hase Drache Schlange **Pferd** Ziege Affe Hahn **Hund Schwein** **Günstig:** Handel, Geschäftseröffnungen, Hochzeiten und andere Feste planen. **Ungünstig:** Beerdigungen, Reisen, Arztbesuche.
2. Holz Schwein	Ratte Büffel Tiger **Hase** Drache Schlange Pferd **Ziege** Affe Hahn **Hund Schwein** **Günstig:** Handwerkliche Aktivitäten, Handel, Hochzeiten, Reisen **Ungünstig:** Trauerfeiern und Beerdigungen, schwere körperliche Arbeit
3. Feuer Ratte	**Ratte Büffel** Tiger Hase **Drache** Schlange Pferd Ziege **Affe** Hahn Hund Schwein **Günstig:** Ankündigungen machen, Beerdigungen, Trauerfeiern. **Ungünstig:** Handel, Vergnügungen, Freizeitaktivitäten
4. Feuer Büffel	**Ratte Büffel** Tiger Hase Drache **Schlange** Pferd Ziege Affe **Hahn** Hund Schwein **Günstig:** Ankündigungen machen, Beerdigungen, Trauerfeiern. **Ungünstig:** Handel, Vergnügungen, Freizeitaktivitäten
5. Erd Tiger	Ratte Büffel **Tiger Hase** Drache Schlange **Pferd** Ziege Affe Hahn **Hund** Schwein **Günstig:** Kleidung schneiden, Handel, Buchhaltung, Ausflüge, neue Dinge beginnen **Ungünstig:** Geschäfte eröffnen, Kraftanstrengungen, Reisen, Ersparnisse ausgeben
6. Erd Hase	Ratte Büffel **Tiger Hase** Drache Schlange Pferd **Ziege** Affe Hahn Hund **Schwein** **Günstig:** Putzen, waschen, fasten, seelische und körperliche Pflege, Arztbesuche **Ungünstig:** Ausdauersport, Reisen, Hochzeit.
7. Metall Drache	**Ratte** Büffel Tiger Hase **Drache Schlange** Pferd Ziege **Affe** Hahn Hund Schwein **Günstig:** Umziehen, Reisen, Hochzeiten, Empfänge, wichtige Konferenzen. **Ungünstig:** geistige Arbeiten, Gartenarbeit, häusliche Tätigkeiten.
8. Metall Schlange	Ratte **Büffel** Tiger Hase **Drache Schlange** Pferd Ziege Affe **Hahn** Hund Schwein **Günstig:** Versammlungen, gerechte Verteilungen, Hochzeit, Konferenzen, Umzug. **Ungünstig:** Gartenarbeit, Dinge zum Abschluss bringen.
9. Wasser Pferd	Ratte Büffel **Tiger** Hase Drache Schlange **Pferd Ziege** Affe Hahn **Hund** Schwein **Günstig:** Gartenarbeit, Feiern, Hochzeit, Dinge zum Abschluss bringen. **Ungünstig:** keine Anschuldigungen gegen Dritte erheben.
10. Wasser Ziege	Ratte Büffel Tiger **Hase** Drache Schlange **Pferd Ziege** Affe Hahn Hund **Schwein** **Günstig:** Gartenarbeit, Hochzeit, Dinge zum Abschluss bringen. **Ungünstig:** Umzug, Reisen, Geschäftseröffnung.
11. Holz Affe	**Ratte** Büffel Tiger Hase **Drache** Schlange Pferd Ziege **Affe Hahn** Hund Schwein **Günstig:** Ausruhen, Meditation, seinen Hobbys nachgehen. **Ungünstig:** wichtige Unternehmungen.
12. Holz Hahn	Ratte **Büffel** Tiger Hase Drache **Schlange** Pferd Ziege **Affe Hahn** Hund Schwein **Günstig:** Amüsieren, mit Freunden ausgehen, Freizeitaktivitäten **Ungünstig:** geschäftliche Aktivitäten, neue Dinge anfangen.
13. Feuer Hund	Ratte Büffel **Tiger** Hase Drache Schlange **Pferd** Ziege Affe Hahn **Hund Schwein** **Günstig:** für die meisten Aktivitäten, Geschäftsabschlüsse, Partnerschaft **Ungünstig:** negative Bemerkungen über andere Menschen.
14. Feuer Schwein	Ratte Büffel Tiger **Hase** Drache Schlange Pferd **Ziege** Affe Hahn **Hund Schwein** **Günstig:** Handel, Geschäftseröffnungen, Hochzeiten und andere Feste planen. **Ungünstig:** Beerdigungen, Reisen, Arztbesuche.
15. Erd Ratte	**Ratte Büffel** Tiger Hase **Drache** Schlange Pferd Ziege **Affe** Hahn Hund Schwein **Günstig:** Handwerkliche Aktivitäten, Handel, Hochzeiten, Reisen **Ungünstig:** Trauerfeiern und Beerdigungen, schwere körperliche Arbeit

Ob ein Tag besonders günstig für Ihr Tierzeichen ist, sehen Sie an folgenden Farben:
Rot = sehr günstig, Grau = günstig, Schwarz = nicht günstig

Jahreskonstellation – Metall-Ratte Monatskonstellation – Erd-Tiger	Februar 2020

16. Erd Büffel	**Ratte Büffel** Tiger Hase Drache **Schlange** Pferd Ziege Affe **Hahn** Hund Schwein **Günstig:** Ankündigungen machen, Beerdigungen, Trauerfeiern. **Ungünstig:** Handel, Vergnügungen, Freizeitaktivitäten
17. Metall Tiger	Ratte Büffel **Tiger Hase** Drache Schlange **Pferd** Ziege Affe Hahn **Hund** Schwein **Günstig:** Kleidung schneidern, Handel, Buchhaltung, Ausflüge, neue Dinge beginnen **Ungünstig:** Geschäfte eröffnen, Kraftanstrengungen, Reisen, Ersparnisse ausgeben
18. Metall Hase	Ratte Büffel **Tiger Hase** Drache Schlange Pferd **Ziege** Affe Hahn Hund **Schwein** **Günstig:** Putzen, waschen, fasten, seelische und körperliche Pflege, Arztbesuche **Ungünstig:** Ausdauersport, Reisen, Hochzeit.
19. Wasser Drache	**Ratte** Büffel Tiger Hase **Drache Schlange** Pferd Ziege **Affe** Hahn Hund Schwein **Günstig:** Umziehen, Reisen, Hochzeiten, Empfänge, wichtige Konferenzen. **Ungünstig:** geistige Arbeiten, Gartenarbeit, häusliche Tätigkeiten.
20. Wasser Schlange	Ratte **Büffel** Tiger Hase **Drache Schlange** Pferd Ziege Affe **Hahn** Hund Schwein **Günstig:** Versammlungen, gerechte Verteilungen, Hochzeit, Konferenzen, Umzug **Ungünstig:** Gartenarbeit, Dinge zum Abschluss bringen.
21. Holz Pferd	Ratte Büffel **Tiger** Hase Drache Schlange **Pferd Ziege** Affe Hahn **Hund** Schwein **Günstig:** Gartenarbeit, Feiern, Hochzeit, Dinge zum Abschluss bringen. **Ungünstig:** keine Anschuldigungen gegen Dritte erheben.
22. Holz Ziege	Ratte Büffel Tiger **Hase** Drache Schlange **Pferd Ziege** Affe Hahn Hund **Schwein** **Günstig:** Gartenarbeit, Hochzeit, Dinge zum Abschluss bringen. **Ungünstig:** Umzug, Reisen, Geschäftseröffnung
23. Feuer Affe	**Ratte** Büffel Tiger Hase **Drache** Schlange Pferd Ziege **Affe Hahn** Hund Schwein **Günstig:** Ausruhen, Meditation, seinen Hobbys nachgehen. **Ungünstig:** wichtige Unternehmungen.
24. Feuer Hahn	Ratte **Büffel** Tiger Hase Drache **Schlange** Pferd Ziege **Affe Hahn** Hund Schwein **Günstig:** Amüsieren, mit Freunden ausgehen, Freizeitaktivitäten **Ungünstig:** geschäftliche Aktivitäten, neue Dinge anfangen.
25. Erd Hund	Ratte Büffel **Tiger** Hase Drache Schlange **Pferd** Ziege Affe Hahn **Hund Schwein** **Günstig:** für die meisten Aktivitäten, Geschäftsabschlüsse, Partnerschaft **Ungünstig:** negative Bemerkungen über andere Menschen.
26. Erd Schwein	Ratte Büffel Tiger **Hase** Drache Schlange Pferd **Ziege** Affe Hahn **Hund Schwein** **Günstig:** Handel, Geschäftseröffnungen, Hochzeiten und andere Feste planen. **Ungünstig:** Beerdigungen, Reisen, Arztbesuche.
27. Metall Ratte	**Ratte Büffel** Tiger Hase **Drache** Schlange Pferd Ziege **Affe** Hahn Hund Schwein **Günstig:** Handwerkliche Aktivitäten, Handel, Hochzeiten, Reisen **Ungünstig:** Trauerfeiern und Beerdigungen, schwere körperliche Arbeit
28. Metall Büffel	**Ratte Büffel** Tiger Hase Drache **Schlange** Pferd Ziege Affe **Hahn** Hund Schwein **Günstig:** Ankündigungen machen, Beerdigungen, Trauerfeiern. **Ungünstig:** Handel, Vergnügungen, Freizeitaktivitäten
29. Wasser Tiger	Ratte Büffel **Tiger Hase** Drache Schlange **Pferd** Ziege Affe Hahn **Hund** Schwein **Günstig:** Kleidung schneidern, Handel, Buchhaltung, Ausflüge, neue Dinge beginnen **Ungünstig:** Geschäfte eröffnen, Kraftanstrengungen, Reisen, Ersparnisse ausgeben

TZE
Ratte

Grundtendenz des Monats: Lassen Sie sich in diesen Wochen nicht verunsichern, wenn man von den verschiedensten Seiten auf Ihre Entscheidungen Einfluss nehmen will. Am Ende des Tages tragen Sie allein die Verantwortung für Ihren weiteren Weg. Die meist gut gemeinten Ratschläge dürfen Sie also gerne zur Kenntnis nehmen, aber bitte nicht zu lange im Kopf hin und her schieben. Hören Sie im März lieber auf Ihre Intuition - die wird nämlich nun besonders gut unterstützt.

Das Feuer-Element ist im Augenblick nicht ganz so gut ausgeprägt. Das kann dazu führen, dass es nun so mancher Ratte ein wenig an der nötigen Motivation mangelt, um beherzt neue Projekte anzugehen.

Liebe, Familie, Freundschaft: Mit dem Hasen rücken im März traditionell familiäre Angelegenheiten in den Vordergrund. Wer eigenen Nachwuchs hat, muss sich nun wahrscheinlich ein bisschen mehr kümmern als sonst, um sicherzustellen, dass es später im Jahr nicht zu Problemen kommt. Hören Sie gut zu - das ist jetzt besonders wichtig!

Wer auf der Suche nach einer neuen Liebe ist, bekommt jetzt vielleicht mehr als eine Option vom Schicksal präsentiert. Niemand verlangt, dass Sie sich sofort entscheiden. Nehmen Sie sich also ruhig die Zeit, Ihren potentiellen Partner richtig kennenzulernen.

Beruf, Finanzen: Ihre Chancen hängen in diesen Wochen sicher stark davon ab, inwieweit Sie sich im vergangenen Jahr von Altlasten getrennt haben. Vor allem im Kopf sollten Sie sich von alten Mustern frei machen, wenn Sie 2020 wirklich auf der Karriereleiter nach oben kommen wollen.

Es ist Zeit für Ausbreitung, liebe Ratte! Wer seine eigenen Ambitionen in den kommenden Monaten ausleben will, sollte nun Ausschau halten nach möglichen Kooperationen oder neuen Geschäftsideen. Einmal mehr sollten Sie sich von Gefühl und Verstand leiten lassen.

Tipp des Monats: Machen Sie Ihre Zweifel nicht mit sich alleine aus, sondern suchen Sie beizeiten das Gespräch!

KIU
Büffel

Grundtendenz des Monats: Mit dem sanften Hasen bekommt der Büffel im März Gesellschaft, die ihm zahlreiche Optionen anbietet. Es geht nun verstärkt darum, grundsätzliche Entscheidungen zu treffen: Bin ich zufrieden mit dem, was ich habe oder will ich zu neuen Ufern aufbrechen? Damit wird sich auch entscheiden, mit welchem Tempo die folgenden Monate vorgegangen wird. Bedenken Sie bei Ihrer Wahl auch immer, wieviel Zeit Sie realistisch gesehen investieren können.

Das Feuer-Element ist im März nicht besonders stark ausgeprägt, so dass es manchen Büffel vielleicht ein wenig an der nötigen Motivation fehlt. Trotzdem sollten Sie versuchen, wichtige Entscheidungen jetzt nicht zu vertagen.

Liebe, Familie, Freundschaft: Ein zusätzlicher Anteil an Yin-Erde sorgt in diesem Monat dafür, dass so mancher Büffel sich noch mehr kümmern muss als sonst. Je besser es Ihnen nun gelingt, Ihre Lieben zu mehr Eigenverantwortung anzuleiten, desto weniger anstrengend werden die nächsten Wochen für Sie werden.

Im Bereich der Partnerschaft dürfen Sie ruhig ein wenig mehr auf Ihre Intuition vertrauen. Gerade bei einer neuen Begegnung ist der erste Eindruck enorm wichtig. Da sollten Sie sich jetzt wirklich weniger auf Ihren Kopf und mehr auf Ihren Bauch verlassen.

Beruf, Finanzen: Im Jahr der Metall-Ratte steht ein Neuanfang unter einem besonders guten Stern. Deshalb darf der vorsichtige Büffel ruhig etwas mehr wagen als sonst. Wer sich nun aufmerksam umschaut, wird die guten Gelegenheiten sicher sofort erkennen. Die Frage ist allerdings, ob Sie sie dann auch wirklich ergreifen, lieber Büffel...

Diplomatisches Geschick mag nicht unbedingt zu den Stärken des Büffels gehören. Mit Unterstützung des Hasen können Sie aber sicher die richtigen Worte finden, um Ihre Mitstreiter zu motivieren.

Tipp des Monats: Wer die Wahl hat, hat die Qual... Prüfen Sie deshalb, welchen Weg Sie gehen wollen, bevor Sie sich festlegen!

YING Tiger

Grundtendenz des Monats: Der Tiger weiß in der Regel ganz genau, was getan werden muss, um Probleme im Allgemeinen oder im Speziellen zu lösen. Damit seine Lösungsansätze auch akzeptiert werden, kommt es entscheidend darauf an, wie er das Ganze kommuniziert. Mit dem diplomatischen Hasen die eigenen Ideen so zu präsentieren, dass sie auch angenommen werden. Sonst kann es dem Tiger im Jahr der Ratte leicht passieren, dass gute Pläne reine Kopfgeburten bleiben.

Am liebsten würde der Tiger nun einfach los preschen - schließlich gibt es 2020 viele spannende Abenteuer zu erleben. Ein bisschen Augenmaß würde Ihnen allerdings nicht schaden.

Liebe, Familie, Freundschaft: Mit dem Hasen kommt die weiche Seite des Tigers zum Vorschein. Darüber können sich Partner und Familie gleichermaßen freuen, denn nun lässt sich der König des Dschungels weitaus leichter um den Finger wickeln als sonst. Zu sehr übertreiben sollte man es in seinem Umfeld damit aber lieber nicht - dann fährt auch der sanfteste Schmusetiger seine Krallen aus.

Für Tiger auf der Partnersuche herrschen nun günstige Zeiten. Denken Sie daran, dass eine sanfte Eroberung auf der anderen Seite in der Regel deutlich besser ankommt.

Beruf, Finanzen: Hase und Tiger bilden gemeinsam das „Haus der Expansion" im Chinesischen Tierkreis. Da ist es nicht verwunderlich, dass im März auch auf der beruflichen Ebene alle Zeichen auf Ausbreitung stehen. Gemeinsam mit der Jahresherrscherin gilt es nun, die verschiedenen Optionen zu überprüfen. Vom neuen Job über mehr Gehalt oder einem Ortswechsel ist alles möglich!

Die guten Gelegenheiten fallen Ihnen aber nicht einfach so in den Schoß, lieber Tiger. Da müssen Sie schon aktiv Ausschau halten.

Tipp des Monats: Gelegenheiten gibt es in diesem Monat wirklich genug für den Tiger. Da bleibt lediglich die Frage, welchen Weg Sie wählen wollen.

MAO Hase

Grundtendenz des Monats: Im März erscheint ein weiterer Hase auf der Bildfläche und unterstützt Sie in allen Belangen. Das mag nicht immer ganz konform mit den Ansichten der Metall-Ratte sein, sollte Ihnen aber genug Kraft geben, sich für die eigenen Ansichten einzusetzen. Lassen Sie sich nicht von engstirnigen Menschen irritieren, die Ihrer Argumentation nicht folgen wollen - die Hauptsache ist schließlich, dass es sich für Sie selbst stimmig anfühlt.

Es kommt Ihnen vielleicht so vor, als würde es in Ihrem Umfeld an dem nötigen Verständnis für Ihre Belange mangeln. Vielleicht waren Sie einfach nicht klar genug in Ihrer Kommunikation?

Liebe, Familie, Freundschaft: Ein bisschen Vorsicht ist angebracht, wenn man Ihnen bei einem romantischen Treffen das Blaue vom Himmel holen möchte. Bei Tageslicht betrachtet lösen sich derartige Versprechungen in der Regel in Luft auf. Lassen Sie sich nicht einwickeln, sondern vertrauen Sie einmal mehr auf Ihr Bauchgefühl.

Die Familie braucht in diesen Wochen zwar vielleicht ein bisschen mehr Aufmerksamkeit. Das bedeutet aber nicht, dass Sie auf einmal wieder für alles zuständig sind und dafür alles Andere stehen und liegen lassen sollen. Erinnern Sie alle daran, dass hier ein bisschen mehr Teamgeist gefragt ist.

Beruf, Finanzen: Es kann wirklich nicht schaden, nun erst einmal in Ruhe die vielen verschiedenen Optionen genau zu betrachten. Wenn Sie sich zum Frühsommer hin endgültig entscheiden, sollte das locker ausreichen. Vor allem, wenn es um mögliche tiefgreifende Veränderungen geht, sollte der Hase nichts übers Knie brechen.

Trauen Sie sich ruhig, auf die Menschen direkt zuzugehen, die Sie interessant finden. Daraus können sich jetzt eine Reihe von wertvollen Kontakten entwickeln, die sich später auf allen Ebenen als hilfreich erweisen können.

Tipp des Monats: Mitgefühl ist gut, aber bitte nicht auf Kosten Ihrer eigenen Pläne! Lassen Sie sich nicht vor Karren spannen, die Sie gar nicht ziehen wollen.

SHENG Drache

Grundtendenz des Monats: Der März ist für den Drachen traditionell ein Monat, wo er zuweilen mit Gegenwind rechnen muss. Das liegt daran, dass er mit dem Hasen, der den Monat teilt, nicht immer auf einer Wellenlinie liegt. Die Weltanschauung dieser beiden könnte viel unterschiedlicher nicht sein. Aber selbst wenn sich nun das eine oder andere Hindernis auftut, braucht das den Drachen nicht wirklich zu kümmern. Mit der Ratte an seiner Seite lassen sich derartige Störungen sofort und unkompliziert aus dem Weg räumen.

Mit Ihrer offenen und unkomplizierten Art können Sie jetzt einflussreiche Freunde gewinnen, die Ihnen interessante Türen öffnen können.

Liebe, Familie, Freundschaft: Es herrschen nun vielleicht verschiedene Ansichten, wenn es darum geht, wie es in der Partnerschaft laufen soll. Für alle Beteiligen wäre es das Beste, wenn man sich hier auf einen dauerhaften Kompromiss einigen könnte. Ansonsten schwelt der Konflikt im Untergrund weiter und kommt im Laufe des Jahres immer mal wieder hoch.

Im Familien- und Freundeskreis würden sich wirklich alle freuen, wenn der Drache sich vor allem dann mehr einbringt, wenn es nicht um seine eigenen Projekte geht. Zeigen Sie ein bisschen mehr Interesse an dem, was die Menschen in Ihrer Umgebung leisten.

Beruf, Finanzen: Möglichkeiten gibt es im Jahr der Metall-Ratte sicher genug für den Drachen. Die Frage ist allerdings, für welchen Weg er sich entscheidet. Alles auf einmal können Sie nämlich auf keinen Fall umsetzen, so sehr Sie sich das auch wünschen! Da ist es nun umso wichtiger, die Prioritäten vernünftig zu setzen.

Wenn man eines dem Drachen wirklich nicht nachsagen kann, ist es, dass er Angst vor dem Unbekannten hat. Trotzdem sollten Sie jetzt nicht einfach blind drauflos laufen, sondern auf Ihr Bauchgefühl hören, bevor Sie sich in Bewegung setzen.

Tipp des Monats: Wer viel Auswahl hat, muss auch viele Entscheidungen treffen... Lassen Sie sich nicht vom schnellen Erfolg blenden.

SZE Schlange

Grundtendenz des Monats: Ein weiterer Monat steht für die Schlange unter dem harmonischen Einfluss aller Fünf Elemente. Das sollte jetzt dafür sorgen, dass bestehende Hindernissen leichter aus dem Weg geräumt werden können. Auch das persönliche Stresslevel lässt sich niedrig halten, wenn Sie sich der ausgleichenden Kraft bewusst werden und nicht versuchen, gegen Ihr Gefühl anzugehen.

Wer sich nun beweglich zeigt, bekommt von der Ratte eine ganze Reihe gute Gelegenheiten präsentiert. Dabei geht es noch gar nicht darum, eine konkrete Entscheidung zu treffen. Sie dürfen ganz in Ruhe Ihre Möglichkeiten ausloten.

Liebe, Familie, Freundschaft: Mit dem sanften Hasen bekommt die Schlange im März ein Tierzeichen zur Seite gestellt, das wunderbar ihre weichen Seiten zum Vorschein bringen kann. Das mag manchmal dazu führen, dass Sie empfindlicher reagieren, als man das in Ihrem persönlichen Umfeld von Ihnen gewohnt ist. Im Großen und Ganzen hilft Ihnen die zusätzliche Yin-Kraft aber sicher dabei, mehr auf Ihre Gefühle zu vertrauen.

Freundschaften sollten nie nur aus rationalen Gründen geschlossen werden. Wenn die Sie die Verbindung nicht fühlen, brechen Sie den Kontakt lieber ab.

Beruf, Finanzen: Die Ratte ist bekannt für ihre ungewöhnlichen Ideen. Das kann dazu führen, dass man Ihnen Projekte präsentiert, die auf den ersten Blick gar nicht zu Ihnen passen wollen. Auch wenn Sie sich nicht gerne unvorbereitet auf Neuland begeben, ist es in diesen Wochen sicher einen Versuch wert - vor allem dann, wenn Ihr Bauchgefühl ja sagt.

Natürlich sollte man die Befindlichkeiten von Kollegen und Chefs nicht komplett außer Acht lassen. Das wäre einfach nicht gut für das Betriebsklima. Zu viel Rücksichtnahme ist aber auch keine Lösung.

Tipp des Monats: Zeigen Sie sich offen für Neues! Mit Hilfe der Ratte können Sie Ihren Horizont enorm erweitern.

WU
Pferd

Grundtendenz des Monats: Auch wenn der Hase im März sicher versucht, zwischen Ratte und Pferd zu vermitteln, mag sich bei Ihnen jetzt keine richtige Entspannung einstellen. Dafür gibt es gerade zu viele Aspekte in Ihrem Leben, deren Entwicklung mit dem Start ins Rattenjahr nicht richtig klar ist. Sie können jetzt deshalb mit sich hadern und sich gar nichts mehr trauen. Oder Sie können jetzt erst recht mit Elan die verschiedenen Optionen angehen und so eher früher als später mehr Klarheit gewinnen.

Mit dem Hasen ist nun ein Tierzeichen präsent, dem es wichtig ist, dass alle gleichermaßen gerecht behandelt werden. Da kann es schon mal sein, dass Sie nun erst einmal zum Wohle der Allgemeinheit tätig werden müssen.

Liebe, Familie, Freundschaft: Sie haben Angst vor zu viel Nähe und können sich deshalb emotional nicht so gut Ihrem Partner öffnen? Gerade in diesen Wochen gibt es für Ihre Furcht keinen konkreten Grund. Bedenken Sie, dass es Ihre bessere Hälfte unter Umständen sehr verletzen kann, wenn Sie keine Gefühle zulassen. Der ehrliche Umgang mit Ihrem Seelenzustand ist ein erster Schritt in die richtige Richtung.

Freundschaften wollen nun gepflegt werden, liebes Pferd. Kümmern Sie sich nicht nur dann um Ihre Kontakte, wenn es Ihnen in den Kram passt.

Beruf, Finanzen: Die eigenen Ambitionen muss das Pferd nun wahrscheinlich noch ein bisschen zurückstecken. Während der neue Jahresherrscher noch auf der geistigen Ebene verweilt und die verschiedenen Möglichkeiten durchspielt, macht sich der Hase sich vor allem Gedanken darüber, wie er bei alldem möglichst niemandem auf die Füße tritt. So lässt sich wirklich nur schlecht vorankommen im Augenblick.

Mehr Beweglichkeit vor allem auf der geistigen Ebene kann dem Pferd ganz neue Perspektiven eröffnen. Denken Sie ruhig ein bisschen mehr über den Horizont hinaus.

Tipp des Monats: Wer die Anspannung in diesem Monat zu stark spürt, sollte sich lieber aus dem Geschehen zurückziehen.

WEI
Ziege

Grundtendenz des Monats: Im März bekommt die Ziege Unterstützung von einem freundlichen Hasen. Gemeinsam kann man sich nun wieder einmal um all das kümmern, was in Ihrem Umfeld sonst niemand erledigen will... Wenn Ihnen das Spaß macht, ist gegen das Engagement absolut nichts einzuwenden. Sollte das allerdings nicht der Fall sein, müssen Sie sich beizeiten wehren. Dafür braucht es klare Worte und die Willensstärke, nein zu sagen.

Es mögen Ihnen viele Ideen im Kopf herumschwirren, wie Sie Ihren Wirkungskreis nun ausweiten könnten. Solange Sie nicht konkret loslegen, bauen Sie leider nur Wolkenschlösser.

Liebe, Familie, Freundschaft: Hase und Ziege sorgen jetzt vor allem für Harmonie in bestehenden Partnerschaften. Diese beiden ergänzen sich aufs Beste, wenn es darum geht, die bessere Hälfte zu verwöhnen und gemeinsam zu genießen. Lassen Sie jetzt nicht zu, dass die kopflastige Ratte Ihnen dazwischenfunkt.

Wer mit dem Nachwuchs in letzter Zeit Probleme gehabt hat, muss sich nun noch ein bisschen mehr kümmern als sonst. Dabei geht es aber nicht darum, ihm Arbeit abzunehmen. Vielmehr braucht es jetzt eine Anleitung zu mehr Selbständigkeit.

Beruf, Finanzen: Sie müssen sich schon ein bisschen mehr bewegen, wenn Sie im Jahr des Metall-Ratte beruflich vorankommen wollen. Von alleine fällt Ihnen der Erfolg jetzt sicher nicht in den Schoß - schon gar nicht, wenn Sie immer nur auf bewährte Techniken vertrauen. Ein bisschen mehr Innovationskraft erwartet die Ratte von Ihren Untertanen schon... vor allem, wenn diese sich weiterentwickeln wollen.

Scheuen Sie sich nun nicht, auf Menschen zuzugehen und neue Kontakte zu knüpfen. Daraus können sich wertvolle Beziehungen ergeben, die Ihnen das restliche Jahr hilfreich zur Seite stehen können.

Tipp des Monats: Niemand drängt Sie zum Aufbruch! Diese Entscheidung müssen Sie nun wirklich selbst treffen.

SUNG
Affe

Grundtendenz des Monats: Im März wird mit dem Hasen die Intuition des Affen gestärkt. Das kann er gebrauchen, wenn er die verschiedenen Optionen betrachtet, die die Ratte ihm bietet. Entscheidungen sollten immer mit Herz und Verstand getroffen werden! Dabei ist es aber fast noch wichtiger, auf den eigenen Bauch zu hören.

Angst vor Neuem kann man dem Affen sicher nicht nachsagen. So ist es nun vollkommen normal für ihn, sich kopfüber in Aktionen zu stürzen, deren Ausgang nicht unbedingt gewiss ist. Nehmen Sie dabei bitte nur dann ein gewisses Risiko in Kauf, wenn es keine Auswirkungen auf das Wohlergehen Ihrer Familie hat!

Liebe, Familie, Freundschaft: Es ist jetzt wichtig, dass Sie Ihrer Verantwortung gerecht werden. Vor allem, wenn es um den eigenen Nachwuchs geht, muss der Affe nun nich nur gut zuhören, sondern auch mit Rat und Tat zur Seite stehen, wenn es nicht ganz so gut läuft. Dafür kann es nötig sein, die eigenen Interessen erst einmal nach hinten zu stellen.

Freundschaften wollen im Jahr der agilen Ratte besonders gut gepflegt werden. Dabei geht es nicht darum, permanent in Kontakt zu bleiben - dazu hat der Affe 2020 wahrscheinlich ohnehin keine Zeit. Vielmehr sollten Sie bei der anderen Seite das Gefühl vermitteln, dass Sie da sind, wenn es nötig ist.

Beruf, Finanzen: Es kann sein, dass Sie bessere Chancen haben, wenn Sie sich mehr bewegen. Mit einem Karriereschub kann im Jahr der Ratte also durchaus ein Job- oder Ortswechsel verbunden sein. Für wen das nicht in Frage kommt, gibt es allerdings auch innerhalb bestehender Strukturen genug Gelegenheiten, um zu glänzen und sich weiterzuentwickeln.

Auch auf der finanziellen Ebene kann der Affe 2020 sehr erfolgreich sein. Dafür reicht es aber nun nicht, lediglich das Potential einer Sache zu erkennen.

Tipp des Monats: Sie müssen ohne langes Zögern handeln, wenn Sie etwas erreichen wollen.

YU
Hahn

Grundtendenz des Monats: Im März sollte der Hahn auf allen Ebenen besonders gut auf sich achten. Mit dem feinfühligen Hasen bekommt er ein Tierzeichen an die Seite gestellt, dass seine Intuition stärken sollte. Gerade auf der körperlichen Ebene können so Ungleichgewichte jetzt besser als sonst wahrgenommen werden. Wenn Sie spüren, dass nicht alles im Lot ist, sollten Sie sofort reagieren. Kein Projekt ist es wert, dafür die eigene Gesundheit hintenan zu stellen.

Wer das Abenteuer sucht, dürfte sich im Jahr der Ratte sicher wohl fühlen. Wählen Sie nun aus einem großen Strauß von Möglichkeiten!

Liebe, Familie, Freundschaft: Wer Kinder hat, muss sich in diesen Wochen wohl oder übel ein wenig mehr Zeit für sie nehmen. Sonst könnte leicht der Eindruck aufkommen, dass Sie sich nicht genug für die Aktivitäten Ihres Nachwuchs interessieren.

Hahn und Hase stehen sich im Chinesischen Tierkreis unmittelbar gegenüber. Da kann auch die Ratte nur wenig vermitteln, wenn es jetzt darum geht, sich zwischen Gefühl und Perfektionismus zu entscheiden. Das bekommt der Partner des Hahns sicher zuweilen zu spüren und weiß unter Umständen nicht so recht, wie er reagieren soll..

Beruf, Finanzen: Mit oberflächlichen Zusagen kommen Sie im März keinen Schritt vorwärts und machen sich das Leben unnötig schwer. Auch wenn die Ratte ganz hervorragend Pläne schmieden kann, wünscht man sich vom gut strukturierten Hahn etwas mehr als einfach nur Ideen. Wer da nicht liefern kann, bekommt in diesen Wochen sicher das eine oder andere Mal eine gewisse Enttäuschung zu spüren.

Auf dem öffentlichen Parkett macht der Hahn in diesem Monat nicht ganz so eine gute Figur, wie man es sonst von ihm gewohnt ist. Am besten halten Sie sich einfach in den nächsten Wochen ein bisschen mehr zurück.

Tipp des Monats: Hören Sie auf die Signale Ihres Körpers. Wer sich nun nicht pflegt, muss später die Konsequenzen tragen.

SHIH
Hund

Grundtendenz des Monats: Zu viel Veränderung und zu viele neue Ideen liegen in diesen Wochen für so manchen Hund in der Luft. Das kann dazu führen, dass Ihnen gehörig der Kopf brummt - zumal die Ratte die Tendenz hat, ihre Untertanen vor allem auf der geistigen Ebene zu inspirieren. Da wäre es nun sicher keine schlechte Idee, sich jemanden zu suchen, mit dem sich all diese Gedanken gemeinsam vernünftig sortieren lassen.

Ein diplomatischer Hase steht im März dem Hund zur Seite und versucht ihn sicher so manches Mal sanft in eine neue Richtung zu schieben. Wer keine Angst vor Neuem hat, kann an Einfluss gewinnen.

Liebe, Familie, Freundschaft: Sorgen Sie sich nun nicht zu sehr um Ihren Nachwuchs. Der kommt in den meisten Fällen ganz hervorragend alleine klar und findet es gar nicht gut, wenn er zu viel umsorgt wird. Gestehen Sie Ihren Kindern zu, Ihre eigenen Erfahrungen zu machen und halten Sie sich im Hintergrund. Wenn es nötig ist, weiß man ja, wo man Sie finden kann.

In der Liebe kann es nun um die ganz großen Gefühle gehen. Voraussetzung ist allerdings, dass der Hund das zulässt und dem Partner Einblick in sein Innerstes gibt. Im Jahr der Ratte geht es auf der emotionalen Ebene nicht nur um Stabilität, sondern vor allem auch darum, wie man sich gegenseitig inspirieren kann.

Beruf, Finanzen: Es tun sich nun eine Reihe von Optionen auf für den Hund. Das sollten Sie als erfrischend und nicht als beängstigend empfinden! Mehr als eine Möglichkeit zur Wahl zu haben, muss ja nicht bedeuten, dass Sie sich sich verändern müssen... aber Sie können es tun, wenn Sie wollen! Wer sich für einen neuen Weg entschieden hat, muss dafür unter Umständen in Kauf nehmen, mehr unterwegs zu sein oder gar den Standort zu wechseln.

Tipp des Monats: Keine Angst, lieber Hund! Mit Hilfe der cleveren Ratte sollten Sie sich schnell an neue Situationen gewöhnen.

HAN
Schwein

Grundtendenz des Monats: Mit dem familienfreundlichen Hasen bekommt das Schwein nun Unterstützung von einer gleichgesinnten Seele. Es kann so wohltuend sein, wenn man ohne Worte verstanden wird! Mit der aktuellen Herrscherin herrscht leider nicht immer so ein uneingeschränktes Vertrauen. Da kann es dem Schwein zuweilen schwer fallen, Entscheidungen zu treffen, wenn es keine verständnisvollen Freunde an seiner Seite wähnt.

Sind Ihnen im letzten Jahr die guten Gelegenheiten noch regelrecht vor die Füße gefallen, so müssen Sie 2020 schon etwas gezielter danach suchen. Wer sich Mühe gibt, bekommt auch jetzt genug Möglichkeiten, sich weiterzuentwickeln.

Liebe, Familie, Freundschaft: In der Liebe kann das Schwein sicher die eine oder andere schöne Stunde erleben, solange es darauf achtet, die Harmonie zu erhalten. Für Kritik am Partner ist der März kein guter Zeitpunkt. Selbst wenn diese respektvoll vorgetragen wird, wird die andere Seite empfindlich reagieren.

Der eigene Nachwuchs braucht doch mehr Aufmerksamkeit als gedacht. Vielleicht haben Sie hier manchmal zu viel vorausgesetzt? Machen Sie dabei aber bitte nicht den Fehler, wieder komplett die Zügel in die Hand zu nehmen. Wie immer ist es wichtig, die Balance zu finden.

Beruf, Finanzen: Lassen Sie sich nicht verunsichern, wenn Ihre Umgebung Ihrer Argumentation jetzt nicht so recht folgen kann. Die Ratte und das Schwein sprechen einfach eine recht unterschiedliche Sprache. Da braucht es etwas mehr Zeit, bis man sich aufeinander eingestellt hat. Etwaige Startschwierigkeiten sollten aber recht bald überwunden sein. Dann läuft die Kommunikation sicher deutlich reibungsloser

Mit der Ratte am Ruder kann auch das Schwein sicher die eine oder andere Neuerung am Arbeitsplatz erwarten. Am besten, Sie schalten sich gleich aktiv in die Planung ein. Dann können Sie später auch keine Überraschung erleben.

Tipp des Monats: Mit der Ratte kommt 2020 mehr Bewegung in Ihr Leben. Darauf sollten Sie sich spätestens jetzt einstellen.

März 2020	Jahreskonstellation – Erd-Schwein Monatskonstellation – Erd-Hase

1. Wasser Hase	Ratte Büffel Tiger Hase Drache Schlange Pferd Ziege Affe Hahn Hund Schwein **Günstig:** Putzen, waschen, fasten, seelische und körperliche Pflege, Arztbesuche **Ungünstig:** Ausdauersport, Reisen, Hochzeit.
2. Holz Drache	Ratte Büffel Tiger Hase Drache Schlange Pferd Ziege Affe Hahn Hund Schwein **Günstig:** Umziehen, Reisen, Hochzeiten, Empfänge, wichtige Konferenzen. **Ungünstig:** geistige Arbeiten, Gartenarbeit, häusliche Tätigkeiten.
3. Holz Schlange	Ratte Büffel Tiger Hase Drache Schlange Pferd Ziege Affe Hahn Hund Schwein **Günstig:** Versammlungen, gerechte Verteilungen, Hochzeit, Konferenzen, Umzug **Ungünstig:** Gartenarbeit, Dinge zum Abschluss bringen.
4. Feuer Pferd	Ratte Büffel Tiger Hase Drache Schlange Pferd Ziege Affe Hahn Hund Schwein **Günstig:** Gartenarbeit, Feiern, Hochzeit, Dinge zum Abschluss bringen. **Ungünstig:** keine Anschuldigungen gegen Dritte erheben.
5. Feuer Ziege	Ratte Büffel Tiger Hase Drache Schlange Pferd Ziege Affe Hahn Hund Schwein **Günstig:** Gartenarbeit, Feiern, Hochzeit, Dinge zum Abschluss bringen. **Ungünstig:** keine Anschuldigungen gegen Dritte erheben.
6. Erd Affe	Ratte Büffel Tiger Hase Drache Schlange Pferd Ziege Affe Hahn Hund Schwein **Günstig:** Gartenarbeit, Hochzeit, Dinge zum Abschluss bringen. **Ungünstig:** Umzug, Reisen, Geschäftseröffnung
7. Erd Hahn	Ratte Büffel Tiger Hase Drache Schlange Pferd Ziege Affe Hahn Hund Schwein **Günstig:** Ausruhen, Meditation, seinen Hobbys nachgehen. **Ungünstig:** wichtige Unternehmungen
8. Metall Hund	Ratte Büffel Tiger Hase Drache Schlange Pferd Ziege Affe Hahn Hund Schwein **Günstig:** Amüsieren, mit Freunden ausgehen, Freizeitaktivitäten **Ungünstig:** geschäftliche Aktivitäten, neue Dinge anfangen.
9. Metall Schwein	Ratte Büffel Tiger Hase Drache Schlange Pferd Ziege Affe Hahn Hund Schwein **Günstig:** für die meisten Aktivitäten, Geschäftsabschlüsse, Partnerschaft. **Ungünstig:** negative Bemerkungen über andere Menschen.
10. Wasser Ratte	Ratte Büffel Tiger Hase Drache Schlange Pferd Ziege Affe Hahn Hund Schwein **Günstig:** Handel, Geschäftseröffnungen, Hochzeiten und andere Feste planen. **Ungünstig:** Beerdigungen, Reisen, Arztbesuche.
11. Wasser Büffel	Ratte Büffel Tiger Hase Drache Schlange Pferd Ziege Affe Hahn Hund Schwein **Günstig:** Handwerkliche Aktivitäten, Handel, Hochzeiten, Reisen. **Ungünstig:** Trauerfeiern und Beerdigungen, schwere körperliche Arbeit.
12. Holz Tiger	Ratte Büffel Tiger Hase Drache Schlange Pferd Ziege Affe Hahn Hund Schwein **Günstig:** Ankündigungen machen, Beerdigungen, Trauerfeiern. **Ungünstig:** Handel, Vergnügungen, Freizeitaktivitäten.
13. Holz Hase	Ratte Büffel Tiger Hase Drache Schlange Pferd Ziege Affe Hahn Hund Schwein **Günstig:** Kleidung schneidern, Handel, Buchhaltung, Ausflüge, neue Dinge beginnen. **Ungünstig:** Geschäfte eröffnen, Kraftanstrengungen, Reisen, Ersparnisse ausgeben.
14. Feuer Drache	Ratte Büffel Tiger Hase Drache Schlange Pferd Ziege Affe Hahn Hund Schwein **Günstig:** Putzen, waschen, fasten, seelische und körperliche Pflege, Arztbesuche **Ungünstig:** Ausdauersport, Reisen, Hochzeit.
15. Feuer Schlange	Ratte Büffel Tiger Hase Drache Schlange Pferd Ziege Affe Hahn Hund Schwein **Günstig:** Umziehen, Reisen, Hochzeiten, Empfänge, wichtige Konferenzen. **Ungünstig:** geistige Arbeiten, Gartenarbeit, häusliche Tätigkeiten.

Ob ein Tag besonders günstig für Ihr Tierzeichen ist, sehen Sie an folgenden Farben:
Rot = sehr günstig, Grau = günstig, Schwarz = nicht günstig

Jahreskonstellation – Erd-Schwein Monatskonstellation – Erd-Hase	März 2020

16. Erd Pferd	Ratte Büffel Tiger Hase Drache Schlange Pferd Ziege Affe Hahn Hund Schwein **Günstig:** Versammlungen, gerechte Verteilungen, Hochzeit, Konferenzen, Umzug **Ungünstig:** Gartenarbeit, Dinge zum Abschluss bringen.
17. Erd Ziege	Ratte Büffel Tiger Hase Drache Schlange Pferd Ziege Affe Hahn Hund Schwein **Günstig:** Gartenarbeit, Feiern, Hochzeit, Dinge zum Abschluss bringen. **Ungünstig:** keine Anschuldigungen gegen Dritte erheben.
18. Metall Affe	Ratte Büffel Tiger Hase Drache Schlange Pferd Ziege Affe Hahn Hund Schwein **Günstig:** Gartenarbeit, Hochzeit, Dinge zum Abschluss bringen. **Ungünstig:** Umzug, Reisen, Geschäftseröffnung
19. Metall Hahn	Ratte Büffel Tiger Hase Drache Schlange Pferd Ziege Affe Hahn Hund Schwein **Günstig:** Ausruhen, Meditation, seinen Hobbys nachgehen. **Ungünstig:** wichtige Unternehmungen.
20. Wasser Hund	Ratte Büffel Tiger Hase Drache Schlange Pferd Ziege Affe Hahn Hund Schwein **Günstig:** Amüsieren, mit Freunden ausgehen, Freizeitaktivitäten **Ungünstig:** geschäftliche Aktivitäten, neue Dinge anfangen.
21. Wasser Schwein	Ratte Büffel Tiger Hase Drache Schlange Pferd Ziege Affe Hahn Hund Schwein **Günstig:** für die meisten Aktivitäten, Geschäftsabschlüsse, Partnerschaft **Ungünstig:** negative Bemerkungen über andere Menschen.
22. Holz Ratte	**Ratte Büffel** Tiger Hase **Drache** Schlange Pferd Ziege **Affe** Hahn Hund Schwein **Günstig:** Handel, Geschäftseröffnungen, Hochzeiten und andere Feste planen. **Ungünstig:** Beerdigungen, Reisen, Arztbesuche.
23. Holz Büffel	Ratte Büffel Tiger Hase Drache Schlange Pferd Ziege Affe Hahn Hund Schwein **Günstig:** Handwerkliche Aktivitäten, Handel, Hochzeiten, Reisen **Ungünstig:** Trauerfeiern und Beerdigungen, schwere körperliche Arbeit
24. Feuer Tiger	Ratte Büffel Tiger Hase Drache Schlange Pferd Ziege Affe Hahn Hund Schwein **Günstig:** Ankündigungen machen, Beerdigungen, Trauerfeiern. **Ungünstig:** Handel, Vergnügungen, Freizeitaktivitäten
25. Feuer Hase	Ratte Büffel Tiger Hase Drache Schlange Pferd Ziege Affe Hahn Hund Schwein **Günstig:** Kleidung schneidern, Handel, Buchhaltung, Ausflüge, neue Dinge beginnen **Ungünstig:** Geschäfte eröffnen, Kraftanstrengungen, Reisen, Ersparnisse ausgeben
26. Erd Drache	Ratte Büffel Tiger Hase Drache Schlange Pferd Ziege Affe Hahn Hund Schwein **Günstig:** Putzen, waschen, fasten, seelische und körperliche Pflege, Arztbesuche **Ungünstig:** Ausdauersport, Reisen, Hochzeit.
27. Erd Schlange	Ratte Büffel Tiger Hase Drache Schlange Pferd Ziege Affe Hahn Hund Schwein **Günstig:** Umziehen, Reisen, Hochzeiten, Empfänge, wichtige Konferenzen. **Ungünstig:** geistige Arbeiten, Gartenarbeit, häusliche Tätigkeiten.
28. Metall Pferd	Ratte Büffel Tiger Hase Drache Schlange Pferd Ziege Affe Hahn Hund Schwein **Günstig:** Versammlungen, gerechte Verteilungen, Hochzeit, Konferenzen, Umzug **Ungünstig:** Gartenarbeit, Dinge zum Abschluss bringen.
29. Metall Ziege	Ratte Büffel Tiger Hase Drache Schlange Pferd Ziege Affe Hahn Hund Schwein **Günstig:** Gartenarbeit, Feiern, Hochzeit, Dinge zum Abschluss bringen. **Ungünstig:** keine Anschuldigungen gegen Dritte erheben.
30. Wasser Affe	Ratte Büffel Tiger Hase Drache Schlange Pferd Ziege Affe Hahn Hund Schwein **Günstig:** Gartenarbeit, Feiern, Hochzeit, Dinge zum Abschluss bringen. **Ungünstig:** keine Anschuldigungen gegen Dritte erheben.
31. Wasser Hahn	Ratte Büffel Tiger Hase Drache Schlange Pferd Ziege Affe Hahn Hund Schwein **Günstig:** Ausruhen, Meditation, seinen Hobbys nachgehen. **Ungünstig:** wichtige Unternehmungen.

> Klar und hell / Getreideregen < April

TZE
Ratte

Grundtendenz des Monats: Geduld gehört nicht unbedingt zu den Stärken der Ratte. Aber gerade diese Eigenschaft könnte sie in den kommenden Wochen gut gebrauchen, denn die Erfolge mögen sich nun zwar am Horizont ankündigen, lassen aber noch einige Zeit auf sich warten. Das liegt am Metall-Drachen, der die Ratte mit seinen Zukunftsvisionen im April begleitet und damit so manche Begehrlichkeit weckt. Vergessen Sie nicht, dass Sie erst einmal etwas dafür tun müssen, bevor Sie ein Ergebnis erwarten können.

Im Jahr der Ratte gibt es in vielen Bereichen Gelegenheiten für einen Neustart, der allerdings wirklich gut überlegt sein will.

Liebe, Familie, Freundschaft: Wer sich bislang nicht so recht aus der Deckung herauswagen mochte, darf sich mit dem Drachen an der Seite sicher mehr zutrauen. Anstatt also mögliche Szenarien im Kopf durchzuspielen, sollten Sie lieber direkt auf die Person Ihres Herzens zugehen! Wenn Sie es nicht versuchen, werden Sie nie wissen, ob daraus etwas hätte werden können.

Im Alltag mag so manche Ratte sich nicht dazu bemüßigt fühlen, die Kohlen für die Lieben aus dem Feuer zu holen. Sicher haben Sie recht, wenn Sie ein bisschen mehr Eigenverantwortung erwarten. Aber zu einem gewissen Maß an Unterstützung sollten Sie schon bereit sein.

Beruf, Finanzen: Wenn Sie sich nun zu sehr von außen einflüstern lassen, was Sie zu tun haben, kann es durchaus passieren, dass Sie am Ende mit leeren Händen dastehen. Gerade auf der beruflichen Ebene kommt es in diesem Jahr viel mehr darauf an, dass Sie aus sich selbst heraus die Initiative ergreifen.

Der Drache kann in diesen Wochen so manche Ratte dazu verführen, mehr scheinen zu wollen, als wirklich vorhanden ist. Das mag kurzfristig niemandem auffallen, bringt aber langfristig nur mehr Arbeit und wahrscheinlich auch einiges an Ärger.

Tipp des Monats: Erst planen, dann machen! Lassen Sie sich nicht zu Dingen hinreißen, die nicht gut durchdacht sind.

KIU
Büffel

Grundtendenz des Monats: Mit dem Drachen bekommt die Ratte im April ein Tierzeichen zur Seite gestellt, das sich wie sie selbst auf der kreativen Ebene verwirklichen möchte. Davon können nun vor allem die Büffel profitieren, die sich in diesem Bereich bislang zu wenig zugetraut haben. Auch wenn man von Ihnen eher gewöhnt ist, dass Sie die Arbeiten anderer zum Abschluss bringen, heißt das schließlich nicht, dass Sie nicht selbst auch das Potential haben, etwas Neues anzustoßen! Auf diesem Feld dürfen Sie sich jetzt ruhig ein bisschen mehr zutrauen!

Liebe, Familie, Freundschaft: So mancher Büffel kann an seiner Außendarstellung sicher noch ein bisschen mehr feilen. Es mag ja sein, dass Sie das Ganze nicht wichtig finden - ein potentieller Partner wird aber unter Umständen Wert darauf legen, wie Sie sich ihm präsentieren. Der Drache zeigt Ihnen im April sicher gerne, wie Sie in der Öffentlichkeit besser glänzen können.

Im Freundes- und Familienkreis ist jetzt vor allem Geduld gefragt. Dem beständigen Büffel sollte es nicht schwerfallen, sich erst einmal aufs Zuhören zu beschränken und dann allen Beteiligten die nötige Zeit zu lassen. Nur so kann eine Entwicklung stattfinden, die später auch Bestand hat.

Beruf, Finanzen: Wer bedächtig vorgeht, ist bei der Karriereplanung nun klar im Vorteil. Auch wenn die Ratte für ihre Schnellschüsse bekannt ist, geht es im April mehr darum, hastige Aktionen zu vermeiden. Nur so kann es gelingen, den perfekten Moment zum Handeln zu erkennen. Wenn der Büffel dann auch wirklich in Gang kommt, kann das Ganze nur noch von Erfolg gekrönt werden.

Nur machen reicht in diesen Wochen in vielen Bereichen leider nicht aus, lieber Büffel! Sie müssen sich schon auch die Mühe machen, Ihre Ergebnisse selbst zu präsentieren, damit am Ende nicht andere die Lorbeeren einheimsen.

Tipp des Monats: Damit genug Raum für frische Projekte vorhanden ist, ist es erst einmal erforderlich, alten Ballast abzuwerfen.

YING Tiger

Grundtendenz des Monats: Auch wenn mit dem Metall-Drachen jetzt im April ein recht extrovertiertes Tierzeichen ins Spiel kommt, stehen die Zeichen nun eher auf Zurückhaltung. Der Drache der Geduld wird das aktuelle Exemplar auch genannt - da geht es nun vorrangig darum, den richtigen Moment zum Handeln zu erkennen.

So manchem Tiger mag das zu lange dauern, so dass sich schnell eine gewisse innere Unruhe breit macht. Trotzdem sollten Sie überstürzte Handlungen unbedingt vermeiden. Nutzen Sie die Zeit lieber dafür, Ihre Ideen reifen zu lassen und mehr in die Detailplanung zu gehen.

Liebe, Familie, Freundschaft: Gerade bei jüngeren Familienmitgliedern oder Freunden lässt sich in diesen Wochen ganz hervorragend das kreative Potential fördern. Vielleicht mag der Tiger hier als Mentor fungieren und seine persönlichen Erfahrungen teilen?

Wer zu sehr auf äußere Zeichen achtet, anstatt miteinander zu sprechen, macht sich das Leben unnötig schwer. Die Jahresregentin mag die Neigung haben, viele Szenarien in ihrem Kopf zu entwickeln. Gerade auf der Gefühlsebene sollte sich der Tiger darauf aber nicht einlassen, sondern seinen emotionalen Zustand lieber offen teilen. Wenn Sie sich zum grübeln zurückziehen, ist Ihnen nur schwer zu helfen.

Beruf, Finanzen: An Ideen mangelt es dem Tiger in der Regel nicht und er teilt seine Einsichten gerne mit Mitarbeiter, Kollegen oder auch Vorgesetzten. Trotzdem kann es ihm nun passieren, dass sich nach diesen Gesprächen nicht viel bewegt. Vielleicht würde es helfen, die praktischen Aspekte der Umsetzung gleich mit zu besprechen und konkret die Aufgaben zu verteilen?

Im Bereich der Finanzen ist im April eine gewisse Vorsicht angesagt. Drache und Ratte sind nicht unbedingt begeisterte Sparer... Hastige Aktionen können deshalb nun schnell zu Verlusten führen.

Tipp des Monats: Werfen Sie Ballast ab! Je leichter Sie reisen, desto mehr neue Erfahrungen können Sie sammeln.

MAO Hase

Grundtendenz des Monats: Ratte und Drache vereinen sich in diesen Wochen zu einem starken Team. Vor allem, wenn es um kreative Belange geht, kann der Hase nun mit Unterstützung rechnen. Dabei geht es wahrscheinlich weniger darum, konkret etwas Neues zu erschaffen, sondern mehr darum, auf der geistigen Ebene frische Konzepte zu entwickeln und nach außen zu präsentieren.

Das Yang-Metall ist im April besonders gut ausgeprägt. Das kann für den Hasen bedeuten, dass es nun an der Zeit ist, sich von einigen Dingen zu verabschieden. Überlegen Sie genau, was Sie loslassen können - und tun Sie es dann auch! Ohne diesen Ballast können Sie viel mehr bewegen in Ihrem Leben.

Liebe, Familie, Freundschaft: Der Hase mit seiner guten Intuition lässt sich meist nicht besonders von Äußerlichkeiten beeinflussen. Das ist sicherlich auch der Grund, warum Blender jetzt überhaupt nicht bei Ihnen landen können. Bekommen Sie im April keine Alternative dazu angeboten, muss die Liebe eben noch warten.

In den eigenen vier Wänden ist nun vor allem zuhören gefragt. Ihre Lieben wollen im Grunde gar nicht, dass Sie ihre Probleme lösen. Sie brauchen oft nur ein offenes Ohr und ein bisschen Mitgefühl, dann kommen Sie auch wunderbar alleine klar. Das gilt besonders für den eigenen Nachwuchs, dem Sie nun wirklich nicht zu viel abnehmen sollten.

Beruf, Finanzen: Der April ist kein guter Monat für den Hasen, um mit einem neuen Projekt durchzustarten. Dafür stehen die Zeichen im Frühsommer deutlich besser. Bis es soweit ist, sollten Sie sich lieber noch einmal intensiv mit der Planung des Ganzen auseinander setzen.

Der Drache, der den Monat begleitet, hat wie die Jahresregentin auch nicht unbedingt ein gutes Händchen im Umgang mit Geld. Da ist es jetzt besser, die Börse geschlossen halten und sich bei den Ausgaben auf das Nötigste beschränken.

Tipp des Monats: Zeigen Sie sich geduldig. Manche Entscheidungen wollen mehr reifen.

> Klar und hell / Getreideregen < April

SHENG
Drache

Grundtendenz des Monats: Sie bekommen in diesen Monat Gesellschaft von einem Artgenossen, lieber Drache. In Kombination mit der Metall-Ratte wird dadurch einmal mehr das Wasser-Element zusätzlich gestärkt. Nun wäre wirklich ein guter Zeitpunkt, sich etwas Neues anzuschauen. Planen Sie eine Reise - ob kurz oder lang spielt keine Rolle. Die Hauptsache ist, sie geht an einen Ort, an dem Sie vorher noch nicht gewesen sind.

Je ungeduldiger der Drache nun wird, desto weiter scheint er sich von seinem Ziel zu entfernen. Anstatt auf ein Ergebnis in der Zukunft zu fokussieren, sollten Sie sich lieber mehr Zeit nehmen, das Hier und Jetzt zu genießen.

Liebe, Familie, Freundschaft: Ein selbstbewusstes Auftreten allein reicht sicher nicht aus, um ein Herz zu gewinnen. Da müssen Sie nun schon tiefere Qualitäten zeigen! Es sei denn, Sie sind nur auf ein kurzes Abenteuer aus - dann reicht es nun sicher, wenn Sie sich einfach im richtigen Licht präsentieren.

Sie haben schon länger das Gefühl, dass bestimmte Beziehungen Ihnen nicht wirklich gut tun? Dann wäre nun sicher ein guter Zeitpunkt, einen klaren Schlussstrich zu ziehen. Mit dem starken Yang-Metall fällt es diesen Monat deutlich leichter, klar auszusprechen, was man wirklich will.

Beruf, Finanzen: Im April zeigen sich viele Drachen vor allem bei ihren Finanzen ganz besonders risikofreudig. Das liegt daran, dass in diesem Monat traditionell ein Drache den Jahresregenten begleitet und seinen Artgenossen mehr Mut und Verwegenheit verleiht. Hinzu kommt in diesem Jahr die Metall-Ratte, die auch nicht unbedingt für ihre Vorsicht im Umgang mit Geld bekannt ist.

Geben Sie trotzdem kein Geld aus, das Sie nicht haben, lieber Drache! Es könnte in den kommenden Monaten schwierig werden, frühe Verluste zu kompensieren. Außerdem brauchen Sie Ihre Ressourcen mehr an anderen Stellen.

Tipp des Monats: Achten Sie nicht zu sehr auf Äußerlichkeiten, sondern versuchen Sie, mehr hinter die Fassade zu schauen.

SZE
Schlange

Grundtendenz des Monats: Mit dem Drachen wird im April die spirituelle Ader der Schlange verstärkt. Die beiden gehören nämlich gemeinsam zum Haus der Spiritualität. Das bedeutet, dass Sie in diesen Wochen ruhig ein bisschen mehr auf Ihren Draht nach oben vertrauen, dürfen, liebe Schlange. Beziehen Sie diesen Aspekt bei anstehenden Entscheidungen also auf jeden Fall mit ein.

Sollten Sie sich trotzdem nicht sicher sein, welche Richtung Sie einschlagen sollten, ist es nicht schlimm, wenn Sie die endgültige Entscheidung noch ein wenig vertagen. Wer die Weichen mit längerfristigen Konsequenzen neu stellen will, darf sich dafür auch im Jahr der umtriebigen Ratte die Zeit nehmen, die er braucht.

Liebe, Familie, Freundschaft: Wer auf der Suche nach einem neuen Partner ist, muss sich nun schon ein bisschen aus seiner Deckung herauswagen. Wie soll man Sie denn wahrnehmen, wenn Sie sich verstecken? Mit der Kombination aus Ratte und Drache bietet sich nun sicher der eine oder andere günstige Moment, wo Sie wunderbar glänzen können.

Bestehende Partnerschaften können vielleicht ein bisschen mehr Pep gebrauchen. Im Alltag können Romantik und Liebe sonst leicht auf der Strecke bleiben.

Beruf, Finanzen: Wenn nun andere ins Rampenlicht drängen, mag das der zurückhaltenden Schlange zwar ganz recht sein. Gut für Ihr berufliches Fortkommen ist es allerdings nicht, wenn man Sie nicht gebührend wahrnimmt. Vor allem dann, wenn Sie den Löwenanteil der Arbeit tun, sollten Sie sich nicht ins Abseits drängen lassen.

Eine gute Planung ist im April noch wichtiger als in den Monaten zuvor. Es könnte sonst jetzt leicht passieren, dass Ratte und Drache zu sehr in höheren Sphären schweben, anstatt sich auf das zu konzentrieren, was wirklich erledigt werden muss.

Tipp des Monats: Vertrauen Sie ruhig mehr auf Ihr Gefühl! Wenn es um Ihren persönlichen Weg geht, ist ein zu rationaler Ansatz nicht die Lösung.

WU Pferd

Grundtendenz des Monats: Auch wenn die Ratte Sie weiterhin auf geistiger Ebene fordert - jetzt ist es an der Zeit, vom Denken mehr ins Tun zu kommen. Dem aktiven Pferd dürfte das ohnehin besser liegen, so dass es gar keiner großen Umstellung bedarf. Ein mögliches Ergebnis rückt allerdings noch in den Hintergrund. Jetzt geht es erst einmal darum, dass das Pferd aus den Hufen kommt.

Mit dem charismatischen Drachen an Ihrer Seite scheint es nun auch leichter, Mitstreiter für die eigenen Ideen zu finden. So lange das Ganze eher spielerisch angegangen wird, sind alle begeistert dabei. Hüten Sie sich also davor, der Sache einen zu ernsten Anstrich zu geben.

Liebe, Familie, Freundschaft: Wer auf der Suche nach einem neuen Partner ist, mag die Energie des glitzernden Drachen sicher dafür nutzen, sich jetzt im richtigen Licht zu präsentieren. Prahlen Sie aber nicht mit Eigenschaften, mit denen Sie gar nicht aufwarten können. Die Flunkerei fliegt spätestens im nächsten Monat auf.

Wenn Ihnen Ihre Lieben nun einen Strich durch die Rechnung machen, weil sie eigene Interessen verfolgen, sollten Sie sich nicht grämen. Im April geht mit dem unabhängigen Drachen jeder gerne seine eigenen Wege. Gerade beim eigenen Nachwuchs sollten Sie das nun unterstützen, anstatt zu kritisieren.

Beruf, Finanzen: Der Drache mag als Glückstier in der Chinesischen Astrologie gelten und versteht sich hervorragend mit der aktuellen Jahresregentin. Das bedeutet aber nicht, dass Sie sich nun zu riskanten Unternehmungen hinreißen lassen sollten. Für die Beiden mag die Sache glimpflich ausgehen. Das Pferd könnte allerdings 2020 Pech haben und auf den Kosten sitzenbleiben. Da tun Sie wirklich besser daran, sich abwartend zu verhalten. Mal ganz abgesehen davon, dass Sie Ihre Zeit sicher nicht auf Aktionen mit ungewissem Ausgang verschwenden wollen.

Tipp des Monats: Verlassen Sie sich nun nicht allein auf Ihr Gefühl, sondern holen Sie sich mindestens eine weitere Meinung ein.

WEI Ziege

Grundtendenz des Monats: Erde und Metall sind in diesen Wochen die vorherrschenden Elemente. Das kommt all den Ziege-Geborenen gelegen, für die es nun wichtig ist, sich endgültig von Dingen zu trennen, die sie wirklich nicht mehr in ihrem Leben brauchen. Das zusätzliche Erd-Element sorgt dafür, dass Sie ein derartiger Einschnitt nun nicht zu sehr aus dem Gleichgewicht bringt.

Ein Drache begleitet den April und verstärkt die kreative Kraft der neuen Herrscherin. Gerade künstlerisch interessierte Ziegen bekommen nun reichlich Gelegenheit, ihre Neigungen auszuleben. Dabei spielt es keine Rolle, ob Sie selbst gestaltend aktiv werden oder eher eine Beobachterrolle einnehmen.

Liebe, Familie, Freundschaft: Im familiären Alltag ist gute Planung nun besonders wichtig. Nur so ist es möglich, den Bedürfnissen aller Familienmitglieder gerecht zu werden. Für die ordentliche Ziege sollte es kein Problem sein, bei der Organisation die Zügel in die Hand zu nehmen. Verteilen Sie die Aufgaben so gerecht wie möglich, dann gibt es keine Diskussionen.

Wer sich einen neuen Partner wünscht, sollte sich nun ein bisschen mehr aus der Deckung herauswagen. Rücken Sie sich mit all Ihren liebeswerten Vorzügen ins rechte Licht, liebe Ziege! Nur so werden Sie von einer potentiellen neuen Liebe wahrgenommen.

Beruf, Finanzen: Es braucht in diesem Monat einiges an Geduld, wenn es um das berufliche Fortkommen geht. Manche Ideen mögen zwar gut sein, brauchen aber einfach ihre Zeit. In der Zwischenzeit kann die Ziege wertvolle neue Kontakte knüpfen, in die Detailplanung gehen und Platz schaffen für das, was jetzt kommen mag.

Waren die Einnahmen bislang im Jahr der Metall-Ratte noch nicht so üppig wie gewünscht, sollten Sie es mit den Ausgaben jetzt lieber auch nicht übertreiben.

Tipp des Monats: Gute Vorbereitung ist jetzt wirklich alles! Dafür dürfen sich einige Projekte ruhig noch etwas nach hinten verschieben.

SUNG Affe

Grundtendenz des Monats: Jetzt oder nie könnte es nun für viele Affen heißen. Mit der Kombination aus Ratte und Drache wird nämlich in diesen Wochen nicht nur Ihre schöpferische Kraft unterstützt. Auch bei der Umsetzung und Präsentation Ihrer Ideen stehen nun alle Zeichen auf Erfolg.

Zudem wird nun das Wasser-Element ganz wunderbar unterstützt, was es vor allem auf der kommunikativen Ebene für den Affen erleichtern kann, die eigenen Projekte ganz weit nach vorne zu bringen. Sprechen Sie offen über Ihre Pläne und teilen Sie Ihre Visionen so oft Sie können. Sie werden gehört werden und können sich so Unterstützung sichern.

Liebe, Familie, Freundschaft: Auch auf Ihre Erscheinung dürfte die günstige Tierkonstellation in diesem Monat einen positiven Effekt haben. Sie wirken nun deutlich selbstsicherer und gefestigt in Ihrem Tun, was Sie in den Augen eines potentiellen Partners deutlich attraktiver macht. Spielen Sie jedoch bitte nicht mit den Gefühlen auf der anderen Seite! Wenn Sie es nicht ernst meinen, sollten Sie das sofort zugeben.

In bestehenden Partnerschaften ist es für den Affen nun sicher leichter, die eigenen Bedürfnisse zu artikulieren. Ehrliche Aussagen führen jetzt unmittelbar zu einem guten Ergebnis. Denken Sie daran, nicht nur zu fordern, sondern auch selbst zu geben.

Beruf, Finanzen: Affe, Drache und Ratte bilden in der Chinesischen Astrologie das so genannte Norddreieck, dass nun vor allem Ihre Fantasie anregen dürfte. Lassen Sie sich nun auf keinen Fall Grenzen setzen!

Wer die sich bietenden Gelegenheiten jetzt ergreift, kommt in den kommenden Monaten sicher gut voran. Sie sollten allerdings darauf achten, nicht alles allein machen zu wollen. Vor allen in Bereichen, die neu sind für den Affen kann es nicht schaden, sich beizeiten erfahrenere Helfer zu suchen.

Tipp des Monats: Jetzt oder nie, lieber Affe! Schmieden Sie nun die Allianzen, die es braucht für Ihren Erfolg.

YU Hahn

Grundtendenz des Monats: Im April begleitet ein charismatischer Metall-Drache den Hahn und hilft ihm dabei, selbstbewusst im Rampenlicht zu glänzen. Kleinere Fauxpas können Sie nun einfach mit einem Lächeln überspielen und Ihre Talente deutlich mehr nach außen präsentieren.

So mancher Hahn ist in diesem Monat deutlich anfälliger für Schmeicheleien als noch in den Wochen zuvor. Bei all den Nettigkeiten, die man Ihnen nun um den Bart schmiert, sollten Sie sich immer auch fragen, was denn damit bezweckt werden soll. Lassen Sie sich bitte nicht für Aufgaben einspannen, die Sie im Grunde gar nicht machen wollen, bloss weil Sie sich gebauchpinselt fühlen.

Liebe, Familie, Freundschaft: Auf seine alltäglichen Verpflichtungen hat der Hahn in diesen Wochen wahrscheinlich keine besondere Lust. Das heißt aber nicht, dass Sie diese deshalb einfach so auf Ihre Lieben abwälzen dürfen! Vergessen Sie nicht, dass Sie ein Team sind - da muss eben jeder seinen Beitrag leisten, auch wenn es nicht immer in den Kram passt.

Wer auf der Suche nach einer neuen Liebe ist, muss sich wohl noch ein bisschen länger geduldig zeigen. Sie gewinnen gar nichts, wenn Sie Ihr ganzes Pulver direkt verschießen, anstatt auf den richtigen Moment zu warten.

Beruf, Finanzen: Die meisten Hähne gehen ohnehin vorsichtig mit ihren Finanzen um und behalten ihre Ausgaben gut im Blick. Die Kombination aus Ratte und Drache kann aber im April durchaus dazu führen, dass selbst vernünftige Hähne ein wenig leichtsinniger werden.

Kreative Projekte lassen sich nun am besten verkaufen. Nutzen Sie die momentan herrschende Innovationskraft der Metall-Ratte und konzentrieren Sie sich auf die ausgefallensten Vorschläge. Diese sollten Sie nun besonders gut vorbereiten, bevor Sie sie präsentieren - je ausgereifter Ihre Idee, um so besser.

Tipp des Monats: Hören Sie gut hin in diesen Wochen. Viele Dinge werden jetzt zwischen den Zeilen kommuniziert.

SHIH
Hund

Grundtendenz des Monats: Mit dem Drachen, der den April begleitet, hat der Hund in der Regel nur wenig gemein. Das ist sicher auch der Grund, warum Sie in diesem Monat mit so mancher Idee, die an Sie herangetragen wird, erst einmal gar nichts anfangen können. Wie wäre es, wenn Sie trotzdem ein wenig genauer hinschauen? Vielleicht können Sie den einen oder anderen Impuls mitnehmen, selbst wenn sich Ihnen das gesamte Bild nicht richtig erschließt.

In diesem und im nächsten Monat geht es nicht unbedingt darum, konkret etwas zu tun, sondern mehr um eine gute Vorbereitung. Das dürfte Ihnen auch mehr Zeit geben, sich mit der aktuellen Situation anzufreunden.

Liebe, Familie, Freundschaft: Das Charisma des Drachen darf nun ruhig ein wenig auf den Hund abfärben, wenn er auf der Suche nach einem neuen Partner ist. Machen Sie aber bitte nicht den Fehler, sich nun zu sehr von Oberflächlichkeiten blenden zu lassen. Für eine langfristige Bindung braucht es deutlich mehr als einen schönen Schein.

Gutes Zuhören ist in diesem Monat unerlässlich, lieber Hund. Es kann Ihnen wirklich nicht schaden, wenn Sie jetzt lernen, ein wenig mehr zwischen den Zeilen zu lesen. Für das gegenseitige Verständnis in der Partnerschaft ist es wichtig, die Zwischentöne wahrzunehmen.

Beruf, Finanzen: Die meisten Hunde finden es absolut bewundernswert, wenn Jemand alles auf eine Karte setzt, um sein Ziel zu erreichen, kämen selbst aber nicht unbedingt auf die gleiche Idee. Zu Beginn des neuen Zwölfjahres-Zyklus gilt aber auch für Sie: „Wer nicht wagt, der nicht gewinnt!" Ein bisschen mehr Risikobereitschaft darf es also ruhig sein - am besten gepaart mit Ihrem gesunden Pragmatismus. So können Sie nun einiges erreichen, ohne dabei die Bodenhaftung zu verlieren. Am besten, Sie versuchen es einfach einmal!

Tipp des Monats: Erst planen, dann machen! Die Ratte ist ein unschlagbarer Helfer, wenn es darum geht, Visionen eine Form zu geben.

HAN
Schwein

Grundtendenz des Monats: Drache und Ratte bilden im April ein fantastisches Team wenn es um das Thema Kreativität geht. Da gilt es nun auch für das Schwein, aus den zahlreichen guten Ideen die passende auszusuchen und mit dem Ganzen an die Öffentlichkeit zu gehen. Nur so lassen sich Mitstreiter gewinnen, die genauso engagiert an die Sache herangehen wie Sie selbst.

Wer sich trotz der motivierenden Unterstützung lieber nicht offen zu seinen Einfällen äußern will, darf sich auch gerne erst einmal aufs Planen verlegen. Es gibt später noch mehr Gelegenheiten für das Schwein, nach außen zu glänzen, wenn es das denn wirklich will.

Liebe, Familie, Freundschaft: So manches Schwein mag endgültig genug davon haben, immer nur als Schulter zum ausweinen gesehen zu werden. Mit dem Drachen können Sie deshalb nun Ihre Vorzüge ins richtige Licht rücken. Diese gehen weit über die des Seelentrösters hinaus - zeigen Sie Ihren ganzen Charme!

Den Enthusiasmus Ihrer Lieben können Sie vielleicht nicht immer uneingeschränkt teilen, liebes Schwein. Mit Ihrer positiven Grundeinstellung wird es Ihnen aber sicher zumindest gelingen, sich mit Partner und Familie zu freuen, auch wenn die Ihnen wichtigen Themen im Augenblick in einem anderen Bereich liegen.

Beruf, Finanzen: Mit Fleiß allein lässt sich im Jahr der agilen Metall-Ratte kein Blumentopf gewinnen. Da braucht es nun wenigstens noch den einen oder anderen kreativen Funken. Deshalb sollten Sie sich gerade jetzt mit Ihren Ansichten nicht zurückhalten, sondern Ihre Konzepte offen zur Diskussion stellen. Damit sind Sie zwar dann auch einer gewissen Kritik ausgesetzt, aber diese lässt sich sicher konstruktiv nutzen.

Manchmal muss man nur gut genug zuhören und findet so die Lösung für ein Problem, das man schon lange angehen wollte.

Tipp des Monats: Benutzen Sie Ihre Vorstellungskraft, wenn Sie nun mit schwierigen Situationen konfrontiert werden.

April 2020	Jahreskonstellation – Metall-Ratte Monatskonstellation – Metall-Drache

1. Holz Hund	Ratte Büffel Tiger Hase Drache Schlange Pferd Ziege Affe Hahn Hund Schwein **Günstig:** Amüsieren, mit Freunden ausgehen, Freizeitaktivitäten **Ungünstig:** geschäftliche Aktivitäten, neue Dinge anfangen.
2. Holz Schwein	Ratte Büffel Tiger Hase Drache Schlange Pferd Ziege Affe Hahn Hund Schwein **Günstig:** für die meisten Aktivitäten, Geschäftsabschlüsse, Partnerschaft **Ungünstig:** negative Bemerkungen über andere Menschen.
3. Feuer Ratte	Ratte Büffel Tiger Hase Drache Schlange Pferd Ziege Affe Hahn Hund Schwein **Günstig:** Handel, Geschäftseröffnungen, Hochzeiten und andere Feste planen. **Ungünstig:** Beerdigungen, Reisen, Arztbesuche.
4. Feuer Büffel	Ratte Büffel Tiger Hase Drache Schlange Pferd Ziege Affe Hahn Hund Schwein **Günstig:** Handel, Geschäftseröffnungen, Hochzeiten und andere Feste planen. **Ungünstig:** Beerdigungen, Reisen, Arztbesuche.
5. Erd Tiger	Ratte Büffel Tiger Hase Drache Schlange Pferd Ziege Affe Hahn Hund Schwein **Günstig:** Handwerkliche Aktivitäten, Handel, Hochzeiten, Reisen **Ungünstig:** Trauerfeiern und Beerdigungen, schwere körperliche Arbeit
6. Erd Hase	Ratte Büffel Tiger Hase Drache Schlange Pferd Ziege Affe Hahn Hund Schwein **Günstig:** Ankündigungen machen, Beerdigungen, Trauerfeiern. **Ungünstig:** Handel, Vergnügungen, Freizeitaktivitäten
7. Metall Drache	Ratte Büffel Tiger Hase Drache Schlange Pferd Ziege Affe Hahn Hund Schwein **Günstig:** Kleidung schneiden, Handel, Buchhaltung, Ausflüge, neue Dinge beginnen **Ungünstig:** Geschäfte eröffnen, Kraftanstrengungen, Reisen, Ersparnisse ausgeben
8. Metall Schlange	Ratte Büffel Tiger Hase Drache Schlange Pferd Ziege Affe **Hahn** Hund Schwein **Günstig:** Putzen, waschen, fasten, seelische und körperliche Pflege, Arztbesuche **Ungünstig:** Ausdauersport, Reisen, Hochzeit.
9. Wasser Pferd	Ratte Büffel Tiger Hase Drache Schlange Pferd Ziege Affe Hahn Hund Schwein **Günstig:** Umziehen, Reisen, Hochzeiten, Empfänge, wichtige Konferenzen. **Ungünstig:** geistige Arbeiten, Gartenarbeit, häusliche Tätigkeiten.
10. Wasser Ziege	Ratte Büffel Tiger Hase Drache Schlange Pferd Ziege Affe Hahn Hund Schwein **Günstig:** Versammlungen, gerechte Verteilungen, Hochzeit, Konferenzen, Umzug. **Ungünstig:** Gartenarbeit, Dinge zum Abschluss bringen.
11. Holz Affe	Ratte Büffel Tiger Hase Drache Schlange Pferd Ziege Affe Hahn Hund Schwein **Günstig:** Gartenarbeit, Feiern, Hochzeit, Dinge zum Abschluss bringen. **Ungünstig:** keine Anschuldigungen gegen Dritte erheben.
12. Holz Hahn	Ratte Büffel Tiger Hase Drache Schlange Pferd Ziege Affe Hahn Hund Schwein **Günstig:** Gartenarbeit, Hochzeit, Dinge zum Abschluss bringen. **Ungünstig:** Umzug, Reisen, Geschäftseröffnung.
13. Feuer Hund	Ratte Büffel Tiger Hase Drache Schlange Pferd Ziege Affe Hahn Hund Schwein **Günstig:** Ausruhen, Meditation, seinen Hobbys nachgehen. **Ungünstig:** wichtige Unternehmungen.
14. Feuer Schwein	Ratte Büffel Tiger Hase Drache Schlange Pferd Ziege Affe Hahn Hund Schwein **Günstig:** Amüsieren, mit Freunden ausgehen, Freizeitaktivitäten **Ungünstig:** geschäftliche Aktivitäten, neue Dinge anfangen.
15. Erd Ratte	Ratte Büffel Tiger Hase Drache Schlange Pferd Ziege Affe Hahn Hund Schwein **Günstig:** für die meisten Aktivitäten, Geschäftsabschlüsse, Partnerschaft **Ungünstig:** negative Bemerkungen über andere Menschen.

Ob ein Tag besonders günstig für Ihr Tierzeichen ist, sehen Sie an folgenden Farben:
Rot = sehr günstig, Grau = günstig, Schwarz = nicht günstig

16. Erd Büffel	Ratte Büffel Tiger Hase Drache Schlange Pferd Ziege Affe Hahn Hund Schwein **Günstig:** Handel, Geschäftseröffnungen, Hochzeiten und andere Feste planen. **Ungünstig:** Beerdigungen, Reisen, Arztbesuche.
17. Metall Tiger	Ratte Büffel Tiger Hase Drache Schlange Pferd Ziege Affe Hahn Hund Schwein **Günstig:** Handwerkliche Aktivitäten, Handel, Hochzeiten, Reisen **Ungünstig:** Trauerfeiern und Beerdigungen, schwere körperliche Arbeit
18. Metall Hase	Ratte Büffel Tiger Hase Drache Schlange Pferd Ziege Affe Hahn Hund Schwein **Günstig:** Ankündigungen machen, Beerdigungen, Trauerfeiern. **Ungünstig:** Handel, Vergnügungen, Freizeitaktivitäten
19. Wasser Drache	Ratte Büffel Tiger Hase Drache Schlange Pferd Ziege Affe Hahn Hund Schwein **Günstig:** Kleidung schneidern, Handel, Buchhaltung, Ausflüge, neue Dinge beginnen **Ungünstig:** Geschäfte eröffnen, Kraftanstrengungen, Reisen, Ersparnisse ausgeben
20. Wasser Schlange	Ratte Büffel Tiger Hase Drache Schlange Pferd Ziege Affe Hahn Hund Schwein **Günstig:** Putzen, waschen, fasten, seelische und körperliche Pflege, Arztbesuche **Ungünstig:** Ausdauersport, Reisen, Hochzeit.
21. Holz Pferd	Ratte Büffel Tiger Hase Drache Schlange Pferd Ziege Affe Hahn Hund Schwein **Günstig:** Umziehen, Reisen, Hochzeiten, Empfänge, wichtige Konferenzen. **Ungünstig:** geistige Arbeiten, Gartenarbeit, häusliche Tätigkeiten
22. Holz Ziege	Ratte Büffel Tiger Hase Drache Schlange Pferd Ziege Affe Hahn Hund Schwein **Günstig:** Versammlungen, gerechte Verteilungen, Hochzeit, Konferenzen, Umzug **Ungünstig:** Gartenarbeit, Dinge zum Abschluss bringen.
23. Feuer Affe	Ratte Büffel Tiger Hase Drache Schlange Pferd Ziege Affe Hahn Hund Schwein **Günstig:** Gartenarbeit, Feiern, Hochzeit, Dinge zum Abschluss bringen. **Ungünstig:** keine Anschuldigungen gegen Dritte erheben.
24. Feuer Hahn	Ratte Büffel Tiger Hase Drache Schlange Pferd Ziege Affe Hahn Hund Schwein **Günstig:** Gartenarbeit, Hochzeit, Dinge zum Abschluss bringen. **Ungünstig:** Umzug, Reisen, Geschäftseröffnung
25. Erd Hund	Ratte Büffel Tiger Hase Drache Schlange Pferd Ziege Affe Hahn Hund Schwein **Günstig:** Ausruhen, Meditation, seinen Hobbys nachgehen. **Ungünstig:** wichtige Unternehmungen.
26. Erd Schwein	Ratte Büffel Tiger Hase Drache Schlange Pferd Ziege Affe Hahn Hund Schwein **Günstig:** Amüsieren, mit Freunden ausgehen, Freizeitaktivitäten **Ungünstig:** geschäftliche Aktivitäten, neue Dinge anfangen
27. Metall Ratte	Ratte Büffel Tiger Hase Drache Schlange Pferd Ziege Affe Hahn Hund Schwein **Günstig:** für die meisten Aktivitäten, Geschäftsabschlüsse, Partnerschaft **Ungünstig:** negative Bemerkungen über andere Menschen.
28. Metall Büffel	Ratte Büffel Tiger Hase Drache Schlange Pferd Ziege Affe Hahn Hund Schwein **Günstig:** Handel, Geschäftseröffnungen, Hochzeiten und andere Feste planen. **Ungünstig:** Beerdigungen, Reisen, Arztbesuche.
29. Wasser Tiger	Ratte Büffel Tiger Hase Drache Schlange Pferd Ziege Affe Hahn Hund Schwein **Günstig:** Handwerkliche Aktivitäten, Handel, Hochzeiten, Reisen **Ungünstig:** Trauerfeiern und Beerdigungen, schwere körperliche Arbeit
30. Wasser Hase	Ratte Büffel Tiger Hase Drache Schlange Pferd Ziege Affe Hahn Hund Schwein **Günstig:** Ankündigungen machen, Beerdigungen, Trauerfeiern. **Ungünstig:** Handel, Vergnügungen, Freizeitaktivitäten

TZE
Ratte

Grundtendenz des Monats: Manchmal erreicht man einfach mehr, wenn man sich erst einmal abwartend verhält. Das gilt im Mai für die Ratte, die sich einmal mehr zurückhalten sollte. Vor allem, wenn Sie noch nicht über alle Informationen verfügen, ist es besser, Entscheidungen erst einmal zu vertagen. Das Jahr ist noch lang genug - da müssen Sie nicht gleich im ersten Drittel alles abhaken.

Routinearbeiten gehen der Ratte in ihrem eigenen Jahr wahrscheinlich noch mühsamer von der Hand als sonst. Damit Sie das nicht zu sehr frustriert, sollten Sie sich beizeiten Unterstützung für die unliebsamen Aufgaben suchen.

Liebe, Familie, Freundschaft: Sie können wirklich nicht erwarten, dass Ihre Lieben das gleiche kreative Potential an den Tag legen wie Sie selbst! Vor allem in Monaten wie diesem, in dem das schöpferische Holzelement nicht betont wird, geht es vielen eben mehr um die Umsetzung bestehender Pläne als die Erfindung neuer...

In der Liebe kann die verführerische Schlange, die den Mai begleitet, sicher dabei helfen, Herzen zu gewinnen. Setzen Sie ruhig Ihren Charme ein, aber versprechen Sie nichts, was Sie nicht halten können. Vor allem dann nicht, wenn Sie sich eine dauerhafte Bindung wünschen!

Beruf, Finanzen: Kleinere Probleme können immer dann auftreten, wenn die Ratte vorschnell voraussetzt, dass sich alle Beteiligten auf dem gleichen Stand befinden. Sie sollten nicht per se davon ausgehen, dass Kollegen oder auch Chefs und Kunden sich genauso gut informieren wie Sie, liebe Ratte. Wer nun Entscheidungen herbeiführen will, sollte deshalb sicher stellen, dass wirklich alle schon im Vorfeld alle wichtigen Informationen erhalten haben.

Auch in ihrem eigenen Jahr darf die Ratte ruhig einen Rat von außen annehmen, vor allem wenn es sich um einen Fachmann auf einem Gebiet handelt, das sie selbst nicht so gut dominiert.

Tipp des Monats: Abwarten und Tee trinken - spätestens in zwei Monaten kommt Ihr Leben deutlich mehr in Fahrt!

KIU
Büffel

Grundtendenz des Monats: Der Mai wird traditionell von der Schlange begleitet, die sich ganz hervorragend mit dem Büffel ergänzt. Sie verleiht dem zuweilen etwas oberflächlichen anmutenden Jahr der Ratte nun mehr Tiefe und sorgt dafür, dass der Büffel mögliche Fallstricke rechtzeitig erkennen kann. Damit das gelingt, ist es allerdings unbedingt erforderlich, das Tempo ein wenig herunter zu schrauben.

Ein zusätzlicher Anteil an Yin-Metall macht es Ihnen leichter, auch unangenehme Aufgaben bis zum Ende durchzuziehen. Je schneller Sie es hinter sich bringen, desto eher können Sie sich den angenehmeren Dingen im Leben widmen.

Liebe, Familie, Freundschaft: Auf der privaten Ebene erwartet die meisten Büffel ein recht ereignisloser Monat. Das liegt daran, dass sich die Metall-Schlange eher abwartend verhält und den Jahresregenten nun ein wenig ausbremst. Vielleicht sind Sie ganz froh darüber, dass das Familienleben jetzt in ruhigeren Gewässern verläuft. Dann können Sie sich umso besser auf andere Dinge konzentrieren.

Die starke Metall-Qualität legt es nahe, den Mai für dringend nötige Aufräumarbeiten zu verwenden. Vielleicht können Sie ja Partner und Familie dazu bewegen, mit anzupacken und gemeinsam mehr Ordnung zu schaffen.

Beruf, Finanzen: Auch scheinbar unwichtige Details können in diesen Wochen eine entscheidende Rolle spielen. Da lohnt es sich für den Büffel auf jeden Fall, etwas genauer hinzuschauen. Besonders, wenn es um das liebe Geld geht, lassen sich so unnötige Ausgaben vermeiden.

Schlange und Büffel sind vor allem auf der geschäftlichen Ebene ein gutes Team. In Verbindung mit der agilen Ratte im Jahr lassen sich nun nicht nur neue Projekte anschieben, sondern auch bestehende Verbindungen auf ein solides Fundament stellen. Vor allem kommerzielle Belange stehen unter einem günstigen Stern.

Tipp des Monats: Konzentrieren Sie sich nun vor allem auf Ihren beruflichen Erfolg! Dort können Sie nun einige wichtige Weichen stellen.

YING
Tiger

Grundtendenz des Monats: Für einen weiteren Monat wird die Geduld des Tigers auf die Probe gestellt. Mit der Metall-Schlange begleitet ihn nun ein Tierzeichen, das eher vorsichtig durchs Leben geht. Sie ist dafür bekannt, erst einmal gründlich alle Fakten zu checken, bevor sie sich für eine Richtung entscheidet. Das kann nun für Sie der Hinweis darauf sein, dass gewisse Schritte lieber noch einmal überprüft werden sollten, bevor Sie eine endgültige Entscheidung fällen.

Unterstützt von der Energie der Jahresregentin sollte für den Tiger klar sein, dass seine Pläne am Ende auch umgesetzt werden können. Mit diesem Wissen dürfte es nicht so schwer fallen, noch einmal Geduld zu zeigen.

Liebe, Familie, Freundschaft: Wer immer noch der großen Liebe hinterher jagt, sollte nun vielleicht einmal einen etwas anderen Ansatz wählen. Wie wäre es, wenn Sie für sich einfach den Druck herausnehmen und abwarten, was dann passiert? Gerade eine Beziehung kann sich oft viel besser entwickeln, wenn wir uns mehr Zeit lassen und nicht zu viel auf einmal wollen.

Stabile Verhältnisse sind zu Hause jetzt noch wichtiger als bisher, denn im Mai wird das Erd-Element nicht über den zeitlichen Aspekt unterstützt. Um so wichtiger ist es für Familie und Partner, dass feste Regeln gelten, auf die alle sich verlassen können.

Beruf, Finanzen: Bei finanziellen Angelegenheiten kann Ihnen die Metall-Schlange nun sicher zu mehr Durchblick verhelfen. Da ist es unter Umständen sinnvoll, jetzt einen Kassensturz zu machen und die Ausgaben für die nächsten Monate im voraus zu planen. So brauchen Sie sich erst einmal nicht mehr um das lästige Thema Geld zu kümmern.

Wer jetzt nicht seinen Ruf aufs Spiel setzen will, sollte die Bälle flach halten. Äußern Sie sich lieber nicht zu Themen, die im Grunde nichts mit Ihrem Anliegen zu tun haben.

Tipp des Monats: Halten Sie sich zurück! Eine Einmischung in fremde Angelegenheiten kommt jetzt nicht gut an.

MAO
Hase

Grundtendenz des Monats: Manchmal kann man am meisten erreichen, wenn man erst mal gar nichts tut. Das könnte durchaus das Motto für den Hasen im Mai sein. Die Schlange, die jetzt auf der Bildfläche erscheint, mahnt nämlich zu Geduld. Gerade mit einem so quirligen Jahresregenten wie der Ratte kann es auch dem Hasen leicht passieren, dass er sich zu schnell bewegt. Nehmen Sie sich jetzt Zeit und denken Sie darüber nach, was Ihre wirklichen Motive sind und wie Sie Ihre Ziele am besten erreichen können.

Das Erd-Element ist in diesen Wochen nicht besonders stark vorhanden. Um so wichtiger ist es deshalb, sich um eine stabile Grundlage für das eigene Handeln zu kümmern.

Liebe, Familie, Freundschaft: Schlange und Hase sind eine wunderbare Kombination, wenn es um die Liebe geht. Langjährige Beziehungen stehen nun unter einem besonders guten Stern. Genießen Sie romantische Stunden zu zweit und lassen Sie sich nicht von Ihren alltäglichen Aufgaben davon abhalten.

Zeigen Sie sich geduldig, wenn die Dinge zu Hause nicht ganz so rund laufen. Manchmal ist die Lernkurve gerade beim eigenen Nachwuchs einfach nicht so groß, wie Sie es sich wünschen würden. Da hilft nur tief durchatmen und der anderen Seite mehr Zeit zu geben.

Beruf, Finanzen: Auch auf der beruflichen Ebene geht es nun weniger um Geschwindigkeit, als vielmehr um Genauigkeit. Schnellschüsse nützen niemandem, wenn man hinterher doppelt so lange ausbessern muss. Wenn Sie das Muster jetzt erkennen, sollten Sie wirklich den Mund aufmachen, anstatt still dabei zu sitzen und zuzuschauen.

Bei näherer Betrachtung entpuppen sich viele Probleme als gar nicht so gravierend, lieber Hase. Es gibt also keinen Grund, pessimistisch zu sein! Sehen Sie das Ganze als Herausforderung, die Sie ohne Probleme meistern können.

Tipp des Monats: Hören Sie auf Ihr Gefühl, aber seien Sie sich auch nicht zu schade, Entscheidungen mit dem Verstand zu überprüfen.

SHENG
Drache

Grundtendenz des Monats: Mit der geheimnisvollen Schlange wird im Mai Ihr Draht nach oben gestärkt. Schlange und Drache gehören nämlich gemeinsam zum Haus der Spiritualität. Da ist es nicht verwunderlich, dass nun Themen in den Vordergrund rücken, die sich nicht immer nur mit einem gesunden Menschenverstand erklären lassen. Trotzdem sollte der Drache bei anstehenden Entscheidungen nicht vergessen, eine gesunde Portion Pragmatismus zu zeigen.

Es schadet gar nichts, wenn einige Ihrer Projekte nicht unmittelbar für Sie selbst von Nutzen sind. Wer mit vollen Händen gibt, kann sicher sein, am Ende die entsprechende Belohnung zu bekommen.

Liebe, Familie, Freundschaft: Einsame Herzen bringen in diesem Monat besonders diejenigen zum schmelzen, die Ihre spirituelle Ader teilen und sich wie Sie für die Geheimnisse des Universums interessieren.

Wer sich nun scheinbar von seinen Lieben ausgebremst fühlt, sollte sich zunächst einmal fragen, was die Gründe dafür sind. Wahrscheinlich will man nur vermeiden, dass Sie sich bei all Ihren Aktivitäten übernehmen. Manchmal kann es wirklich nötig sein, eine Pause einzulegen - auch wenn der Drache das von sich aus nie zugeben würde.

Beruf, Finanzen: Sind Sie sicher, dass Sie Ihre Aufgaben gut im Griff haben? Wie schaut es mit Ihrer Planung aus? Jetzt im Mai wäre ein guter Zeitpunkt, die eigene Arbeit mal etwas genauer zu betrachten. Ein gesundes Maß an Selbstkritik hat noch niemandem geschadet, verehrter Drache. Mal ganz abgesehen davon, dass es ein viel besseres Bild abgibt, wenn Sie mögliche Fehler selber finden und korrigieren.

Wer noch freie Kapazitäten hat, kann nun in Betracht ziehen, einmal wieder etwas Neues zu lernen. Vielleicht gibt es ja sogar ein entsprechendes Angebot an Ihrem Arbeitsplatz.

Tipp des Monats: Erweitern Sie Ihren Horizont! Es kann nie schaden, über ein breites Wissensspektrum zu verfügen.

SZE
Schlange

Grundtendenz des Monats: Abwarten und Tee trinken ist das Motto für die Schlange in diesem Monat, in dem sie eine Artgenossin begleitet. Das könnte nun dafür sorgen, dass Sie verstärkt an Ihren Fähigkeiten zweifeln und sich nicht berufen fühlen, für Sie wegweisende Entscheidungen zu treffen. Dabei wissen Sie doch im Grunde ganz genau, was Sie können! Sie sollten sich weder von den Umständen noch von den Menschen in Ihrer Umgebung verunsichern lassen.

Die Kombination aus Ratte und Schlange mag das Grüblerische in Ihnen verstärken. Es wäre wirklich besser, wenn Sie sich jetzt jemanden zum Reden suchen, anstatt das alles mit sich selbst auszumachen.

Liebe, Familie, Freundschaft: In einer liebevollen Beziehung ist sich die Schlange ihrer Verführungskraft durchaus bewusst und weiß mit ihren Reizen wunderbar umzugehen. Leider macht sich aber schnell Unsicherheit breit, wenn das entsprechende Lob auf sich warten lässt. Vielleicht weiß Ihr Partner gar nicht, wie wichtig diese Bestätigung für Sie ist, weil Sie das noch nie laut ausgesprochen haben?

Im Familienalltag mag so manche Schlange nun mit ein paar lästigen Problemen konfrontiert werden. Gemeinsam lassen sich diese in der Regel schnell aus der Welt schaffen. Komplizierter wird es, wenn Sie versuchen, die Sache alleine zu lösen.

Beruf, Finanzen: Natürlich ist es wichtig, gut informiert zu sein. Dann sollte man aber auch etwas mit den ganzen Informationen anfangen! Schließlich ist es fast unmöglich, das alles über einen längeren Zeitraum im Kopf zu speichern. Selbst die strukturierteste Schlange stößt dabei jetzt an Ihre Grenzen - da kann auch die geistesgegenwärtige Ratte nicht helfen.

Im Mai ist es gar nicht nötig, konkrete Aktionen anzustoßen. Die Dinge können sich auch dann entwickeln, wenn Sie sich nicht aktiv einmischen.

Tipp des Monats: Kontrollieren Sie sich in diesen Wochen nicht zu sehr, verehrte Schlange. Das verursacht nur unnötigen Stress!

WU
Pferd

Grundtendenz des Monats: Feuer und Metall werden in diesem Monat besonders betont. Für eher ungeduldige Pferde mag das bedeuten, dass es auf allen Ebenen einfach nicht schnell genug geht. Wer seine Emotionen besser im Griff hat, kann sich die starke Metall-Energie nun zunutze machen und die Wartezeiten zum Beispiel damit verbringen, einmal wieder gründlich auszumisten. Bei derartigen Aufräumarbeiten kommt vielleicht das eine oder andere Schätzchen aus vergangenen Tagen zum Vorschein...

Ein bisschen mehr Disziplin kann dem Pferd nicht schaden, wenn es darum geht, mehr für das eigene Wohlbefinden zu arbeiten.

Liebe, Familie, Freundschaft: Mit der Schlange kommt im Mai generell mehr der innere Aspekt Ihrer Persönlichkeit hervor. Dem Partner wird es sicher gefallen, wenn Sie mehr von Ihrem Inneren preisgeben und sich weniger auf die yangig aktiven Aspekte konzentrieren.

Wem es nun zuweilen ein wenig an der nötigen Erdung fehlt, der sollte für einen möglichst sicheren und stabilen Rahmen im Kreise seiner Lieben sorgen. Nichts gibt uns eine bessere Verwurzelung als der enge Kontakt zu Freunden und Familie. Mit einer derartigen Unterstützung fällt es dem Pferd dann sicher auch gleich viel leichter, den Stürmen des Lebens zu trotzen.

Beruf, Finanzen: So recht geht es in diesem Monat mit der Schlange nicht voran für das Pferd. Das liegt vor allem daran, dass man sich nun von allen Beteiligten wünscht, dass sie sich lieber doppelt absichern, bevor sie loslegen. Weder Pferd noch Ratte sind allerdings Freunde von zu intensivem nachbohren. Da wird Ihre Geduld nun wahrscheinlich auf eine ziemlich große Probe gestellt.

Wie sieht es mit Ihren Finanzen aus, liebes Pferd? Liegen Sie mit Ihrem Budget noch im vorgegebenen Rahmen? Falls nicht, sollten Sie jetzt entsprechende Sparmaßnahmen einleiten.

Tipp des Monats: Manchmal kann man weiter kommen, wenn man es langsamer angehen lässt. Lassen Sie sich nun auf keinen Fall hetzen!

WEI
Ziege

Grundtendenz des Monats: Abwartend verhält sich die Metall-Schlange, die den Mai begleitet und die Metall-Ratte ergänzt. Sie weiß genau, dass man manchmal am meisten erreichen kann, wenn man sich einfach nur in eine gute Ausgangsposition bringt und den richtigen Moment abpasst.. Genau das sollten clevere Ziegen nun tun und sich nicht von außen zu Aktionen drängen lassen, deren Erfolg eher zweifelhaft ist.

Das starke Metall lädt die Ziege wie schon im letzten Monat dazu ein, weiter Ballast abzuwerfen. Das kann sich übrigens auch auf die persönlichen Kontakte beziehen, die nun ebenfalls auf dem Prüfstand stehen dürfen.

Liebe, Familie, Freundschaft: In der Liebe stehen die Zeichen in diesen Wochen gut für die Ziege. Mit Hilfe der Schlange kann sie ihre verführerischen Qualitäten zum Vorschein bringen. So lassen sich nicht nur Herzen gewinnen, sondern auch mehr Leidenschaft in bestehende Beziehungen bringen.

Ob sich aus einem Flirt nun wirklich mehr entwickeln kann, muss sich zeigen. Sie sollten aber lieber nicht mit zu hohen Erwartungen an die Sache herangehen. Die Ratte zieht oft erst einmal den oberflächlichen Kontakt vor und braucht dann Zeit und wachsendes Vertrauen, um wirklich in die Tiefe zu gehen und sich länger zu binden.

Beruf, Finanzen: Mit der Schlange kann die Ziege nun einen ganz genauen Blick auf ihre Finanzen werfen. Sollte trotz intensivem hin und her rechnen die Bilanz nicht gut ausfallen, müssen Sie den Gürtel nun wohl erst einmal ein bisschen enger schnallen. Wer sorgfältig budgetiert, sollte aber schon bald wieder in die Gewinnzone kommen.

An Geduld mangelt es der Ziege in der Regel nicht. Es wäre allerdings schön, wenn das nun auch ein wenig auf Ihre Umgebung abfärben würde. Das würde Ihre Arbeit um einiges entspannter gestalten.

Tipp des Monats: Wenn Sie von etwas wirklich überzeugt sind, sollten Sie Ihre Meinung nun auch verteidigen.

SUNG
Affe

Grundtendenz des Monats: Nachdem die ersten aufregenden Wochen des Ratten-Jahres vergangen sind, ist es an der Zeit für den Affen, einmal tief durchzuatmen. Mit der Schlange als Monatsbegleiter wird das Tempo gedrosselt, so dass Sie nun mehr Zeit haben, ins Detail zu gehen. Vage Pläne können so wunderbar Form annehmen und sich zu echten Projekten entwickeln.

Lassen Sie die Entspannung in diesen Wochen nicht zu kurz kommen. Wer jetzt gut auftankt, kann in den nächsten Monaten deutlich besser dem wachsenden Druck standhalten. Kein Projekt ist so spannend, dass der Affe darüber seine Gesundheit vernachlässigen sollte.

Liebe, Familie, Freundschaft: Vielleicht reagiert Ihr Partner nun ein wenig eifersüchtig, weil er sich bei all Ihren Aktivitäten vernachlässigt fühlt. Sie könnten ihn sicher mehr in Ihre Pläne integrieren oder noch besser einfach mehr Zeit zu Zweit in Ihrem Terminplan vorsehen.

Ihre Lieben können es Ihnen im Mai nur schwer recht machen. Das liegt aber weniger daran, dass sie sich keine Mühe geben, sondern hat wohl eher damit zu tun, dass Sie nun recht kritisch und ungeduldig reagieren. Sollte das etwas mit Ihrem Arbeitspensum zu tun haben, ist es höchste Zeit, hier etwas zurückzuschrauben.

Beruf, Finanzen: Ein bisschen mehr Genauigkeit kann dem Affen generell nicht schaden. So kommt ihm die Schlange in diesem Monat sicher ganz recht, denn diese schaut in allen Bereichen ganz genau hin. Kontrollieren Sie jetzt ruhig noch einmal die bereits getätigten Schritte und merzen Sie eventuelle Ungenauigkeiten aus. Das kostet jetzt deutlich weniger Zeit, als wenn Sie derartige Dinge erst zu einem späteren Zeitpunkt erkennen.

Mit dem starken Metall ist es in dieser Woche sicher leichter als sonst, sich von den Projekten zu trennen, die einfach nicht richtig in Fahrt kommen wollen.

Tipp des Monats: Gut geplant ist halb erledigt. Sorgen Sie nun dafür, dass Ihre Ideen Hand und Fuß bekommen.

YU
Hahn

Grundtendenz des Monats: Mit der Schlange bekommt der Hahn im Mai Gesellschaft, die ganz nach seinem Geschmack sein dürfte. Diese beiden verstehen sich auf allen Ebenen, was nun dafür sorgen dürfte, dass es deutlich einfacher wird, die eigenen Pläne umzusetzen.

Während die Ratte Ihnen weiterhin eine Vision von Dingen präsentiert, die sein könnten, beschäftigt sich die Schlange damit, wie man sie erreichen könnte. Dabei bleibt es bei beiden im Augenblick noch bei der Planungsphase, denn im Mai ist für den Hahn noch kein guter Zeitpunkt zum handeln. Warten Sie einfach darauf, dass sich die passende Gelegenheit ergibt.

Liebe, Familie, Freundschaft: Es sollte im Jahr der Ratte für den Hahn nur wenig Anlass zu Eifersucht geben, solange die Kommunikation mit dem Partner ehrlich ist. Fangen Sie am besten gar nicht erst an, Dinge zu verschleiern! Dann gibt es auch keinen Grund, sich gegenseitig misstrauisch zu beäugen.

Mit der Schlange dürfte für die meisten Hähne Zärtlichkeit und Leidenschaft in diesem Monat nicht zu kurz kommen. Wenn Sie sich darauf im Vorfeld einstellen, können Sie genug Zeit für romantische Stunden zu zweit einplanen.

Beruf, Finanzen: Da der Hahn in der Regel gut vorbereitet und strukturiert an seine Aufgaben herangeht, kann er nun vielleicht gar nicht recht verstehen, warum sich in seinem Arbeitsumfeld eine solche Hektik breit macht. Bei der Jahresherrscherin geht es eben zuweilen ein wenig chaotisch zu. Das macht sich bei den verschiedenen Tierzeichen mal mehr mal weniger bemerkbar.

Wer alle seine Aufgaben erledigt hat, darf sich entspannt zurücklehnen und auf die Ernte warten. Es macht keinen Sinn, immer noch mal nachzubessern, lieber Hahn! Der dafür benötigte Zeitaufwand steht in keinem Verhältnis zu den damit erreichbaren Verbesserungen.

Tipp des Monats: Niemand erwartet von Ihnen, dass Sie perfekt sind! Setzen Sie sich also bitte nicht ständig selbst unter Druck!

SHIH
Hund

Grundtendenz des Monats: Im Mai dürfte es für die meisten Tierzeichen eher ruhig zugehen. Das gilt auch für den Hund, der in diesen Wochen sicher genug Zeit bekommt, um über seinen bisherigen Weg nachzudenken. Lassen Sie dabei bitte nicht zu, dass sich zu viele Zweifel einschleichen. Wer denkt, dass sein Glas immer halb leer ist, kann seine Fülle weder erkennen noch wirklich ausleben.

Mit der Schlange begleitet Sie nun ein Tierzeichen, dass ganz genau hinzuschauen weiß. Wer in einigen Bereichen seines Lebens tiefer eintauchen will, kann darauf zählen, dazu die vollkommen richtige Unterstützung zu bekommen, wenn er danach fragt.

Liebe, Familie, Freundschaft: Für den treuen Hund ist das Thema Eifersucht in der Regel kaum präsent. Um so überraschender kann es nun für Sie sein, wenn Ihr Partner Sie damit konfrontiert. Die aktuelle Herrscherin feuert bei so manchem Untertan das Kopfkino an, so dass in Verbindung mit der Schlange das Misstrauen angeregt wird. Ein paar ehrliche und offene Worte können derartige Gefühle aber sicher schnell zerstreuen.

Mehr Geduld ist nun angesagt, wenn es darum geht, ein neues Herz für sich zu gewinnen. Vertrauen aufzubauen dauert eben seine Zeit - das sollte gerade der Hund ganz genau aus der eigenen Erfahrung wissen.

Beruf, Finanzen: In diesem Monat machen große Veränderungen recht wenig Sinn. Mit der Schlange geht es nun vielmehr darum, geplante Aktionen noch einmal auf Herz und Nieren zu prüfen. Sollte man also versuchen, Sie nun von außen zu drängen, doch bitte schneller zu machen, dürfen Sie getrost abwinken. Es kommt jetzt wirklich nicht aufs Tempo an.

Finanzielle Angelegenheiten lassen sich im Mai sicher besser regeln als noch in den Monaten zuvor. Auch hier gilt es nun, sich eher abwartend zu verhalten und nicht zu viel auf einmal zu wollen.

Tipp des Monats: Warten Sie auf Ihre Gelegenheit - sie wird garantiert kommen!

HAN
Schwein

Grundtendenz des Monats: Mit der Ratte als Führung mag es für das Schwein nicht immer leicht sein, den richtigen Weg zu wählen. Dafür ist die aktuelle Herrscherin zuweilen einfach zu sprunghaft und bietet zu viele verschiedene Auswahlmöglichkeiten. Da kann sich schnell eine gewisse Unsicherheit beim Schwein breit machen.

Das gilt umso mehr in diesem Monat, wo sich zur unsteten Ratte eine Metall-Schlange gesellt. Mit deren Wunsch, so weit wie möglich in die Tiefe zu gehen, bevor der nächste Schritt getan werden kann, wird es dem Schwein nicht unbedingt leichter gemacht, Entscheidungen zu treffen. Vielleicht wäre es am einfachsten, das Ganze erst noch einmal zu vertagen?

Liebe, Familie, Freundschaft: Auch in der Liebe kann es am besten sein, sich erst einmal abwartend zu verhalten und lieber aus der Ferne zu beobachten. So bekommen Sie einen ersten Eindruck, ohne aktiv werden zu müssen.

In bestehende Partnerschaften kann das Auftauchen der Schlange für mehr Leidenschaft und Hingabe sorgen. Leider kann das zuweilen auch mehr Eifersucht mit sich bringen. Sollten derartige Gefühle aufkommen, ist es wichtig, sofort zu reagieren, damit sich erst gar keine schlechten Gefühle entwickeln können. Ist das Misstrauen erst einmal gesät, ist es um so schwieriger, es wieder abzubauen.

Beruf, Finanzen: Wägen Sie sorgfältig ab, wenn Sie ein neues Angebot bekommen. Oftmals überwiegen bei einer scheinbar hervorragenden Gelegenheit doch die Nachteile. Nur weil wir uns am Start einer neuen Zwölfjahres-Periode befinden, muss das Schwein nicht auf jeden neuen Zug aufspringen, der vorbeifährt.

Manchmal hat das Schwein die Tendenz, sich zu leichtfertig auf gewisse Versprechen einzulassen. Gerade wenn dabei Ihre Ersparnisse involviert sind, sollten Sie im Mai lieber zweimal überlegen, ob Sie den Vorschlag annehmen.

Tipp des Monats: Sie haben immer die Wahl. Wägen Sie genau ab, in welche Richtung es weitergehen soll.

Mai 2020	Jahreskonstellation – Metall-Ratte Monatskonstellation – Metall-Schlange

1. Holz Drache	Ratte Büffel Tiger Hase Drache Schlange Pferd Ziege Affe Hahn Hund Schwein **Günstig:** Kleidung schneidern, Handel, Buchhaltung, Ausflüge, neue Dinge beginnen **Ungünstig:** Geschäfte eröffnen, Kraftanstrengungen, Reisen, Ersparnisse ausgeben
2. Holz Schlange	Ratte Büffel Tiger Hase Drache Schlange Pferd Ziege Affe Hahn Hund Schwein **Günstig:** Putzen, waschen, fasten, seelische und körperliche Pflege, Arztbesuche **Ungünstig:** Ausdauersport, Reisen, Hochzeit.
3. Feuer Pferd	Ratte Büffel Tiger Hase Drache Schlange Pferd Ziege Affe Hahn Hund Schwein **Günstig:** Umziehen, Reisen, Hochzeiten, Empfänge, wichtige Konferenzen. **Ungünstig:** geistige Arbeiten, Gartenarbeit, häusliche Tätigkeiten.
4. Feuer Ziege	Ratte Büffel Tiger Hase Drache Schlange Pferd Ziege Affe Hahn Hund Schwein **Günstig:** Versammlungen, gerechte Verteilungen, Hochzeit, Konferenzen, Umzug **Ungünstig:** Gartenarbeit, Dinge zum Abschluss bringen.
5. Erd Affe	Ratte Büffel Tiger Hase Drache Schlange Pferd Ziege Affe Hahn Hund Schwein **Günstig:** Versammlungen, gerechte Verteilungen, Hochzeit, Konferenzen, Umzug **Ungünstig:** Gartenarbeit, Dinge zum Abschluss bringen.
6. Erd Hahn	Ratte Büffel Tiger Hase Drache Schlange Pferd Ziege Affe Hahn Hund Schwein **Günstig:** Gartenarbeit, Feiern, Hochzeit, Dinge zum Abschluss bringen. **Ungünstig:** keine Anschuldigungen gegen Dritte erheben.
7. Metall Hund	Ratte Büffel Tiger Hase Drache Schlange Pferd Ziege Affe Hahn Hund Schwein **Günstig:** Gartenarbeit, Hochzeit, Dinge zum Abschluss bringen. **Ungünstig:** Umzug, Reisen, Geschäftseröffnung
8. Metall Schwein	Ratte Büffel Tiger Hase Drache Schlange Pferd Ziege Affe Hahn Hund Schwein **Günstig:** Ausruhen, Meditation, seinen Hobbys nachgehen. **Ungünstig:** wichtige Unternehmungen
9. Wasser Ratte	Ratte Büffel Tiger Hase Drache Schlange Pferd Ziege Affe Hahn Hund Schwein **Günstig:** Amüsieren, mit Freunden ausgehen, Freizeitaktivitäten **Ungünstig:** geschäftliche Aktivitäten, neue Dinge anfangen.
10. Wasser Büffel	Ratte Büffel Tiger Hase Drache Schlange Pferd Ziege Affe Hahn Hund Schwein **Günstig:** für die meisten Aktivitäten, Geschäftsabschlüsse, Partnerschaft. **Ungünstig:** negative Bemerkungen über andere Menschen.
11. Holz Tiger	Ratte Büffel Tiger Hase Drache Schlange Pferd Ziege Affe Hahn Hund Schwein **Günstig:** Handel, Geschäftseröffnungen, Hochzeiten und andere Feste planen. **Ungünstig:** Beerdigungen, Reisen, Arztbesuche.
12. Holz Hase	Ratte Büffel Tiger Hase Drache Schlange Pferd Ziege Affe Hahn Hund Schwein **Günstig:** Handwerkliche Aktivitäten, Handel, Hochzeiten, Reisen. **Ungünstig:** Trauerfeiern und Beerdigungen, schwere körperliche Arbeit.
13. Feuer Drache	Ratte Büffel Tiger Hase Drache Schlange Pferd Ziege Affe Hahn Hund Schwein **Günstig:** Ankündigungen machen, Beerdigungen, Trauerfeiern. **Ungünstig:** Handel, Vergnügungen, Freizeitaktivitäten.
14. Feuer Schlange	Ratte Büffel Tiger Hase Drache Schlange Pferd Ziege Affe Hahn Hund Schwein **Günstig:** Kleidung schneidern, Handel, Buchhaltung, Ausflüge, neue Dinge beginnen. **Ungünstig:** Geschäfte eröffnen, Kraftanstrengungen, Reisen, Ersparnisse ausgeben.
15. Erd Pferd	Ratte Büffel Tiger Hase Drache Schlange Pferd Ziege Affe Hahn Hund Schwein **Günstig:** Putzen, waschen, fasten, seelische und körperliche Pflege, Arztbesuche **Ungünstig:** Ausdauersport, Reisen, Hochzeit.

Ob ein Tag besonders günstig für Ihr Tierzeichen ist, sehen Sie an folgenden Farben:
Rot = sehr günstig, Grau = günstig, Schwarz = nicht günstig

16. Erd Ziege	Ratte Büffel Tiger Hase Drache Schlange Pferd Ziege Affe Hahn Hund Schwein **Günstig:** Umziehen, Reisen, Hochzeiten, Empfänge, wichtige Konferenzen. **Ungünstig:** geistige Arbeiten, Gartenarbeit, häusliche Tätigkeiten.
17. Metall Affe	Ratte Büffel Tiger Hase Drache Schlange Pferd Ziege Affe Hahn Hund Schwein **Günstig:** Versammlungen, gerechte Verteilungen, Hochzeit, Konferenzen, Umzug **Ungünstig:** Gartenarbeit, Dinge zum Abschluss bringen.
18. Metall Hahn	Ratte Büffel Tiger Hase Drache Schlange Pferd Ziege Affe Hahn Hund Schwein **Günstig:** Gartenarbeit, Feiern, Hochzeit, Dinge zum Abschluss bringen. **Ungünstig:** keine Anschuldigungen gegen Dritte erheben.
19. Wasser Hund	Ratte Büffel Tiger Hase Drache Schlange Pferd Ziege Affe Hahn Hund Schwein **Günstig:** Gartenarbeit, Hochzeit, Dinge zum Abschluss bringen. **Ungünstig:** Umzug, Reisen, Geschäftseröffnung
20. Wasser Schwein	Ratte Büffel Tiger Hase Drache Schlange Pferd Ziege Affe Hahn Hund Schwein **Günstig:** Ausruhen, Meditation, seinen Hobbys nachgehen. **Ungünstig:** wichtige Unternehmungen.
21. Holz Ratte	Ratte Büffel Tiger Hase Drache Schlange Pferd Ziege Affe Hahn Hund Schwein **Günstig:** Amüsieren, mit Freunden ausgehen, Freizeitaktivitäten **Ungünstig:** geschäftliche Aktivitäten, neue Dinge anfangen.
22. Holz Büffel	Ratte Büffel Tiger Hase Drache Schlange Pferd Ziege Affe Hahn Hund Schwein **Günstig:** für die meisten Aktivitäten, Geschäftsabschlüsse, Partnerschaft **Ungünstig:** negative Bemerkungen über andere Menschen.
23. Feuer Tiger	Ratte Büffel Tiger Hase Drache Schlange Pferd Ziege Affe Hahn Hund Schwein **Günstig:** Handel, Geschäftseröffnungen, Hochzeiten und andere Feste planen. **Ungünstig:** Beerdigungen, Reisen, Arztbesuche.
24. Feuer Hase	Ratte Büffel Tiger Hase Drache Schlange Pferd Ziege Affe Hahn Hund Schwein **Günstig:** Handwerkliche Aktivitäten, Handel, Hochzeiten, Reisen **Ungünstig:** Trauerfeiern und Beerdigungen, schwere körperliche Arbeit
25. Erd Drache	Ratte Büffel Tiger Hase Drache Schlange Pferd Ziege Affe Hahn Hund Schwein **Günstig:** Ankündigungen machen, Beerdigungen, Trauerfeiern. **Ungünstig:** Handel, Vergnügungen, Freizeitaktivitäten
26. Erd Schlange	Ratte Büffel Tiger Hase Drache Schlange Pferd Ziege Affe Hahn Hund Schwein **Günstig:** Kleidung schneidern, Handel, Buchhaltung, Ausflüge, neue Dinge beginnen **Ungünstig:** Geschäfte eröffnen, Kraftanstrengungen, Reisen, Ersparnisse ausgeben
27. Metall Pferd	Ratte Büffel Tiger Hase Drache Schlange Pferd Ziege Affe Hahn Hund Schwein **Günstig:** Putzen, waschen, fasten, seelische und körperliche Pflege, Arztbesuche **Ungünstig:** Ausdauersport, Reisen, Hochzeit.
28. Metall Ziege	Ratte Büffel Tiger Hase Drache Schlange Pferd Ziege Affe Hahn Hund Schwein **Günstig:** Umziehen, Reisen, Hochzeiten, Empfänge, wichtige Konferenzen. **Ungünstig:** geistige Arbeiten, Gartenarbeit, häusliche Tätigkeiten.
29. Wasser Affe	Ratte Büffel Tiger Hase Drache Schlange Pferd Ziege Affe Hahn Hund Schwein **Günstig:** Versammlungen, gerechte Verteilungen, Hochzeit, Konferenzen, Umzug **Ungünstig:** Gartenarbeit, Dinge zum Abschluss bringen.
30. Wasser Hahn	Ratte Büffel Tiger Hase Drache Schlange Pferd Ziege Affe Hahn Hund Schwein **Günstig:** Gartenarbeit, Feiern, Hochzeit, Dinge zum Abschluss bringen. **Ungünstig:** keine Anschuldigungen gegen Dritte erheben.
31. Holz Hund	Ratte Büffel Tiger Hase Drache Schlange Pferd Ziege Affe Hahn Hund Schwein **Günstig:** Gartenarbeit, Hochzeit, Dinge zum Abschluss bringen. **Ungünstig:** Umzug, Reisen, Geschäftseröffnung

TZE
Ratte

Grundtendenz des Monats: Mit dem Pferd, das den Juni begleitet, bricht für die Ratte ein Monat an, in dem sie sich lieber nicht auf zu viele Diskussionen einlassen sollte. Pferd und Ratte stehen sich im Chinesischen Tierkreis direkt gegenüber und repräsentieren die Elemente Feuer und Wasser - könnten also kaum unterschiedlicher sein! Dass es da die eine oder andere Meinungsverschiedenheit geben kann, ist völlig klar. Lassen Sie sich auf keinen Fall provozieren, verehrte Ratte! Schließlich haben Sie 2020 den Jahresregenten an Ihrer Seite, der Sie auch in brenzligen Situationen voll und ganz unterstützt. Da müssen Sie jetzt gar nicht so viel aus Ihrer Deckung herauskommen.

Liebe, Familie, Freundschaft: Auch auf der privaten Ebene sollte sich die Ratte um des lieben Friedens Willen besser jetzt zurückhalten mit ihren Kommentaren. Partner oder auch andere Familienmitglieder könnten sich ansonsten einfach zu leicht verletzt fühlen.

Auch wenn Sie nicht selbst in eine Auseinandersetzung involviert sind, wäre es wirklich gut, wenn Sie versuchen, die Wogen zu glätten anstatt für eine Seite Partei zu ergreifen. Das gilt übrigens auch für kleinere Streitereien in Ihrem Freundeskreis, aus denen sich die Ratte jetzt generell lieber heraushalten sollte.

Beruf, Finanzen: Alleingänge sind in diesen Wochen vor allem auf der beruflichen Ebene keine besonders gute Idee. Selbst wenn nicht alle Beteiligten einer Meinung sind, kann man sich doch gewiss auf einen gemeinsamen Nenner einigen, oder?

Das Wasser-Element der Ratte wird im Juni gut unterstützt. Das könnte jetzt dazu führen, dass Sie Ihre Projekte zu lange im Kopf hin und her schieben, anstatt an die tatsächliche Umsetzung zu gehen. Wenn Sie sich unsicher fühlen und nicht genau wissen, wie es weitergehen soll, suchen Sie sich am besten eine erfahrene Unterstützung. Niemand verlangt von Ihnen, dass Sie alles wissen!

Tipp des Monats: Sammeln Sie erst einmal die Fakten, bevor Sie sich zu weit aus dem Fenster lehnen!

KIU
Büffel

Grundtendenz des Monats: So mancher Büffel mag sich in diesen Wochen ein wenig hin und her gerissen fühlen, wenn es darum geht, die weitere Richtung festzulegen. Das liegt wahrscheinlich daran, dass die Ratte im Juni Opposition von einem kämpferischen Pferd bekommt. Da stellt sich bei vielen Tierzeichen die Frage, ob nun die geistige oder die praktische Ebene überwiegt.

Da der Büffel eher zu den Machern in der Chinesischen Astrologie gehört, könnte er sich nun eher dazu hingezogen fühlen, die frischen Ideen der Ratte erst einmal zur Seite zu schieben und einfach so weiterzumachen wie er es schon immer gewohnt war. Das ist zwar nicht unbedingt innovativ, aber unter Umständen im Augenblick die effektivere Herangehensweise.

Liebe, Familie, Freundschaft: Ist der Juni geprägt von gemeinsamen Aktivitäten, sollten alle Beteiligten zufrieden sein. Gar nicht gut kommt es dagegen an, wenn der Büffel nun die Arbeit vorschiebt und deshalb deutlich weniger Zeit mit Partner und Familie verbringt. Da können Sie nun schwer in Erklärungsnot kommen, wenn es nicht wirklich stichhaltige Gründe für Ihr Verhalten gibt.

Sie tun gut daran, vor allem die Argumente Ihres Nachwuchs ernst zu nehmen. Wer diese nun mit Floskeln abtut, riskiert Diskussionen, die sich endlos hinziehen können. Da ist es wirklich besser, wenn Sie erst einmal aufmerksam zuhören, bevor Sie sich zum Thema äußern.

Beruf, Finanzen: Auseinandersetzungen lassen sich manchmal einfach nicht vermeiden, das weiß der Büffel ganz genau. Um so wichtiger ist es in diesem Monat, vor allem in solche Besprechungen gut vorbereitet zu gehen, von denen Sie bereits im Vorfeld wissen, dass dort nicht alle Ihrer Meinung sein werden.

Mit Unterstützung der Ratte kommt der Büffel in diesem Jahr zuweilen zu Lösungsansätzen, die auf den ersten Blick etwas unorthodox erscheinen. Gerade im Team können sich diese aber nun sehr erfolgreich umsetzen lassen.

Tipp des Monats: Sprechen Sie sofort aus, wenn Sie sich nicht wohl fühlen in einer Situation!

YING
Tiger

Grundtendenz des Monats: Mit dem Pferd an seiner Seite darf der Tiger im Juni wieder deutlich aktiver agieren. Diese beiden sind immer dann ein besonders gutes Paar, wenn persönliche Ambitionen im Spiel sind. Dabei geht es aber niemals darum, um jeden Preis der Beste zu sein. Viel wichtiger ist es, gemeinsam Erfolg zu haben und das zu genießen.

Pferd und Ratte stehen sich im Tierkreis unmittelbar gegenüber, was in den kommenden Wochen zu kleineren Konflikten führen kann. Vor allem, wenn es dem Tiger nicht gelingt, klar zwischen Kopf und Bauch zu unterscheiden, kann es nun ein wenig schwieriger für ihn werden.

Liebe, Familie, Freundschaft: Gemeinsame Aktivitäten werden in diesem Monat groß geschrieben. Sofern das Wetter mitmacht, sollte der Tiger mit Kind und Kegel nach draußen gehen. So lässt sich nicht nur hervorragend Stress abbauen, sondern auch das Verhältnis vor allem zum eigenen Nachwuchs stärken.

Wer hat in Ihrer Partnerschaft die Hosen an, lieber Tiger? Hoffentlich beide Seiten, denn ansonsten kann es nun zu unnötigen Streitereien kommen. Teilen Sie die Kompetenzen klar auf - wenn beide für unterschiedliche Bereiche zuständig sind, kommt man sich auch nicht in die Quere. Allerdings dürfen Sie sich dann auch wirklich nicht in Dinge einmischen, für die Sie nicht zuständig sind.

Beruf, Finanzen: Wer sich in den vergangenen Wochen mit Hilfe der Schlange schlau gemacht hat, kann nun auch stichhaltig argumentieren. Dann lassen sich auch Kollegen und Vorgesetzte besser von Ihren Plänen überzeugen.

Ganz anders sieht die Sache allerdings aus, wenn Sie im Grunde gar nicht genau wissen, über was da eigentlich verhandelt wird oder es keinen unmittelbaren Nutzen für Sie gibt. In solchen Fällen müssen Sie sich unbedingt raushalten, wenn Sie nicht eine handfeste Auseinandersetzung riskieren wollen.

Tipp des Monats: Ein gewisser sportlicher Ehrgeiz steht Ihnen gut. Gehen Sie nun aber bitte nicht zu verbissen an Ihre Projekte heran.

MAO
Hase

Grundtendenz des Monats: So manchem Hasen mag es in diesem Monat schwer fallen zu entspannen. Das liegt zum Einen sicher an der agilen Ratte, die permanent mit neuen Ideen daher kommt. Zum Anderen zeigt sich jetzt im Juni auch eine Opposition im Tierkreis, die den harmoniebedürftigen Hasen nicht behagen dürfte. Mit dem Pferd kommt nämlich ein Zeichen ins Spiel, das kaum unterschiedlicher sein könnte als die aktuelle Regentin. Hier prallen Feuer und Wasser aufeinander - dazwischen steht der Hase mit seinem Bedürfnis, für Harmonie zu sorgen.

Einmal mehr bedarf es des ausgleichenden Erd-Elementes, um die Spannung aus der Situation zu nehmen.

Liebe, Familie, Freundschaft: Das vermitteln kann auch auf der privaten Ebene in diesem Monat wirklich anstrengend werden für den Hasen. Da stellt sich schon die Frage, ob es nicht besser wäre, wenn Sie sich einfach raushalten... Bieten Sie sich ruhig als neutrale Stelle an, bei der sich beide Seiten ausweinen können, aber hüten Sie sich besser davor, aktiv Partei zu ergreifen.

In der Liebe kann die herrschende Spannung gerade in länger bestehenden Partnerschaften dafür sorgen, dass ein frischer Wind in die Beziehung weht. Vielleicht können Sie so einmal den Blickwinkel ändern und Ihre bessere Hälfte ganz neu entdecken?

Beruf, Finanzen: Bei der Arbeit darf der Hase nun ruhig den Mund aufmachen, wenn ihn etwas wirklich stört. Damit sich etwas ändern kann, müssen Sie allerdings gut argumentieren - reines Beschweren reicht da nicht...

Sie können jetzt im Juni erfahren, dass es durchaus lohnenswert ist, für die eigenen Ideale zu kämpfen. Man mag es vielleicht nicht unbedingt vom Hasen erwarten, aber wenn Sie wirklich etwas wollen, dann werden Sie das am Ende auch gegen alle Widerstände durchsetzen.

Tipp des Monats: Sie sollten jetzt wirklich versuchen, nicht zwischen die Fronten zu geraten - vor allem, wenn es gar nicht um Ihre eigenen Themen geht.

SHENG Drache

Grundtendenz des Monats: Reden ist silber, Schweigen ist gold in diesen Wochen, lieber Drache. Auch wenn durch beherzte Worte nun Unschlüssige überzeugt werden können, gewinnen Sie mehr, wenn Sie nun vor allem eines tun: gut zuhören! So vermeiden Sie nicht nur vorschnelle Entscheidungen, die Ihnen später im Jahr das Leben schwer machen könnten. Sie sorgen auch dafür, dass Alle sich wohlfühlen und das Gefühl haben, aktiv beteiligt zu werden.

Mit Willenskraft allein lassen sich gewisse Dinge nicht erreichen. Da müssen Sie schon die Arme hochkrempeln und aktiv werden! Erwarten Sie also bitte nicht, dass sich lästige Aufgaben von selbst in Luft auflösen.

Liebe, Familie, Freundschaft: Hängt der Haussegen in diesen Wochen zuweilen etwas schief, kann es dafür mehrere Gründe geben. Zum Einen ist der Kontrast zwischen Feuer und Wasser im Augenblick besonders stark spürbar, was dafür sorgt, dass die Emotionen schneller hochkochen. Zum Anderen scheint es nun deutlich schwieriger zu sein, zu einem für alle Beteiligten guten Kompromiss zu kommen. Vielleicht sollten Sie die Diskussion erst einmal vertagen und gute Argumente sammeln?

Wenn Sie wirklich einen neuen Partner für sich gewinnen wollen, müssen Sie sich dafür jetzt mächtig ins Zeug legen. Von ganz alleine fliegen Ihnen die Herzen nicht zu.

Beruf, Finanzen: Mit dem Pferd kommt im Juni ein Tierzeichen an Ihre Seite, dass sich wünscht, dass sich der Drache mehr ins Team eingliedert. Alleingänge kommen deshalb in diesem Monat überhaupt nicht gut an und sollten tunlichst vermieden werden, wenn Sie sich Ärger ersparen wollen.

Selbst wenn Sie nun gute Gründe für ein ausscheren aus der Gruppe haben, lassen Sie das lieber im Augenblick bleiben. Ab August gibt es deutlich mehr Freiräume für Ihr Handeln.

Tipp des Monats: Streitereien sollten Sie jetzt lieber aus dem Weg gehen. In einem aufgeheizten Klima kann es keinen Gewinner geben.

SZE Schlange

Grundtendenz des Monats: Pferd und Ratte sorgen im Juni auch bei der Schlange für ein gewisses Maß an Gegenwind. Die beiden sind einfach zu unterschiedlich, als dass sich nun in ruhigen Gewässern segeln ließe. Für die Schlange gibt es zwei Möglichkeiten, auf diese Energie zu reagieren. Entweder sie zieht sich aus dem Geschehen zurück und wartet, bis es wieder von ganz alleine harmonisch zugeht. Oder Sie mischt sich ein - dann aber bitte nur gut vorbereitet und mit zahlreichen Argumenten bewaffnet. Entscheiden Sie nun, ob Sie aktiv etwas verändern wollen.

Es mag ein wenig am kreativen Funken mangeln in diesem Monat. Die Jahresregentin ist im Augenblick einfach zu sehr mit sich selbst beschäftigt.

Liebe, Familie, Freundschaft: Auch auf der privaten Ebene können Sie Auseinandersetzungen nun einfach aus dem Weg gehen. Das löst das Problem aber auf Dauer nicht, sondern birgt eher die Gefahr, dass die Kluft noch tiefer und das Misstrauen noch mehr verstärkt wird. In diesem Monat kann es passieren, dass Sie Dinge als gegeben voraussetzen, die Sie bislang weder angesprochen noch überprüft haben.

Mehr Yin oder mehr Yang? Was brauchen Sie in diesen Wochen mehr, damit Sie den Familienalltag gut bewältigen können. Sorgen Sie dafür, dass beide Seiten zu ihrem Recht kommen und planen Sie neben Ihren Aktivitäten auch genug Ruhephasen ein.

Beruf, Finanzen: Mit dem Pferd, das den Juni begleitet, lässt sich hervorragend im Team arbeiten. Das mag der Schlange zwar nicht unbedingt behagen, bringt aber jetzt deutlich mehr Erfolg als Alleingänge. Wenn Sie sich auf gemeinsame Projekte verständigen, sollten Sie bei der Umsetzung nicht alles an sich reißen. Wer mit anderen zusammen arbeitet, muss in Kauf nehmen, dass das gemeinsame Ergebnis vielleicht nicht ganz so perfekt ist. Dafür müssen Sie auch nicht so viel Zeit aufwenden.

Tipp des Monats: Mischen Sie sich nur ein, wenn es einen triftigen Grund dafür gibt.

> Getreide reift / Sommersonnenwende < Juni

WU Pferd

Grundtendenz des Monats: Sie bekommen im Juni einen Artgenossen zur Seite gestellt. Damit das nun nicht dazu führt, dass Sie die Unterschiede zum Jahresregenten noch mehr spüren als sonst, ist es wichtig, sich nicht auf unnötige Diskussionen einzulassen. Halten Sie sich möglichst neutral - egal, um was es jetzt geht! Je weniger Angriffsfläche Sie geben, umso besser für Ihr persönliches Gleichgewicht. Das bedeutet nicht, dass Sie keine eigene Meinung haben dürfen. Es wäre nun aber einfach besser, diese nicht ungefragt kund zu tun.

Unvorhergesehene Ereignisse sollten Sie nun nicht aus Bahn werfen, sondern eher dazu dienen, dass Sie in neue Bereiche vordringen können.

Liebe, Familie, Freundschaft: Die Ratte macht viele Dinge am liebsten erst einmal mit sich selbst aus. Bis die Sache endgültig durchdacht ist, mag das Pferd aber in der Regel nicht warten. Das kann jetzt im Juni dazu führen, dass Sie leicht gereizt reagieren, wenn sich der Partner zu zögerlich verhält. Mit ungeduldigem Drängen erreichen Sie da recht wenig. Das erhöht lediglich die Spannung, bringt Sie der Lösung aber kein Stück näher.

So manches Pferd mag sich mehr Unabhängigkeit wünschen. Je nachdem, wie es mit Ihren familiären Verpflichtungen aussieht, können Sie das mehr oder weniger umsetzen.

Beruf, Finanzen: Gemeinsam sind sie stark! Zur Einheit im Team gehört nun aber vor allem das Suchen von Kompromissen. Wer sich in dem Bereich eher schwer tut, darf gerne weiter sein eigenes Süppchen kochen.

Hüten Sie sich nun davor, unvorbereitet in Meetings zu erscheinen. Vor allem, wenn es um Ihr eigenes Projekt geht, ist es unabdingbar, dass Sie zu allen Fragen eine Antwort haben. Sonst kommt am Ende noch jemand Anderes zum Zug und Ihre gut gemeinten Ideen bleiben auf der Strecke.

Tipp des Monats: Es lohnt sich nicht, sich nun um Dinge zu streiten, die im Grunde gar nicht wichtig sind.

WEI Ziege

Grundtendenz des Monats: Mit dem Pferd kommt im Juni der yangige Gegenpart der Ziege ins Spiel. Das kann bedeuten, dass nun wieder mehr Aktivität angesagt ist als noch in den Wochen zuvor. Allerdings steht das Pferd in direkter Opposition zur Jahresregentin, was es der Ziege zuweilen sicher etwas schwerer macht, sich für eine Richtung zu entscheiden. Im Grunde müssen Sie sich gar nicht auf eine Sache festlegen. Schauen Sie einfach von Fall zu Fall, ob Sie lieber der kopflastigen Ratte oder dem ungestümen Pferd folgen möchten.

Mit der persönlichen Entwicklung ist es in diesem Monat so eine Sache... so manche Ziege weiß einfach nicht, in welche Richtung die Reise gehen soll.

Liebe, Familie, Freundschaft: Pferd und Ziege gehören in der Chinesischen Astrologie zum Haus der Geschlechter. Tauchen beide gleichzeitig in der Konstellation auf, lässt das darauf schließen, dass nun in der Partnerschaft sowohl die aktiven als auch die passiven Aspekte gut gelebt werden können. Dabei ist es einmal mehr nicht nötig, dass Sie sich für eine Sache entscheiden. Insgesamt sollte einfach ein gutes Gleichgewicht gefunden werden.

Vielleicht sind Sie manchmal ein wenig zu zurückhaltend, wenn es darum geht, den ersten Schritt in Richtung einer neuen Beziehung zu tun? Trauen Sie sich ruhig ein bisschen mehr zu!

Beruf, Finanzen: Wer nicht alle Fakten hat, sollte die Bälle nun lieber flach halten. Es reicht im Juni absolut nicht aus, Aussagen auf Basis von Hörensagen als Argumente zu präsentieren. Gerade die methodische Ziege sollte wissen, dass es nur Ärger bringt, wenn sie ihre Ausführungen nicht wirklich gut untermauern kann.

Sollte Ihnen der Nutzen einer Aufgabe nun nicht klar sein, ist es vollkommen legitim nachzufragen. Schließlich wollen Sie Ihre Zeit doch nicht mit Dingen verschwenden, die am Ende niemanden weiterbringen, oder?

Tipp des Monats: Zeigen Sie jetzt, dass Sie durchaus Ihren eigenen Willen haben!

SUNG
Affe

Grundtendenz des Monats: Eine wichtige Aufgabe für den Affen dürfte es in diesem Monat sein, die Balance zwischen Planung und Umsetzung zu halten. Die Ratte hat oft die Neigung, ihre Projekte im Kopf hin und her zu schieben, anstatt einfach loszulegen. Der Affe und auch das Pferd, das den Monat begleitet, sind da ganz anders gestrickt. Beide rennen gerne schon mal los, bevor sie alle nötigen Informationen haben... Der richtige Weg liegt wie immer in der Mitte.

Oberflächliche Auseinandersetzungen können das Bild im Juni ein wenig trüben und den Affen von seinen eigentlichen Aufgaben ablenken. Es wäre besser, Sie würden solchen Situationen einfach aus dem Weg gehen.

Liebe, Familie, Freundschaft: Lassen Sie sich nun bloss nicht auf Diskussionen ein, wenn Sie nicht alle Fakten haben. Manchmal ist es einfach besser, sich rauszuhalten, wenn es in der Familie Reibungen gibt - vor allem, wenn diese überhaupt nichts mit Ihnen zu tun haben!

Mit Willenskraft allein lässt sich nun kein Herz gewinnen, lieber Affe. Da müssen Sie schon mehr auf die Gefühlsebene gehen. Sicher schindet es Eindruck, wenn Sie sich als selbstbewusster Macher präsentieren. Sie sollten aber bedenken, wie anstrengend es sein kann, dieses Bild im Alltag aufrecht zu erhalten.

Beruf, Finanzen: Wer sich im letzten Monat schlau gemacht, ist nun auch ohne Probleme in der Lage, seine Projekte zu verteidigen. Konstruktive Kritik sollten Ihnen deshalb durchaus willkommen sein, denn damit kann die ganze Sache noch besser werden. Mit ungerechtfertigter Mäkelei sollten Sie souverän umgehen und einfach stichhaltig argumentieren. Dann verstummen derartige Kritiker ganz schnell.

Behalten Sie bei allen Aktivitäten immer auch die Life-Work-Balance im Auge. Die fällt jetzt umso besser aus, je mehr Sie die Dinge tun, die Ihnen wirklich aus dem Herzen kommen.

Tipp des Monats: Setzen Sie Ihre Fähigkeiten so ein, dass Ihre Ressourcen geschützt werden. Sie brauchen Ihre Kräfte auch das restliche Jahr!

YU
Hahn

Grundtendenz des Monats: Im Juni mag es dem Hahn zuweilen ein wenig an der nötigen Bodenhaftung fehlen, denn das Erd-Element wird in diesen Wochen kaum unterstützt. Hinzu kommt, dass die Ratte generell die Tendenz hat, sich mehr auf der geistigen Ebene aufzuhalten. Für konkrete Projekte mag es deshalb jetzt ein bisschen schwerer sein als sonst, pragmatische Entscheidungen zu treffen und sich nicht von fremden Meinungen verunsichern zu lassen.

Kurzfristige Ergebnisse sind jetzt wahrscheinlicher als langfristig angelegte Erfolgsstrategien. Nehmen Sie ruhig mit, was sich Ihnen nun bietet. Es mag zwar nicht von Dauer sein, kann Ihnen aber sicher trotzdem nicht schaden.

Liebe, Familie, Freundschaft: Mit dem kriegerischen Pferd macht sich eine gewisse Streitlustigkeit auf der persönlichen Ebene bemerkbar. Auseinandersetzungen sollten Sie deshalb möglichst aus dem Weg gehen. Vor allem, wenn es um Themen geht, die kaum Relevanz haben, können Sie die Zeit sinnvoller verbringen.

Pferd und Ratte stehen im Chinesischen Tierkreis in Opposition zueinander. In Kombination mit Ihrem Hahn kann das nun bedeuten, dass es eventuell Probleme mit dem Nachwuchs geben könnte. Ein vorbeugendes Gespräch wäre sicher ein guter Weg, mögliche Fallstricke rechtzeitig zu erkennen und zu beseitigen.

Beruf, Finanzen: Wer nicht über alle Fakten verfügt, sollte sich jetzt lieber nicht vorschnell in eine neue Aufgabe stürzen. Da mag der Trend noch so vielversprechend sein.

Lösen Sie sich von dem Gedanken, immer an vorderster Front mitmischen zu müssen. Im Jahr der Metall-Ratte ist es zuweilen ratsamer, wenn man sich nicht so sehr in den Vordergrund drängt und lieber unauffällig die Fäden aus dem Hintergrund zieht. Je mehr Aufmerksamkeit Sie erregen, desto mehr Angriffsfläche bieten Sie für Ihre Widersacher.

Tipp des Monats: Regen Sie sich nun nicht darüber auf, wenn man Ihnen scheinbar nicht sofort folgen will. Gut Ding will Weile haben.

SHIH
Hund

Grundtendenz des Monats: Im Juni dürften sich die meisten Dinge für den Hund durchaus positiv entwickeln. Das liegt sicher auch daran, dass mit dem Pferd nun ein Tierzeichen auf den Plan tritt, das sich ausgesprochen gut mit dem Hund ergänzt. Vor allem, wenn es darum geht, die eigenen Pläne zu verfolgen, dürfte er nun deutlich ambitionierter an die Sache herangehen. Das bedeutet zwar nicht unbedingt, dass die Zielgerade schon erreicht wird, aber Sie können nun einen guten Schritt in die richtige Richtung machen.

Durch eine zusätzliche Stärkung des Feuer-Elementes lassen sich nun sicher leichter Mitstreiter für Ihre Unternehmungen gewinnen.

Liebe, Familie, Freundschaft: In den eigenen vier Wänden kann dagegen die Stimmung zuweilen jetzt ein bisschen angespannt sein. Vor allem, wenn Sie sich in Dinge einmischen, von denen Sie im Grunde viel zu wenig wissen, bekommen Sie kräftig Gegenwind. Machen Sie sich lieber erst einmal schlau.

Im Team mit Familie oder Freunden lassen sich nun wunderbare Dinge erleben. Stellen Sie sicher, dass Sie bei der Planung die verschiedenen Vorlieben berücksichtigen, damit alle gleichermaßen profitieren können. Im Pferde-Monat stehen vor allem Unternehmungen im Vordergrund, die draußen in der Natur stattfinden.

Beruf, Finanzen: Aus Bequemlichkeit nun zu allem ja und amen zu sagen ist keine Option. Oder wollen Sie wirklich bis zum Ende des Jahres wirklich nur Aufgaben bekommen, die Sie überhaupt nicht fordern? Die aktuelle Regentin fordert Sie auf, den Mund aufzumachen und deutlich zu sagen, was Sie wollen.

Der Hund verfügt in der Regel über hohe Ideale, die die Metall-Ratte vielleicht nicht immer ganz teilt. Wenn in diesen Wochen der Druck zunimmt, ist es nun vielleicht nicht einfach, an der eigenen Wertehierarchie festzuhalten.

Tipp des Monats: Bekennen Sie jetzt Farbe und stehen Sie zu Ihren Bedürfnissen, auch wenn Sie sich dafür unter Umständen ein wenig streiten müssen.

HAN
Schwein

Grundtendenz des Monats: Das Pferd, das den Juni begleitet, steht in direkter Opposition zur Jahresregentin und kann deren Effekt auf das Schwein in diesen Wochen abschwächen. Das hilft sicher dabei, Entscheidungen nun wieder etwas unabhängiger und mit weniger Druck treffen zu können. Das kann allerdings nur funktionieren, wenn das Schwein bereit ist, seine Situation wirklich realistisch einzuschätzen.

Das stabilisierende Erd-Element ist in diesem Monat nur recht schwach vorhanden. Da ist es für Sie sehr wichtig, für die nötige Erdung zu sorgen und die eigene Situation nicht schönzufärben. Fehlt es Ihnen jetzt an Sicherheit, suchen Sie sich am besten Unterstützung.

Liebe, Familie, Freundschaft: Wer eine enge Bindung an Heim und Familie hat, wird es in diesem Monat nicht gerade leicht haben, für die eigene Entwicklung etwas zu tun. Vor allem, wenn das bedeuten würde, weniger Zeit zu Hause zu verbringen, mag sich das Schwein jetzt wohl kaum gegen die Familie entscheiden.

Mit dem Pferd wird im Juni nicht nur das Feuer- sondern auch das Wasser-Element unterstützt. Das kann leidenschaftliche Diskussionen bedeuten, bei denen das Schwein immer dann den Kürzeren zieht, wenn es nicht mit den wirklichen Fakten vertraut ist.

Beruf, Finanzen: Sie sollten sich wirklich nur dann für eine Sache einsetzen, wenn Sie genau wissen, auf was Sie sich da einlassen. Ansonsten kann es nun nämlich zu Konflikten kommen, die Sie von Ihrem eigentlichen Tun ablenken. Das ist nicht nur für Sie selbst ärgerlich, sondern auch für alle anderen, die mit Ihnen gemeinsam arbeiten. Halten Sie sich Ihrem Team zuliebe also besser ein wenig zurück.

Mit einem starken Yang-Wasser wird in diesem Monat die Willenskraft des Schweins unterstützt, so dass Sie nun sicher klarer erkennen können, was Sie wirklich erreichen wollen.

Tipp des Monats: Setzen Sie sich für Ihre Ideale ein, aber legen Sie es dabei nicht auf einen Streit an.

Juni 2020	Jahreskonstellation – Metall-Ratte Monatskonstellation – Wasser-Pferd

1. Holz Schwein	Ratte Büffel Tiger Hase Drache Schlange Pferd Ziege Affe Hahn Hund Schwein **Günstig:** Ausruhen, Meditation, seinen Hobbys nachgehen. **Ungünstig:** wichtige Unternehmungen.
2. Feuer Ratte	Ratte Büffel Tiger Hase Drache Schlange Pferd Ziege Affe Hahn Hund Schwein **Günstig:** Amüsieren, mit Freunden ausgehen, Freizeitaktivitäten **Ungünstig:** geschäftliche Aktivitäten, neue Dinge anfangen.
3. Feuer Büffel	Ratte Büffel Tiger Hase Drache Schlange Pferd Ziege Affe Hahn Hund Schwein **Günstig:** für die meisten Aktivitäten, Geschäftsabschlüsse, Partnerschaft **Ungünstig:** negative Bemerkungen über andere Menschen.
4. Erd Tiger	Ratte Büffel Tiger Hase Drache Schlange Pferd Ziege Affe Hahn Hund Schwein **Günstig:** Handel, Geschäftseröffnungen, Hochzeiten und andere Feste planen. **Ungünstig:** Beerdigungen, Reisen, Arztbesuche.
5. Erd Hase	Ratte Büffel Tiger Hase Drache Schlange Pferd Ziege Affe Hahn Hund Schwein **Günstig:** Handwerkliche Aktivitäten, Handel, Hochzeiten, Reisen **Ungünstig:** Trauerfeiern und Beerdigungen, schwere körperliche Arbeit
6. Metall Drache	Ratte Büffel Tiger Hase Drache Schlange Pferd Ziege Affe Hahn Hund Schwein **Günstig:** Handwerkliche Aktivitäten, Handel, Hochzeiten, Reisen **Ungünstig:** Trauerfeiern und Beerdigungen, schwere körperliche Arbeit
7. Metall Schlange	Ratte Büffel Tiger Hase Drache Schlange Pferd Ziege Affe Hahn Hund Schwein **Günstig:** Ankündigungen machen, Beerdigungen, Trauerfeiern. **Ungünstig:** Handel, Vergnügungen, Freizeitaktivitäten
8. Wasser Pferd	Ratte Büffel Tiger Hase Drache Schlange Pferd Ziege Affe Hahn Hund Schwein **Günstig:** Kleidung schneiden, Handel, Buchhaltung, Ausflüge, neue Dinge beginnen **Ungünstig:** Geschäfte eröffnen, Kraftanstrengungen, Reisen, Ersparnisse ausgeben
9. Wasser Ziege	Ratte Büffel Tiger Hase Drache Schlange Pferd Ziege Affe Hahn Hund Schwein **Günstig:** Putzen, waschen, fasten, seelische und körperliche Pflege, Arztbesuche **Ungünstig:** Ausdauersport, Reisen, Hochzeit.
10. Holz Affe	Ratte Büffel Tiger Hase Drache Schlange Pferd Ziege Affe Hahn Hund Schwein **Günstig:** Umziehen, Reisen, Hochzeiten, Empfänge, wichtige Konferenzen. **Ungünstig:** geistige Arbeiten, Gartenarbeit, häusliche Tätigkeiten.
11. Holz Hahn	Ratte Büffel Tiger Hase Drache Schlange Pferd Ziege Affe Hahn Hund Schwein **Günstig:** Versammlungen, gerechte Verteilungen, Hochzeit, Konferenzen, Umzug. **Ungünstig:** Gartenarbeit, Dinge zum Abschluss bringen.
12. Feuer Hund	Ratte Büffel Tiger Hase Drache Schlange Pferd Ziege Affe Hahn Hund Schwein **Günstig:** Gartenarbeit, Feiern, Hochzeit, Dinge zum Abschluss bringen. **Ungünstig:** keine Anschuldigungen gegen Dritte erheben.
13. Feuer Schwein	Ratte Büffel Tiger Hase Drache Schlange Pferd Ziege Affe Hahn Hund Schwein **Günstig:** Gartenarbeit, Hochzeit, Dinge zum Abschluss bringen. **Ungünstig:** Umzug, Reisen, Geschäftseröffnung.
14. Erd Ratte	Ratte Büffel Tiger Hase Drache Schlange Pferd Ziege Affe Hahn Hund Schwein **Günstig:** Ausruhen, Meditation, seinen Hobbys nachgehen. **Ungünstig:** wichtige Unternehmungen.
15. Erd Büffel	Ratte Büffel Tiger Hase Drache Schlange Pferd Ziege Affe Hahn Hund Schwein **Günstig:** Amüsieren, mit Freunden ausgehen, Freizeitaktivitäten. **Ungünstig:** geschäftliche Aktivitäten, neue Dinge anfangen.

Ob ein Tag besonders günstig für Ihr Tierzeichen ist, sehen Sie an folgenden Farben:
Rot = sehr günstig, Grau = günstig, Schwarz = nicht günstig

16. Metall Tiger	Ratte Büffel Tiger Hase Drache Schlange Pferd Ziege Affe Hahn Hund Schwein **Günstig:** für die meisten Aktivitäten, Geschäftsabschlüsse, Partnerschaft **Ungünstig:** negative Bemerkungen über andere Menschen.
17. Metall Hase	Ratte Büffel Tiger Hase Drache Schlange Pferd Ziege Affe Hahn Hund Schwein **Günstig:** Handel, Geschäftseröffnungen, Hochzeiten und andere Feste planen. **Ungünstig:** Beerdigungen, Reisen, Arztbesuche.
18. Wasser Drache	Ratte Büffel Tiger Hase Drache Schlange Pferd Ziege Affe Hahn Hund Schwein **Günstig:** Handwerkliche Aktivitäten, Handel, Hochzeiten, Reisen **Ungünstig:** Trauerfeiern und Beerdigungen, schwere körperliche Arbeit
19. Wasser Schlange	Ratte Büffel Tiger Hase Drache Schlange Pferd Ziege Affe Hahn Hund Schwein **Günstig:** Ankündigungen machen, Beerdigungen, Trauerfeiern. **Ungünstig:** Handel, Vergnügungen, Freizeitaktivitäten
20. Holz Pferd	Ratte Büffel Tiger Hase Drache Schlange Pferd Ziege Affe Hahn Hund Schwein **Günstig:** Kleidung schneidern, Handel, Buchhaltung, Ausflüge, neue Dinge beginnen **Ungünstig:** Geschäfte eröffnen, Kraftanstrengungen, Reisen, Ersparnisse ausgeben
21. Holz Ziege	Ratte Büffel Tiger Hase Drache Schlange Pferd Ziege Affe Hahn Hund Schwein **Günstig:** Putzen, waschen, fasten, seelische und körperliche Pflege, Arztbesuche **Ungünstig:** Ausdauersport, Reisen, Hochzeit.
22. Feuer Affe	Ratte Büffel Tiger Hase Drache Schlange Pferd Ziege Affe Hahn Hund Schwein **Günstig:** Umziehen, Reisen, Hochzeiten, Empfänge, wichtige Konferenzen. **Ungünstig:** geistige Arbeiten, Gartenarbeit, häusliche Tätigkeiten.
23. Feuer Hahn	Ratte Büffel Tiger Hase Drache Schlange Pferd Ziege Affe Hahn Hund Schwein **Günstig:** Versammlungen, gerechte Verteilungen, Hochzeit, Konferenzen, Umzug **Ungünstig:** Gartenarbeit, Dinge zum Abschluss bringen.
24. Erd Hund	Ratte Büffel Tiger Hase Drache Schlange Pferd Ziege Affe Hahn Hund Schwein **Günstig:** Gartenarbeit, Feiern, Hochzeit, Dinge zum Abschluss bringen. **Ungünstig:** keine Anschuldigungen gegen Dritte erheben.
25. Erd Schwein	Ratte Büffel Tiger Hase Drache Schlange Pferd Ziege Affe Hahn Hund Schwein **Günstig:** Gartenarbeit, Hochzeit, Dinge zum Abschluss bringen. **Ungünstig:** Umzug, Reisen, Geschäftseröffnung
26. Metall Ratte	Ratte Büffel Tiger Hase Drache Schlange Pferd Ziege Affe Hahn Hund Schwein **Günstig:** Ausruhen, Meditation, seinen Hobbys nachgehen. **Ungünstig:** wichtige Unternehmungen.
27. Metall Büffel	Ratte Büffel Tiger Hase Drache Schlange Pferd Ziege Affe Hahn Hund Schwein **Günstig:** Amüsieren, mit Freunden ausgehen, Freizeitaktivitäten **Ungünstig:** geschäftliche Aktivitäten, neue Dinge anfangen.
28. Wasser Tiger	Ratte Büffel Tiger Hase Drache Schlange Pferd Ziege Affe Hahn Hund Schwein **Günstig:** für die meisten Aktivitäten, Geschäftsabschlüsse, Partnerschaft **Ungünstig:** negative Bemerkungen über andere Menschen.
29. Wasser Hase	Ratte Büffel Tiger Hase Drache Schlange Pferd Ziege Affe Hahn Hund Schwein **Günstig:** Handel, Geschäftseröffnungen, Hochzeiten und andere Feste planen. **Ungünstig:** Beerdigungen, Reisen, Arztbesuche
30. Holz Drache	Ratte Büffel Tiger Hase Drache Schlange Pferd Ziege Affe Hahn Hund Schwein **Günstig:** Handwerkliche Aktivitäten, Handel, Hochzeiten, Reisen **Ungünstig:** Trauerfeiern und Beerdigungen, schwere körperliche Arbeit

TZE Ratte

Grundtendenz des Monats: Auch im größten Trubel ist es wichtig, zuweilen zur Ruhe zu kommen. Gerade in Ihrem eigenen Jahr ist bei der Ratte besonders viel los, so dass es Ihnen nun vielleicht ganz gelegen kommt, wenn Sie einmal tief durchatmen können. Eine sanfte Ziege hat im Juli Yin-Wasser Wasser im Gepäck, was der Ratte dabei helfen kann, sich beizeiten zurückzuziehen, um die eigenen Batterien aufzuladen. Das sollten Sie sich nun nicht zweimal sagen lassen und ruhig eine Auszeit nehmen.

In der Ruhe findet die Ratte dann vielleicht auch in diesem Monat einen Draht zu Ihrer Intuition und der eigenen Spiritualität.

Liebe, Familie, Freundschaft: Ordnung zu halten mag der Ratte in den eigenen vier Wänden nicht immer ganz leicht fallen. Gerade wenn Sie nicht alleine leben, ist es aber unbedingt nötig, dass alle Dinge einen festen Platz bekommen. Mit der methodischen Ziege lässt sich so manchem kreativen Chaos beikommen... so die Ratte denn den Impuls findet, mit dem aufräumen anzufangen!

Für die Ziege steht in der Regel das Wohl von Partner und Nachwuchs ganz weit oben auf der Prioritätenliste. Da darf sich die Ratte nun ein bisschen mehr ins Zeug legen und sich ruhig auch einmal um Dinge kümmern, die sie bislang immer den anderen überlassen hat.

Beruf, Finanzen: So richtig motiviert mögen Sie nun zwar nicht sein. Wenn draußen die Sonne scheint könnte man so viel mehr mit seinem Tag anfangen, anstatt bei der Arbeit zu sitzen. Da ist es ganz gut, dass Sie mit der Wasser-Ziege in diesen Wochen ein Tierzeichen unterstützt, dem es überhaupt nichts ausmacht, auch lästige Arbeiten zu erledigen. Vielleicht gelingt es Ihnen ja, auch den Rest des Teams zu motivieren. Gemeinsam haben Sie die Sache im Handumdrehen erledigt.

Tipp des Monats: Nun ist kein besonders guter Zeitpunkt, Ihre Visionen und Ideen zu präsentieren. Nutzen Sie den Monat lieber, um noch ein wenig mehr in die Detailplanung zu gehen.

KIU Büffel

Grundtendenz des Monats: Auch im größten Trubel ist es möglich, sich zurückzuziehen. Wenn Ihnen die Ratte also zu viel zumutet, müssen Sie das einfach nur deutlich sagen und dann die Konsequenzen ziehen. Die sanfte Yin-Energie hilft Ihnen im Juli, sich zurückzunehmen, wenn Sie es brauchen.

Mit der Wasser-Ziege tritt jetzt ein Tierzeichen auf den Plan, dass weder ambitionierte Pläne schmiedet noch sich in den Vordergrund drängen möchte. Da dürfte es auch dem Büffel leichter fallen, einfach in der Menge abzutauchen und die Bälle flach zu halten.

Liebe, Familie, Freundschaft: Die Ziege hat einen starken Bezug zum Thema Familie und teilt mit dem Büffel das Element Yin-Erde. Das bedeutet, dass familiäre und partnerschaftliche Themen in diesem Monat deutlich mehr in den Vordergrund drängen als noch zuvor. Damit sich der Büffel nicht zu viele Sorgen macht und darüber die eigenen Bedürfnisse vernachlässigt, bedarf es einer sorgfältigen zeitlichen Planung.

In der Liebe dürften die Zeichen auf gegenseitiger Fürsorge stehen. Schließlich ist es der Ziege enorm wichtig, dass sich beide in der Partnerschaft wohl fühlen. Hüten Sie sich jedoch davor, zu sehr für Ihre bessere Hälfte mitdenken zu wollen. Niemandem ist auf Dauer geholfen, wenn Sie immer alles Lästige übernehmen.

Beruf, Finanzen: Manchmal lassen sich scheinbar offensichtliche Dinge nicht direkt erkennen. Da braucht der Büffel ein wenig mehr Einfühlungsvermögen, welches die Ziege jetzt im Juli mitbringt. Nutzen Sie diesen Umstand und versuchen Sie ruhig, ein wenig mehr zwischen den Zeilen zu lesen.

Ordnung und Methodik sind jetzt zwei ganz wichtige Aspekte für Ihre Arbeit. Nur so lässt sich das Pensum bewältigen, was die Ratte Ihnen im Augenblick vorgibt. Alternativ können Sie natürlich auch ruhig ein wenig von Ihrer Last abgeben, wenn es zu viel wird.

Tipp des Monats: Gemeinsam sind Sie stark! Machen Sie nicht immer alles nur mit sich selbst aus!

YING
Tiger

Grundtendenz des Monats: Im Grunde hat der Tiger überhaupt kein Problem damit, wahrgenommen zu werden - solange er selbst das Wann und das Wie bestimmen kann. Im Juli fühlt er sich jedoch vielleicht deutlich weniger in der Stimmung, nach außen kraftvoll und energisch aufzutreten. Das liegt wahrscheinlich daran, dass die zurückhaltende Ziege, die den Monat begleitet, sich am liebsten in der Herde versteckt.

Zudem bringt der Monat einen guten Anteil Yin-Wasser mit sich, das aus Sicht der Chinesischen Astrologie unter anderem für Rückzug und Innenschau steht. Damit eignet sich diese Zeit, sich mehr um die inneren Werte zu kümmern und die Batterien aufzuladen.

Liebe, Familie, Freundschaft: Man mag nun zu Hause mehr Kompromissbereitschaft vom Tiger fordern. Schließlich ist er nicht alleine auf der Welt! Damit die Unterstützung in den nächsten Monaten nicht abreißt, ist es wichtig, nun auch die restlichen Mitbewohner zu ihrem Recht kommen zu lassen. Das bedeutet allerdings nicht, dass sich der Tiger einfach nur in seine Höhle zurück zieht und sich den gemeinsam getroffenen Entscheidungen entzieht.

In der Liebe sollte nun genug Zeit für Zärtlichkeit eingeplant werden. Im Alltag bleibt das romantische Miteinander im Jahr der Ratte sonst leicht auf der Strecke.

Beruf, Finanzen: Je methodischer der Tiger sich nun am Arbeitsplatz organisiert, desto schneller können lästige Dinge erledigt werden. Manchmal hilft es schon, einfach mal wieder den Schreibtisch gründlich aufzuräumen! Sie werden sich wundern, was Sie da so alles wiederfinden!

Das Miteinander am Arbeitsplatz sollte jetzt besonders harmonisch verlaufen, wenn man sich gegenseitig umeinander sorgt. Alleingänge sind weder mit der Ratte, noch mit der Ziege im Juli zu machen. Dafür steht das Gemeinwohl zu hoch auf der gemeinsamen Agenda.

Tipp des Monats: Es kommt auf das Gleichgewicht zwischen Ruhe und Aktivität an. Finden Sie jetzt Ihre ganz persönliche Balance!

MAO
Hase

Grundtendenz des Monats: Mit der freundlichen Wasser-Ziege kommt im Juli endlich einmal wieder ein Tierzeichen an Ihre Seite, dass so richtig nach Ihrem Geschmack ist. Man teilt die Sorge um das Wohl seiner Lieben und ist sich nie zu schade, den Menschen zu helfen, die es nicht so gut angetroffen haben wie man selbst. Dabei kann es nun aber auch leicht passieren, dass der Hase die eigenen Ziele einmal mehr aus dem Auge verliert, weil er zu sehr mit den Problemen anderer Leute beschäftigt ist.

Wer sich zu sehr auf andere Menschen konzentriert, wird in diesem Monat kaum zur Ruhe kommen. Zumal ein starkes Wasser-Element jetzt dafür sorgt, dass Ihnen deren Probleme so gar nicht aus dem Kopf gehen wollen.

Liebe, Familie, Freundschaft: Die Kombination aus Ziege und Hase legt nahe, dass es in diesen Wochen vorrangig um Ihre Familie geht. Vielleicht braucht ein entfernteres Familienmitglied mehr Unterstützung oder es gibt Dinge, die im engeren Kreis Ihre volle Aufmerksamkeit brauchen. Versuchen Sie bitte nicht, alle Probleme auf einmal zu lösen - vor allem dann nicht, wenn es gar nicht Ihre eigenen sind.

In der Partnerschaft kann es nun geschehen, dass das gegenseitige Verständnis durch das starke Yin-Wasser auf eine höhere Ebene gehoben wird.

Beruf, Finanzen: Der Hase gehört nicht unbedingt zu den Tierzeichen, die gerne im Mittelpunkt stehen. Im Juli dürfen Sie sich deshalb gerne ein bisschen mehr zurücknehmen und anderen den Vortritt lassen. Man kann schließlich auch im Schutz des Teams eine gute Leistung bringen! Vielleicht bekommen Sie so sogar noch mehr geschafft als sonst.

Haben Sie ein wenig Zeit übrig, wäre nun auch ein guter Augenblick, um auszumisten. Nutzen Sie die Methodik der Ziege, um gründlich für Ordnung zu sorgen.

Tipp des Monats: Auch im größten Trubel gibt es Rückzugsmöglichkeiten. Nehmen Sie sich eine Auszeit, wenn Sie es brauchen.

SHENG Drache

Grundtendenz des Monats: Einmal mehr wird der Drache nun aufgefordert, einen Gang zurückzuschalten. Für die sanfte Ziege, die den Juli begleitet, ist es vor allem wichtig, dass alle miteinander auskommen und sich auch im Jahr der quirligen Ratte nicht verausgaben. Das gilt umso mehr für die Drachen, die in den vergangenen Monaten nicht ganz so fit waren und vielleicht sogar schon den einen oder anderen Warnschuss vom eigenen Körper bekommen haben.

Das Yin-Wasser, welches die Ziege diesmal im Gepäck hat, sorgt zusammen mit der Energie der Jahresregentin dafür, dass sich viele Dinge jetzt mehr auf der geistigen Ebene abspielen.

Liebe, Familie, Freundschaft: Jetzt sollten Sie sich vor allem um das Wohlergehen ihrer Lieben kümmern. Die eigenen Interessen dürfen ruhig einmal in den Hintergrund treten, wenn Partner oder Nachwuchs mehr Unterstützung brauchen. Dabei wird es wahrscheinlich gar nicht um konkrete Hilfestellungen gehen, sondern mehr um den moralischen und emotionalen Beistand.

Romantische Stunden zu Zweit sind nur dann möglich, wenn der Drache bereit, ist seinen vollen Terminkalender entsprechend aufzuräumen. Das sollte Ihnen der Partner aber schon wert sein, lieber Drache! Nutzen Sie die Yin-Qualitäten der Ziege für mehr Zärtlichkeit und Nähe.

Beruf, Finanzen: Auch in einem erfüllten Berufsleben wird es immer wieder Arbeiten geben, die nicht ganz nach Ihrem Geschmack sind. Das ist völlig normal und im Grunde nicht der Rede wert, solange man das Ganze zügig erledigt. Sparen Sie sich also jetzt das Murren und setzen Sie Ihre Energie lieber dafür ein, rasch zu einem Ende zu kommen.

Manchmal kann es ganz gut sein, sich aus der ersten Reihe zurückzuziehen und andere an vorderer Front glänzen zu lassen. In der Ruhe lassen sich Konzepte besser überdenken und Allianzen besser schmieden.

Tipp des Monats: Zeit für sich selbst ist ein Luxus, den Sie sich wirklich öfter gönnen sollten.

SZE Schlange

Grundtendenz des Monats: Im Juli wünscht sich so manche Schlange einen Platz, an den sie sich zurückziehen kann. Die agile Ratte hat auch wirklich bislang 2020 nicht viele Pausen für ihre Untertanen eingebaut! Mit der Ziege kommt nun aber ein Tierzeichen hinzu, das sich ganz hervorragend in der Menge unsichtbar machen kann. Nehmen Sie sich daran ruhig ein Beispiel und ziehen Sie sich zum Entspannen in Ihre innere Welt zurück.

Der Yin-Wasser Aspekt ist in diesem Monat recht stark ausgeprägt. Das stärkt den Draht nach oben und hilft Ihnen außerdem dabei, die eigene Batterie jetzt einmal so richtig aufzuladen.

Liebe, Familie, Freundschaft: Wer nun bereit ist, auf die Wünsche des Partners einzugehen und über die eigenen Vorlieben zu sprechen, kann in der Liebe eine wundervolle Zeit verleben. Die Ziege wirbt jetzt für mehr gegenseitiges Verständnis und Rücksichtnahme. Das bringt wahrscheinlich mit sich, dass die Schlange mehr Kompromissbereitschaft zeigen muss.

Auf der zwischenmenschlichen Ebene kommt es jetzt darauf an, dass Sie sich mitteilen. Wenn Sie nicht über Ihre Gefühle sprechen, dürfen Sie sich nicht wundern, wenn die andere Seite sich nicht so verhält, wie Sie es sich wünschen.

Beruf, Finanzen: Mit der Ratte als Jahresherrscher wird es in der Regel nie langweilig. Dieser sprudelnde Quell von Ideen ist aber für manche Schlange manchmal einfach zu viel. Mal ganz abgesehen davon, dass sie es sich wünschen würde, dass man am Arbeitsplatz deutlich konkreter wird, wenn es um den Weg zur Umsetzung der vielen neuen Impulse geht. Für die Ratte spielt das „wie" allerdings nur eine untergeordnete Rolle. Entweder findet sich die Schlange damit ab oder sie schert aus und verfolgt ihre eigenen Ziele.

Methodisch und geordnet möchte die Schlange ihre Arbeit erledigen. Da kommt ihr die Ziege in diesen Wochen gerade recht.

Tipp des Monats: Manchmal steckt hinter einer Sache mehr, als man auf den ersten Blick wahrnimmt. Gehen Sie den Dingen auf den Grund!

> Kleine Hitze / Große Hitze < Juli

WU
Pferd

Grundtendenz des Monats: Die Ziege ergänzt im Juli das Pferd zum Haus der Geschlechter. Das bedeutet für Sie, dass es nun wichtig ist, immer beide Seiten einer Medaille zu betrachten. Wenn Yin und Yang sich die Waage halten, geht es für Sie nun deutlich harmonischer zu als wenn eine Seite zu sehr betont wird.

Das Yin-Wasser wird in diesen Wochen zusätzlich betont. Das kann bei so manchem Pferd den Draht nach oben verstärken und Sie dazu bringen, sich nun mehr mit Themen auseinander zu setzen, die nicht unbedingt viel mit Ihrem Alltag zu tun haben müssen. Daraus können sich vielleicht wertvolle Erkenntnisse für Ihren zukünftigen Weg ergeben.

Liebe, Familie, Freundschaft: Auch im Bereich der Partnerschaft geht es nun vor allem um das harmonische Gleichgewicht. Männliches und weibliches Prinzip vereinen sich in diesem Monat, was dafür sorgt, dass die sanften und die forscheren Seiten ausgelebt werden wollen - und zwar von beiden Partnern.

Die Ziege hält das Pferd außerdem dazu an, sich nun verstärkt um die Familie zu kümmern. Das kann sich ebenso auf den eigenen Nachwuchs beziehen wie auf die Eltern oder entfernte Verwandte. Kümmern Sie sich um die Menschen, die Ihnen wichtig sind - dann bekommen Sie im Gegenzug auch viel zurück.

Beruf, Finanzen: Legen Sie sich nun lieber nicht mit den Autoritäten an. Das lohnt sich einfach nicht und bringt wahrscheinlich mehr Ärger als Nutzen. Generell tut das Pferd im Jahr der Ratte gut daran, nicht zu viel Aufmerksamkeit in diesem Bereich auf sich zu ziehen.

Ein bisschen mehr Ordnung könnte nun sicher nicht schaden. Die methodische Ziege hilft gerne, wenn es darum geht, Unwichtiges auszusortieren. Schaffen Sie Platz auf Ihrem Schreibtisch, dann kann die Ratte Ihnen auch neue Aufgaben zuteilen.

Tipp des Monats: Manchmal liegt die Wahrheit zwischen den Zeilen. Da müssen Sie Ihre Antennen nun besonders gut ausfahren.

WEI
Ziege

Grundtendenz des Monats: Mit einer zweiten Ziege bekommen Sie nun im Sommer willkommene Unterstützung. Das sorgt unter anderem dafür, dass bestehende positive Trends sich weiter in die richtige Richtung bewegen, solange Sie mit Ihrer Aufmerksamkeit nicht nachlassen.

Damit Sie sich in diesen Wochen auch weiterhin um das eigene Fortkommen kümmern können, ist es vielleicht erforderlich, dass Sie sich ein wenig aus dem allgemeinen Trubel zurückziehen. Nehmen Sie sich Zeit, um mit sich selbst ins Reine zu kommen. Dann strahlen Sie später mehr Selbstsicherheit aus, wenn es darum geht, die eigenen Pläne zu verteidigen.

Liebe, Familie, Freundschaft: Mit der relativ starken Yin-Erde werden in diesem Monat sicher bei der einen oder anderen Ziege mütterliche Gefühle geweckt. Damit nun aber nicht gleich wieder alle Energie in das Wohlergehen anderer gesteckt wird, wäre es erst einmal wichtig, dass Sie sich selbst und Ihre Bedürfnisse gut nähren. Ist der eigene Speicher gut gefüllt, dürfen Sie gerne wieder mehr geben.

Es gibt einfach Dinge zwischen Himmel und Erde, die sich nicht erklären lassen. Die Ziege spürt das jetzt ganz besonders stark, wenn es um Ihren Draht zu bestimmten Menschen geht. Gehen Sie Ihrem Gefühl ruhig nach - das kann zu bereichernden Begegnungen führen.

Beruf, Finanzen: Die Ratte mag manchmal ein wenig chaotisch sein in Ihrer Planung, was meistens daran liegt, dass sie einfach zu viele Ideen auf einmal hat. Da braucht es nun die Methodik der Ziege, um für die Ordnung zu sorgen, die nötig ist, damit aus den Plänen auch letztendlich etwas werden kann.

Den meisten Ziegen behagt es ohnehin mehr, wenn Sie sich in eine Gruppe integrieren und dort in Ruhe Ihre Arbeit machen können. Trotzdem sollten Sie jetzt versuchen, sich nicht ganz unsichtbar zu machen.

Tipp des Monats: Stille Wasser gründen tief! Lassen Sie vertraute Menschen ruhig mehr an Ihrem Innenleben teilhaben.

SUNG
Affe

Grundtendenz des Monats: Mit der Ziege kehrt auch für den viel beschäftigten Affen im Juli ein wenig mehr Ruhe ein. Auch im größten Trubel ist es manchmal einfach nötig, auf die innere Stimme zu hören und sich zurückzuziehen. Gerade im Hinblick auf die nächsten Monate sollte der Affe sich nun wirklich eine Auszeit gönnen. Die sanfte Yin-Energie des Monats kann ihm dabei helfen, seine Batterien vollständig aufzuladen.

Wer seinem Draht nach oben bislang nicht so recht vertrauen mochte, sollte nun in diesem Bereich ruhig mehr in die Tiefe gehen. Hier können Sie nun so manch nützliche Weisheit erfahren.

Liebe, Familie, Freundschaft: Gewisse Dinge lassen sich einfach besser erspüren als mit dem Verstand erklären. Gerade in der Partnerschaft braucht es in diesem Monat besonders viel Hinwendung und die Bereitschaft zum zuhören. Nur so können Sie die Bedürfnisse Ihrer besseren Hälfte erkennen und würdigen.

Mit dem Erscheinen der Ziege steigen wahrscheinlich auch die sozialen Verpflichtungen des Affen in diesem Monat. Man empfindet es nun einfach als selbstverständlich, dass Sie sich kümmern - und zwar auf allen Ebenen. Bis zu einem gewissen Grad können Sie das sicher tun. Machen Sie aber nicht den Fehler, Verantwortung für Dinge zu übernehmen, die überhaupt nicht in Ihrer Zuständigkeit liegen.

Beruf, Finanzen: Wenn mit der Ziege nun ein wenig das Tempo gedrosselt wird, wäre es sicher keine schlechte Idee, wenn der Affe die gewonnene Zeit nicht gleich wieder in neue Aktionen steckt. Vielmehr sollten Sie nun versuchen, mehr Ordnung in laufende Projekte zu bringen. Das hilft Ihnen dann vor allem, wenn es im kommenden Monat wieder deutlich stressiger zugeht.

Schon im letzten Monat war mehr Teamarbeit gefragt. Das bleibt auch im Juli so, wo es aber noch mehr darum geht, die Gruppe im Ganzen zu stärken.

Tipp des Monats: Freuen Sie sich an dem, was Sie haben und zeigen Sie Ihre Dankbarkeit!

YU
Hahn

Grundtendenz des Monats: Im Juli wird das Yin besonders stark betont. Das bedeutet für den Hahn, dass es nun an der Zeit ist, sich ein wenig mehr aus dem Trubel zurückzuziehen und die eigenen Batterien aufzuladen. Ob Sie während Ihrer Auszeit einfach zu Hause bleiben oder eine kleine Reise unternehmen wollen, bleibt Ihnen überlassen.

Mit der Ziege treten in diesem Monat soziale Themen mehr in den Vordergrund. Setzen Sie Ihre Kraft also jetzt ruhig mehr zum Wohle der Allgemeinheit ein. Das verschafft Ihnen nicht nur die gewünschte Anerkennung sondern auch ein hohes Maß an innere Befriedigung.

Liebe, Familie, Freundschaft: Sanftere Töne sind nun auch zu Hause gefragt. Mit der Ziege geht vor allem um das gegenseitige Verständnis. Hören Sie deshalb gut auf das, was Partner und Familie Ihnen jetzt mitteilen möchten und nehmen Sie sich deren Worte zu Herzen.

Manchmal sticht ein Mensch einfach so aus der Masse heraus und man weiß genau, dass eine Verbindung besteht. Gerade einsame Hähne können in diesem Monat erfahren, dass es manchmal einfach mehr Dinge gibt zwischen Himmel und Erde, als sie sie erklären könnte. Lassen Sie sich auf der zwischenmenschlichen Ebene ruhig darauf ein. Das Universum wird schon wissen, wohin es Sie führen möchte.

Beruf, Finanzen: Der Hahn ist bekannt dafür, dass er in entscheidenden Situationen ganz genau hinschaut. So wird es Ihnen wahrscheinlich gelingen, wichtige Zusammenhänge zu erkennen, die für das Gelingen des Projekts später enorm wichtig sein können. Sorgen Sie auf jeden Fall dafür, dass die Information nicht verloren geht.

Wenn im Augenblick nicht ganz so viel zu tun ist, wäre vielleicht ein guter Zeitpunkt für den Hahn, einmal wieder so richtig auszumisten... je mehr Platz Sie dabei schaffen, desto freier und unabhängiger werden Sie sich fühlen.

Tipp des Monats: Verleugnen Sie nicht Ihren Draht nach oben! Auch realistisch geprägte Menschen brauchen Magie in ihrem Leben!

SHIH Hund

Grundtendenz des Monats: Der Schwerpunkt dürfte jetzt für die meisten Hunde eindeutig im privaten Bereich liegen. Mit der Ziege rücken im Juli ehrgeizige Projekte zugunsten sozialer Verpflichtungen in den Hintergrund. Es dürfte Ihnen in der Regel nicht viel ausmachen, sich jetzt mehr auf Themen zu konzentrieren, bei denen das Wohl Ihrer Mitmenschen im Vordergrund steht. Vielleicht wollen Sie zum Start in den neuen Zwölfjahres-Zyklus eine ehrenamtliche Tätigkeit übernehmen?

Dem pragmatischen Hund fällt es sicher zuweilen schwer, nach innen zu schauen und mehr auf seine Intuition zu vertrauen. Gerade jetzt kann es aber sehr wertvoll für Sie sein, wenn Sie Ihr Bauchgefühl mehr beachten.

Liebe, Familie, Freundschaft: Treue und Zärtlichkeit sind Dinge, über die sich Partner und Familie nun besonders freuen. Je offener Sie Ihre Zuneigung zeigen, desto mehr bekommen Sie zurück. Da soll noch mal einer sagen, der Hund kann keine Gefühle zeigen!

Stabile Verhältnisse wünschen sich die meisten Hunde in einer Partnerschaft. Außer Loyalität und Mitgefühl ist es aber sicher auch wichtig, dass das Feuer füreinander nicht im Alltag auf der Strecke bleibt. Arbeiten Sie in diesem Monat besonders daran, sich diesen Funken gegenseitig zu erhalten.

Beruf, Finanzen: Viele Szenarien finden nun vor allem im Kopf statt und schaffen es erst gar nicht in die Realität. Das mag für den pragmatischen Hund nur schwer zu verstehen sein, ist aber ein ganz typische Muster der Ratte. Wer so viele unterschiedliche Ansätze fährt wie die aktuelle Jahresregentin kann einfach nicht alles auf einmal umsetzen.

Wenn sich für den Hund im Juli nicht genug bewegt, ist es legitim sich eine Auszeit zu nehmen. Wer keinen Urlaub machen kann, kann, im Büro einmal wieder gründlich aufräumen..

Tipp des Monats: Wenn Sie immer noch daran zweifeln, dass mehr gibt zwischen Himmel und Erde, sollten Sie jetzt wirklich genauer hinschauen.

HAN Schwein

Grundtendenz des Monats: Wenn Sie eines bislang im Jahr der Ratte gelernt haben dürften, dann ist das, wie wichtig es ist, 2020 mit seinen eigenen Reserven hauszuhalten. Wer sich in den vergangenen Monaten ständig auf die neuen Vorschläge der Jahresregentin eingelassen hat, wird sicher deutlich spüren, wie die Batterien immer leerer werden. Mit der Ziege an Ihrer Seite und einem guten Anteil an Yin-Wasser darf sich das Schwein nun ohne schlechtes Gewissen aus dem ganzen Trubel zurückziehen.

Ob Sie die Zeit für eine persönliche Innenschau nutzen oder dafür, Ihren Draht nach oben zu stärken, sollten Sie sich von niemandem vorschreiben lassen.

Liebe, Familie, Freundschaft: Für die Liebe brechen entspanntere Zeiten an. Mit Hilfe der mitfühlenden Ziege kann sich das Schwein noch besser auf seinen Partner einlassen und muss dabei nicht fürchten, enttäuscht zu werden.

Wer sich nun zu viele Gedanken über das Wohlergehen seiner Lieben macht, wird wohl kaum zur Ruhe kommen. Kümmern Sie sich nun lieber um Ihre eigenen Bedürfnisse! Vor allem von Ihren Kindern sollten Sie sich nun nicht um den Finger wickeln lassen. Zum Einen werden sie es nie lernen, wenn Sie Ihnen immer alles abnehmen. Zum Anderen bringen Sie sich so um Ihre wohlverdiente Freizeit.

Beruf, Finanzen: Mit der quirligen Ratte am Ruder ist es sicher nicht immer einfach für das Schwein, sich auf das Wesentliche zu konzentrieren. Trotzdem sollten Sie versuchen, sich nun nicht von verlockenden Angeboten ablenken zu lassen. Arbeiten Sie lieber erst einmal die geforderten Dinge ab. Sie sollten sich nun ja ohnehin nicht übernehmen.

Auch im größten Trubel können Sie nun Oasen der Ruhe schaffen. Es freut nicht nur Sie selbst, sondern auch Ihre Kollegen, wenn es Platz und Zeit zum durchatmen gibt.

Tipp des Monats: Die Familie spielt nun eine wichtige Rolle. Setzen Sie Ihre Prioritäten entsprechend!

Juli 2020	Jahreskonstellation – Metall-Ratte Monatskonstellation – Wasser-Ziege

1. Holz Schlange	Ratte Büffel Tiger Hase Drache Schlange Pferd Ziege Affe Hahn Hund Schwein **Günstig:** Ankündigungen machen, Beerdigungen, Trauerfeiern. **Ungünstig:** Handel, Vergnügungen, Freizeitaktivitäten
2. Feuer Pferd	Ratte Büffel Tiger Hase Drache Schlange Pferd Ziege Affe Hahn Hund Schwein **Günstig:** Kleidung schneidern, Handel, Buchhaltung, Ausflüge, neue Dinge beginnen **Ungünstig:** Geschäfte eröffnen, Kraftanstrengungen, Reisen, Ersparnisse ausgeben
3. Feuer Ziege	Ratte Büffel Tiger Hase Drache Schlange Pferd Ziege Affe Hahn Hund Schwein **Günstig:** Putzen, waschen, fasten, seelische und körperliche Pflege, Arztbesuche **Ungünstig:** Ausdauersport, Reisen, Hochzeit.
4. Erd Affe	Ratte Büffel Tiger Hase Drache Schlange Pferd Ziege Affe Hahn Hund Schwein **Günstig:** Umziehen, Reisen, Hochzeiten, Empfänge, wichtige Konferenzen. **Ungünstig:** geistige Arbeiten, Gartenarbeit, häusliche Tätigkeiten.
5. Erd Hahn	Ratte Büffel Tiger Hase Drache Schlange Pferd Ziege Affe Hahn Hund Schwein **Günstig:** Versammlungen, gerechte Verteilungen, Hochzeit, Konferenzen, Umzug **Ungünstig:** Gartenarbeit, Dinge zum Abschluss bringen.
6. Metall Hund	Ratte Büffel Tiger Hase Drache Schlange Pferd Ziege Affe Hahn Hund Schwein **Günstig:** Versammlungen, gerechte Verteilungen, Hochzeit, Konferenzen, Umzug **Ungünstig:** Gartenarbeit, Dinge zum Abschluss bringen.
7. Metall Schwein	Ratte Büffel Tiger Hase Drache Schlange Pferd Ziege Affe Hahn Hund Schwein **Günstig:** Gartenarbeit, Feiern, Hochzeit, Dinge zum Abschluss bringen. **Ungünstig:** keine Anschuldigungen gegen Dritte erheben.
8. Wasser Ratte	Ratte Büffel Tiger Hase Drache Schlange Pferd Ziege Affe Hahn Hund Schwein **Günstig:** Gartenarbeit, Hochzeit, Dinge zum Abschluss bringen. **Ungünstig:** Umzug, Reisen, Geschäftseröffnung
9. Wasser Büffel	Ratte Büffel Tiger Hase Drache Schlange Pferd Ziege Affe Hahn Hund Schwein **Günstig:** Ausruhen, Meditation, seinen Hobbys nachgehen. **Ungünstig:** wichtige Unternehmungen
10. Holz Tiger	Ratte Büffel Tiger Hase Drache Schlange Pferd Ziege Affe Hahn Hund Schwein **Günstig:** Amüsieren, mit Freunden ausgehen, Freizeitaktivitäten **Ungünstig:** geschäftliche Aktivitäten, neue Dinge anfangen.
11. Holz Hase	Ratte Büffel Tiger Hase Drache Schlange Pferd Ziege Affe Hahn Hund Schwein **Günstig:** für die meisten Aktivitäten, Geschäftsabschlüsse, Partnerschaft **Ungünstig:** negative Bemerkungen über andere Menschen.
12. Feuer Drache	Ratte Büffel Tiger Hase Drache Schlange Pferd Ziege Affe Hahn Hund Schwein **Günstig:** Handel, Geschäftseröffnungen, Hochzeiten und andere Feste planen. **Ungünstig:** Beerdigungen, Reisen, Arztbesuche.
13. Feuer Schlange	Ratte Büffel Tiger Hase Drache Schlange Pferd Ziege Affe Hahn Hund Schwein **Günstig:** Handwerkliche Aktivitäten, Handel, Hochzeiten, Reisen. **Ungünstig:** Trauerfeiern und Beerdigungen, schwere körperliche Arbeit.
14. Erd Pferd	Ratte Büffel Tiger Hase Drache Schlange Pferd Ziege Affe Hahn Hund Schwein **Günstig:** Ankündigungen machen, Beerdigungen, Trauerfeiern. **Ungünstig:** Handel, Vergnügungen, Freizeitaktivitäten.
15. Erd Ziege	Ratte Büffel Tiger Hase Drache Schlange Pferd Ziege Affe Hahn Hund Schwein **Günstig:** Kleidung schneidern, Handel, Buchhaltung, Ausflüge, neue Dinge beginnen **Ungünstig:** Geschäfte eröffnen, Kraftanstrengungen, Reisen, Ersparnisse ausgeben

Ob ein Tag besonders günstig für Ihr Tierzeichen ist, sehen Sie an folgenden Farben:
Rot = sehr günstig, Grau = günstig, Schwarz = nicht günstig

Jahreskonstellation – Metall-Ratte
Monatskonstellation – Wasser-Ziege

Juli 2020

16. Metall Affe	Ratte Büffel Tiger Hase Drache Schlange Pferd Ziege Affe Hahn Hund Schwein **Günstig:** Putzen, waschen, fasten, seelische und körperliche Pflege, Arztbesuche. **Ungünstig:** Ausdauersport, Reisen, Hochzeit.
17. Metall Hahn	Ratte Büffel Tiger Hase Drache Schlange Pferd Ziege Affe Hahn Hund Schwein **Günstig:** Umziehen, Reisen, Hochzeiten, Empfänge, wichtige Konferenzen. **Ungünstig:** geistige Arbeiten, Gartenarbeit, häusliche Tätigkeiten.
18. Wasser Hund	Ratte Büffel Tiger Hase Drache Schlange Pferd Ziege Affe Hahn Hund Schwein **Günstig:** Versammlungen, gerechte Verteilungen, Hochzeit, Konferenzen, Umzug **Ungünstig:** Gartenarbeit, Dinge zum Abschluss bringen.
19. Wasser Schwein	Ratte Büffel Tiger Hase Drache Schlange Pferd Ziege Affe Hahn Hund Schwein **Günstig:** Gartenarbeit, Feiern, Hochzeit, Dinge zum Abschluss bringen. **Ungünstig:** keine Anschuldigungen gegen Dritte erheben.
20. Holz Ratte	Ratte Büffel Tiger Hase Drache Schlange Pferd Ziege Affe Hahn Hund Schwein **Günstig:** Gartenarbeit, Hochzeit, Dinge zum Abschluss bringen. **Ungünstig:** Umzug, Reisen, Geschäftseröffnung
21. Holz Büffel	Ratte Büffel Tiger Hase Drache Schlange Pferd Ziege Affe Hahn Hund Schwein **Günstig:** Ausruhen, Meditation, seinen Hobbys nachgehen. **Ungünstig:** wichtige Unternehmungen.
22. Feuer Tiger	Ratte Büffel Tiger Hase Drache Schlange Pferd Ziege Affe Hahn Hund Schwein **Günstig:** Amüsieren, mit Freunden ausgehen, Freizeitaktivitäten **Ungünstig:** geschäftliche Aktivitäten, neue Dinge anfangen.
23. Feuer Hase	Ratte Büffel Tiger Hase Drache Schlange Pferd Ziege Affe Hahn Hund Schwein **Günstig:** für die meisten Aktivitäten, Geschäftsabschlüsse, Partnerschaft **Ungünstig:** negative Bemerkungen über andere Menschen.
24. Erd Drache	Ratte Büffel Tiger Hase Drache Schlange Pferd Ziege Affe Hahn Hund Schwein **Günstig:** Handel, Geschäftseröffnungen, Hochzeiten und andere Feste planen. **Ungünstig:** Beerdigungen, Reisen, Arztbesuche.
25. Erd Schlange	Ratte Büffel Tiger Hase Drache Schlange Pferd Ziege Affe Hahn Hund Schwein **Günstig:** Handwerkliche Aktivitäten, Handel, Hochzeiten, Reisen **Ungünstig:** Trauerfeiern und Beerdigungen, schwere körperliche Arbeit
26. Metall Pferd	Ratte Büffel Tiger Hase Drache Schlange Pferd Ziege Affe Hahn Hund Schwein **Günstig:** Ankündigungen machen, Beerdigungen, Trauerfeiern. **Ungünstig:** Handel, Vergnügungen, Freizeitaktivitäten
27. Metall Ziege	Ratte Büffel Tiger Hase Drache Schlange Pferd Ziege Affe Hahn Hund Schwein **Günstig:** Kleidung schneidern, Handel, Buchhaltung, Ausflüge, neue Dinge beginnen **Ungünstig:** Geschäfte eröffnen, Kraftanstrengungen, Reisen, Ersparnisse ausgeben
28. Wasser Affe	Ratte Büffel Tiger Hase Drache Schlange Pferd Ziege Affe Hahn Hund Schwein **Günstig:** Putzen, waschen, fasten, seelische und körperliche Pflege, Arztbesuche **Ungünstig:** Ausdauersport, Reisen, Hochzeit.
29. Wasser Hahn	Ratte Büffel Tiger Hase Drache Schlange Pferd Ziege Affe Hahn Hund Schwein **Günstig:** Umziehen, Reisen, Hochzeiten, Empfänge, wichtige Konferenzen. **Ungünstig:** geistige Arbeiten, Gartenarbeit, häusliche Tätigkeiten.
30. Holz Hund	Ratte Büffel Tiger Hase Drache Schlange Pferd Ziege Affe Hahn Hund Schwein **Günstig:** Versammlungen, gerechte Verteilungen, Hochzeit, Konferenzen, Umzug **Ungünstig:** Gartenarbeit, Dinge zum Abschluss bringen.
31. Holz Schwein	Ratte Büffel Tiger Hase Drache Schlange Pferd Ziege Affe Hahn Hund Schwein **Günstig:** Gartenarbeit, Feiern, Hochzeit, Dinge zum Abschluss bringen. **Ungünstig:** keine Anschuldigungen gegen Dritte erheben.

TZE
Ratte

Grundtendenz des Monats: Wer bislang den positiven Einfluss des Jahresregenten noch nicht spüren konnte, sollte jetzt durchstarten können. Schließlich springt der Ratte nun mit dem Affen ein Tierzeichen zur Seite, das sie in allen Belangen ohne Vorbehalte unterstützt. Affe und Ratte gelten in der Chinesischen Astrologie als lebhaft-kreative Kombination, die vor allem eines im Sinn haben - das Leben zu genießen! Dabei muss nicht immer unbedingt etwas Großes und Wichtiges herauskommen - Hauptsache, es macht allen Beteiligten so richtig Spaß!

In diesem Jahr hat der Affe dazu noch eine Extraportion Yang-Holz im Gepäck, um das persönliche Wachstum zu unterstützen.

Liebe, Familie, Freundschaft: Auch auf der privaten Ebene bekommt die Ratte in diesen Wochen deutlich mehr geschafft und muss sich dabei gar nicht so wahnsinnig anstrengen! Ihre Lieben helfen bereitwillig mit, wenn es darum geht, es für alle schön zu machen. Ihre Visionen können Sie in jetzt deutlich einfacher mit dem Partner teilen als noch in den Wochen zuvor. Das liegt sicher auch daran, dass der Affe Ihnen nun deutlich mehr Leichtigkeit verleiht.

So manche Ratte hat nun wirklich lange genug eine potentielle neue Liebe aus der Ferne betrachtet und theoretische Pläne geschmiedet. Jetzt ist es an der Zeit zu handeln! Trauen Sie sich ruhig - im August stehen die Zeichen gut dafür, dass Ihr Charme zündet.

Beruf, Finanzen: Gut durchdachte Ideen dürfen nun endlich präsentiert werden und sind reif für die Ausführung. Im August finden sich sicher Mitstreiter, die Ihr Projekt auf allen Ebenen unterstützen - sei es bei der Finanzierung oder der konkreten Umsetzung.

Mit dem Holz-Affen wird jetzt auch die Durchsetzungskraft der Ratte unterstützt. Das ist immer dann besonders hilfreich, wenn man Ihrer Argumentation nicht sofort folgen mag.

Tipp des Monats: Stellen Sie nun die Weichen für die nächsten Monate! Ihre Begeisterung kann so ansteckend sein!

KIU
Büffel

Grundtendenz des Monats: Spätestens jetzt sollte der Büffel wirklich aktiv werden, wenn er im Jahr der Metall-Ratte noch eine neue Richtung einschlagen möchte. Wer zu lange zögert, verpasst irgendwann komplett den Anschluss. Wenn Sie sich bislang immer noch Sorgen gemacht haben, ob das alles auch so seine Richtigkeit hat, können Sie nun wirklich ein wenig entspannen. Ein führungsstarker Holz-Affe zeigt ganz klar die Richtung an, in der Sie sich bewegen sollten.

Wem das immer noch nicht reicht, der kann ja gerne mit Hilfe der Ratte im Kopf noch einmal seine verschiedenen Optionen durchgehen, bevor er sich endgültig in Gang setzt.

Liebe, Familie, Freundschaft: Ratte und Affe sind ein wirklich gutes Team, das im August vor allem dafür sorgt, dass auf der privaten Ebene der Spaß nicht zu kurz kommt. Verzichten Sie deshalb in diesen Wochen ruhig auf die ernsthaften Themen und besinnen Sie sich gemeinsam mit Partner, Freunden und Familie auf das, was Ihnen wirklich Freude bereitet.

Ist der Büffel immer noch auf der Suche nach seiner perfekten Ergänzung? Vielleicht sollten Sie einfach Ihre Ansprüche ein wenig herunterschrauben und auch nicht ganz so makellosen Verbindungen eine Chance geben... Wenn Sie es nicht ausprobieren, werden Sie nie wissen, ob sich hinter der leicht angekratzten Fassade nicht doch noch der Schlüssel zu Ihrem ganz persönlichen Glück verbirgt.

Beruf, Finanzen: Ein bisschen mehr Abenteuerlust kann Ihnen in diesem Monat sicher nicht schaden, lieber Büffel. Mit Affen und Ratte als Unterstützung dürfte es auch den konservativeren Vertretern Ihrer Art leichter fallen, sich auf etwas Neues einzulassen. Auch wenn Sie vielleicht das Ergebnis nicht von vorne herein kontrollieren können - unbekannte Wege bringen auf jeden Fall jede Menge neuer Impulse.

Ein zusätzlicher Anteil an Yang-Holz macht es in diesen Wochen leichter, sich auszubreiten.

Tipp des Monats: Sie dürfen ruhig auch einmal in größeren Dimensionen denken!

YING Tiger

Grundtendenz des Monats: Die Kombination aus Ratte und Affe kann im August so manchen Tiger aus der Reserve locken. Schließlich lassen sich diese Beiden nur schwer kontrollieren und zeigen sich wenig beeindruckt von der natürlichen Autorität des Königs des Dschungels. Darin liegt in diesen Wochen aber auch die Chance für den Tiger. Mit mehr Leichtigkeit und weniger Kontrolle wird das Leben deutlich weniger anstrengend. So manches seiner gesetzten Ziele lässt sich so vielleicht sogar leichter erreichen als gedacht.

Das Yang-Holz des Tigers wird im August besonders gut unterstützt. Das sind wirklich hervorragende Voraussetzungen, um das persönliche Wachstum voranzutreiben.

Liebe, Familie, Freundschaft: Sie müssen sich nicht um jeden Preis immer durchsetzen! Wenn es um eher kleinere Entscheidungen im Alltag geht, können Sie wirklich auch mal den anderen den Vortritt lassen. Sollten Partner und Familie den Eindruck haben, dass sie nicht genug mitbestimmen dürfen, könnte es jetzt im Sommer schneller zu einer Palastrevolution kommen.

Mit dem Affen kann der Tiger auf der verbalen Ebene sicher besser glänzen als noch in den Wochen zuvor. Das macht sich vor allem dann bemerkbar, wenn es darum geht, mit Charme und schönen Worten ein Herz zu gewinnen.

Beruf, Finanzen: Mit spielerischer Leichtigkeit lassen sich nun die verschiedensten Optionen erst einmal ohne Konsequenzen durchspielen. Das gibt dem Tiger am Ende des Tages mehr Sicherheit und das Gefühl, seinen Weg noch besser zu kennen. Sollte sich bei den verschiedenen Szenarien eines als wirklich erfolgsversprechend herauskristallisieren, kann unmittelbar mit der Umsetzung begonnen werden.

Man mag nun mehr als sonst an Ihre Führungsqualitäten appellieren, lieber Tiger. Ob Sie die Aufforderung jetzt aber wirklich annehmen sollten, steht auf einem anderen Blatt.

Tipp des Monats: Gut durchdachte Ideen sind nun wirklich reif für die Ausführung. Gehen Sie mit der nötigen Leichtigkeit ans Werk!

MAO Hase

Grundtendenz des Monats: Der Wunsch nach mehr Selbstbestimmung dürfte in diesem Monat weiter wachsen und in Ihnen reifen, lieber Hase. Schließlich wird nun einmal mehr das Holz-Element gestärkt, was vor allem für Wachstum und Kreativität steht. Da ist es kein Wunder, dass der Hase nun seine eigenen Ziele mit vollem Einsatz verfolgen will und sich nur ungern von Anderen in seiner Entwicklung hemmen lassen mag.

Der Holz-Affe, der Sie im August begleitet, bestärkt Sie in Ihrem Vorhaben und spornt Sie an, aus Ihrem Schneckenhaus zu kommen. Jetzt ist wirklich genug geplant! Machen Sie sich endlich ans Werk!

Liebe, Familie, Freundschaft: So recht mögen Sie sich nicht entscheiden zwischen Familie und Beruf, lieber Hase. Das ist auch gar nicht nötig, denn gerade in der heutigen Zeit lassen sich beide Dinge recht gut verbinden. Sie brauchen allerdings einiges an Organisationstalent, wenn Sie Familie, Partner und Job unter einen Hut bringen wollen.

Fragen Sie sich deshalb in diesem Monat ruhig einmal, ob Ihnen beide Aspekte wirklich gleich wichtig sind. Sollte das der Fall sein, können Sie in beiden Welten zufrieden sein, solange Sie sich Ihren Spaß bei der Sache bewahren und kleinere Katastrophen mit Humor und Gelassenheit nehmen.

Beruf, Finanzen: Es mag Ihnen zwar nicht unbedingt behagen, aber in diesem Monat müssen Sie wirklich bereit sein, auch einmal die Führung zu übernehmen. Nur so können Sie sicherstellen, dass Ihre guten Ideen nicht einfach verpuffen. Mit dem Affen bekommen Sie jetzt einen Helfer zur Seite gestellt, der Ihnen wunderbar zeigen kann, wie Sie aktiver werden können. Haben Sie keine Angst - Sie bekommen keine Aufgaben, die Sie nicht auch lösen können.

Kreative Projekte lassen sich nun übrigens besonders gut umsetzen.

Tipp des Monats: Man kann sich auch auf diplomatischem Wege durchsetzen. Lassen Sie sich nicht die Butter vom Brot nehmen.

SHENG
Drache

Grundtendenz des Monats: Neben dem ideenreichen Jahresregenten steht dem Drachen im August noch ein praktisch begabter Holz-Affe zur Seite. Da sollte es nun wirklich kein Problem sein, ganz konkret an der Verwirklichung Ihrer Pläne zu arbeiten. Dabei kommt dem Drachen nun vor allem die Aufgabe zu, nach außen die Fortschritte aufzuzeigen und so die nötige Unterstützung aus fremden Reihen zu gewinnen.

Affe, Ratte und Drache stärken gemeinsam das Wasser-Element. Da ist es jetzt umso wichtiger, dass Sie bei Ihrer Kommunikation darauf achten, wie Sie sich ausdrücken.

Liebe, Familie, Freundschaft: Mit schwammigen Versprechungen kommen Sie bei Partner und Familie im August nicht weiter. Hier will man auf jeden Fall konkrete Zugeständnisse sehen! Es ist wirklich wichtig, dass Sie Ihre Lieben auf Ihrem wunderbaren Weg miteinbeziehen, lieber Drache! Ansonsten können die Gefühle schneller auf der Strecke bleiben, als Sie sich das im Augenblick vorstellen können.

So mancher Drache meint, dass sich das Meiste schon von selber regelt, aber auch auf der privaten Ebene wollen die verschiedenen Optionen durchgespielt und Entscheidungen bewusst getroffen werden.

Beruf, Finanzen: Wem es nun nicht gelingt, seine kreativen Projekte zum Erfolg zu tragen, dem ist kaum mehr zu helfen. Selten stehen die Sterne für Sie so gut wie in diesem Monat, wenn es darum geht, Ihre Visionen Wirklichkeit werden zu lassen. Dermaßen beflügelt kann dem Drachen nun auf der beruflichen Ebene wirklich alles gelingen - vom neuen Job, über Beförderung oder Gehaltserhöhung ist wirklich alles drin!

Ihre Ideen dürften nun genug durchdacht sein und warten auf die Umsetzung. Suchen Sie sich am besten ein Team, mit dem Sie nicht nur gemeinsam an den Start gehen, sondern auch bis zur Zielgeraden durchhalten.

Tipp des Monats: Jetzt bitte nicht zu viel auf einmal wollen! Selbst der Drache kann nicht auf verschiedenen Hochzeiten gleichzeitig tanzen.

SZE
Schlange

Grundtendenz des Monats: So mancher Schlange mag es nun ein wenig an der nötigen Erdung fehlen. Das liegt zum einen daran, dass mit der Ratte ein eher kopf- und gedankenlastiges Tierzeichen das Zepter in der Hand hält. Zum Anderen ist das stabilisierende Erd-Element in diesem Monat kaum ausgeprägt. Damit Sie sich in Ihrer Mitte fühlen können, sollten Sie deshalb nun auf jeden Fall die Erde unterstützen - sei es durch entsprechende Körper- und Atemübungen oder durch eine Ernährung mit nährenden Getreidegerichten oder Wurzelgemüse.

In der Ruhe liegt in diesem Monat sicher weniger die Kraft für die Schlange. Jetzt geht es mehr darum, die Dinge wirklich zu erledigen.

Liebe, Familie, Freundschaft: Im August bringt der Holz-Affe mehr Leichtigkeit ins Leben der Schlange - wenn sie das zulässt! Da ist nun wirklich kein Platz für Zweifel oder Eifersucht. Wer zu viel darüber nachdenkt, was eventuell sein könnte, kommt nie an den Punkt, wo er einfach nur genießen kann.

Manchmal ist es gar nicht so schwer, sich spontan für eine Richtung zu entscheiden. Sie machen es Ihrem Partner aber nicht unbedingt leichter, wenn Sie sofort danach von Zweifeln geplagt noch mal die Meinung ändern wollen. Stehen Sie jetzt ruhig auch einmal zu verrückteren Ideen und überraschen Sie Ihre bessere Hälfte mit mehr Risikobereitschaft.

Beruf, Finanzen: Mit dem Affen bekommt die Ratte einen sehr aktiven Gesellen zur Seite gestellt. Diese beiden können Sie nun wunderbar dabei unterstützen, neue Projekte nicht nur zu planen, sondern auch gleich umzusetzen. Bitte denken Sie nicht zu lange nach, wenn sich nun eine solche Gelegenheit bietet, liebe Schlange! Greifen Sie lieber mit beiden Händen zu und machen Sie Nägel mit Köpfen. Manche Dinge muss man einfach mal ausprobieren, um auf den Geschmack zu kommen.

Tipp des Monats: Jetzt ist es Zeit, etwas zu tun! Lassen Sie sich nicht von Ihrem Umfeld ausbremsen.

WU Pferd

Grundtendenz des Monats: Mit dem Affen bekommt die Metall-Ratte im August ein Tierzeichen zur Seite gestellt, das ihre Interessen hervorragend umzusetzen weiß. Für das Pferd ist es deshalb am einfachsten, jetzt mit dem Strom zu schwimmen und sich an die herrschenden Gegebenheiten anzupassen. Es macht recht wenig Sinn, auf die eigenen Ideen zu pochen, wenn die Vorschläge der Anderen vielversprechender sind. Sie dürfen ruhig zugeben, wenn Sie falsch gelegen haben.

Kreative Prozesse werden in diesem Monat besonders gefördert. Wer sich hier also weiterentwickeln will, sollte die Gelegenheit beim Schopfe greifen.

Liebe, Familie, Freundschaft: Ihr Partner mag es nun wieder gerne sehen, wenn Sie die Führung übernehmen. Wenn Sie sich mit dieser Rolle wohlfühlen, ist dagegen nichts einzuwenden. Allerdings sollte das nicht dazu führen, dass ab sofort die komplette Verantwortung allein auf Ihren Schultern ruht.

Affe und Ratte sind ausgesprochen gesellig. Laden Sie ruhig einmal wieder Ihre Freunde ein oder veranstalten Sie ein Sommerfest mit der Familie. Gute Gespräche und viel Spaß sind nun garantiert, wenn man jetzt mit lieben Menschen zusammenkommt.

Beruf, Finanzen: Wenn es nun Kollegen gibt, die scheinbar einen besseren Ansatz für die Problemlösung haben, sollten Sie das Ganze sportlich sehen und sich dem anderen Konzept anschließen. Am Ende zählt ohnehin nur das Ergebnis und keinen interessiert es wirklich, wie man dahin gekommen ist.

Es mag sicher nicht immer ganz einfach sein für das Pferd, im Jahr der Ratte die eigenen Ideen so reifen zu lassen, dass sie wirklich umgesetzt werden können. Mit dem Affen sollte es in diesen Wochen aber etwas leichter sein als bisher, die richtigen Voraussetzungen zu schaffen. Sie dürfen also wirklich loslegen.

Tipp des Monats: Ein bisschen mehr Flexibilität kann dem Pferd zuweilen nicht schaden. Passen Sie Ihre Pläne jetzt an die Realität an!

WEI Ziege

Grundtendenz des Monats: Der Holz-Affe unterstützt die Jahresregentin im August und bringt nach den eher ruhigen letzten Wochen wieder deutlich mehr Leben in die Bude. Das mag vor allem den eher introvertierten Ziegen-Persönlichkeiten nicht unbedingt behagen. Es zwingt Sie jetzt wirklich niemand, sich mehr ins Rampenlicht zu begeben, liebe Ziege. Wenn Sie aber mehr glänzen wollen, müssen Sie wohl oder übel mehr ins Licht treten.

Im Jahr der Ratte läuft auch die Ziege zuweilen Gefahr, zu viel zu denken und zu wenig zu tun. Da kann der Affe nun sicher den Startschuss geben, damit sie sich mehr mit der Umsetzung ihrer Pläne befasst.

Liebe, Familie, Freundschaft: Der Spaß sollte in diesen Wochen in Ihrem Privatleben nicht zu kurz kommen. Gehen Sie vor die Tür, wenn Sie auf der Suche nach Gesellschaft sind und wagen Sie einen Flirt. Wer sich von alten Gefühlen frei manchen kann, kann nun vielleicht ein neues Glück finden.

Auch wenn Sie sich dafür nun auf die Zunge beissen müssen, sollten Sie sich nicht einmischen, wenn Ihre Lieben Meinungsverschiedenheiten untereinander austragen. Beide Seiten sind sehr wohl in der Lage, alleine einen Weg aus dem Konflikt zu finden.

Beruf, Finanzen: Die Ratte hat die Idee, der Affe macht es - so lautet eine Weisheit aus dem Tierkreis. Da muss sich die Ziege nun unter Umständen sputen, um ein gewisses Mitspracherecht zu bekommen. Sonst kann es leicht passieren, dass sich die Dinge nun ohne Ihren Input in Bewegung setzen. Sollte die Richtung für Sie stimmen, ist das nicht weiter schlimm. Sie können sich auch im späteren Verlauf des Projektes noch einbringen. Geht Ihnen das Ganze allerdings gegen die eigenen Prinzipien, wäre es wahrscheinlich das Beste, aus der Sache auszusteigen. Die Ratte hat sicher noch einige andere interessante Projekte für Sie.

Tipp des Monats: Nur wenn man Sie bittet, als Vermittler zu fungieren, dürfen Sie sich einmischen.

SUNG
Affe

Grundtendenz des Monats: Der Affe darf sich im August über die Unterstützung eines besonders kreativen Artgenossen freuen. Sobald man Sie in die richtige Richtung schubst, können Sie sich so richtig austoben und alle Ihre wunderbaren Fähigkeiten einbringen. Damit daraus nicht zu viel Chaos entsteht, bleibt es aber wichtig, dem eigenen Tun eine gewisse Struktur zu geben.

Unterwegs und auf Reisen bekommt der Affe in diesen Wochen die besten Inspirationen. Da macht es nun wirklich kein Sinn, in den eigenen vier Wänden hocken zu bleiben. Gehen Sie nach draußen, genießen Sie den Sommer und lernen Sie dabei viele interessante neue Menschen kennen!

Liebe, Familie, Freundschaft: Natürlich schenkt die Ratte dem Affen 2020 besonders viel Aufmerksamkeit und er kann in fast allen Bereichen glänzen. Vergessen Sie dabei aber bitte nicht, dass es Partner und Familie vielleicht nicht so ergeht. Für die meisten anderen Tierzeichen kann das Rattenjahr nämlich ganz schön anstrengend sein! Damit hier kein Neid oder Frust aufkommt, ist es wichtig, dass sich der Affe wenn nötig entsprechend zurücknimmt.

Zu viel Aktivität kann Freunde und Familie nun eher verschrecken als erfreuen! Wie wäre es, wenn Sie es den anderen überlassen, gemeinsame Aktionen zu planen? Es ist doch schön, wenn Sie sich mal um nichts kümmern müssen.

Beruf, Finanzen: Sie haben Ihr Projekt gut durchdacht? Dann ist nun der perfekte Zeitpunkt, um den endgültigen Startschuss zu geben. Im August können Sie sich der Unterstützung von Kollegen, Vorgesetzten oder Kunden gewiss sein.

Zu viele Möglichkeiten und zu wenig Zeit? Mit der Hilfe der Regentin können Sie die Optionen noch einmal bis ins Detail im Kopf durchspielen. Wenn das nun länger dauert, kann eine endgültige Entscheidung ruhig auch erst im September getroffen werden.

Tipp des Monats: Alles, was Sie nun initiieren, sollte vor allem der Verbesserung Ihrer Lebensqualität dienen.

YU
Hahn

Grundtendenz des Monats: Mit dem Holz-Affen an der Seite geht Ihnen in diesen Wochen sicher alles leichter von der Hand. Spätestens jetzt sollten Sie sich also ein wenig mehr entspannen und die Regentschaft der Metall-Ratte mehr genießen. Nun geht es wirklich nicht darum, überall einen makellosen Eindruck zu hinterlassen. Bleiben Sie einfach im Fluss und schauen Sie, wohin Sie dabei ganz ohne Ihr Zutun getragen werden. Wenn es Ihnen dort nicht gefällt, zwingt Sie ja niemand dazubleiben.

Einmal mehr ist in diesem und im nächsten Monat das Erd-Element nur schwach vertreten. Achten Sie deshalb unbedingt darauf, dass Sie sich nicht zu sehr in der Gedankenwelt verlieren.

Liebe, Familie, Freundschaft: Ein wenig mehr Lässigkeit steht Ihnen auch im Privatleben gut zu Gesicht. Mittlerweile müssten Sie gelernt haben, dass sich mit der sprunghaften Regentin ohnehin nicht lange im Voraus planen lässt. Da können Sie nun ruhig auch mit Ihren Lieben ein wenig nachsichtiger sein, wenn die sich nicht an Ihre Zeitpläne halten.

Machen Sie sich nun nicht so viele Gedanken um Äußerlichkeiten, sondern sorgen Sie lieber dafür, dass in der Partnerschaft der Spaß nicht zu kurz kommt. Wer gemeinsam lachen kann, schafft die besten Voraussetzungen für eine gesunde und dauerhafte Beziehung.

Beruf, Finanzen: Auf der beruflichen Ebene ist der Affe der ideale Partner für den Hahn. Er erinnert ihn nämlich immer wieder daran, dass Perfektion bei Weitem nicht alles ist. Lassen Sie nun ruhig auch einmal Fünfe gerade sein - am Ende des Tages schaut wahrscheinlich niemand sonst so genau hin wie Sie selbst.

Ist ein Projekt gut durchdacht und fertig geplant, spricht nun wirklich nichts dagegen, mit der Ausführung zu beginnen. Lassen Sie sich also jetzt nicht einreden, dass Sie noch weiter warten müssen.

Tipp des Monats: Halten Sie sich jetzt nicht mit Kleinigkeiten auf, sondern streben Sie das große Ziel an.

SHIH
Hund

Grundtendenz des Monats: Im August erinnert ein flinker Holz-Affe den Hund daran, dass nichts beständiger ist als der Wandel. Deshalb ist es gerade zum Start in einen neuen Zwölfjahres-Zyklus nötig, sich von alten Gewohnheiten zu trennen. Mit der innovativen Ratte am Ruder ist es selbst für den Hund nicht möglich, alles beim Alten zu belassen. Nehmen Sie das Angebot zu Veränderung also ruhig an - Sie müssen ja nicht gleich alles Bisherige über den Haufen werfen.

Wer nun aktiv das Ruder in die Hand nimmt, kann sein persönliches Wachstum wirklich voranbringen und seine Lebensqualität nachhaltig verbessern.

Liebe, Familie, Freundschaft: Mit einem Affen an der Seite kommt der Spaß in diesem Monat sicher nicht zu kurz. Schließlich besteht das Leben nicht nur aus Verpflichtungen. Das sieht übrigens auch die Ratte so und liefert Ihnen im August sicher einige gute Ideen, was Sie in Ihrer Freizeit mit Freunden, Familie oder Partner unternehmen können. Stürzen Sie sich also ruhig ohne Bedenken ins Vergnügen.

Schauen Sie jetzt bitte nicht zu streng darauf, dass sich alle hundertprozentig an die Regeln halten. Gemeinsame Abenteuer schaffen eine ganz besondere Bindung - da darf man auch mal Fünfe gerade sein lassen, solange niemand dabei einen Nachteil hat.

Beruf, Finanzen: Irgendwann hat auch die klügste Ratte mal genug geplant und muss sich an die Umsetzung wagen. Dieser Zeitpunkt dürfte nun gekommen sein, denn Sie haben in den vergangenen Monaten die verschiedenen Optionen wirklich oft genug durchgespielt. Zögern Sie also nicht länger! Sie wollen doch nicht, dass Ihnen jemand zuvorkommt, oder?

Wer nun weiß, was er will, kann sich ohne Probleme durchsetzen. Man schätzt es in Ihrer Umgebung durchaus, wenn der loyale Hund auch mal die Führung übernimmt.

Tipp des Monats: Wenn Sie die Lösung erkannt haben, spricht nun nichts dagegen, Ihren Einfall auch umzusetzen!

HAN
Schwein

Grundtendenz des Monats: Mit dem Affen tritt nach der ruhigen Ziege nun wieder ein Tierzeichen an die Seite der Ratte, das kräftig auf das Tempo drückt.. Mit der Gemütlichkeit dürfte es also erst einmal wieder vorbei sein, liebes Schwein. Jetzt geht es mehr darum, im Alltag den Überblick zu behalten und sich nicht für zu viele Dinge auf einmal zu engagieren.

Künstlerisch begabte Schweine dürfen sich nun darüber freuen, dass die Regentin nicht nur ihre Ideen sondern nun auch deren Umsetzung voll und ganz unterstützt. So kann so manch kreatives Projekt aus seinem Dornröschenschlaf erweckt und in die Welt gebracht werden.

Liebe, Familie, Freundschaft: Vielleicht muss das Schwein in der Partnerschaft nun ganz klar die Führung übernehmen. Mit der herrschenden Energie macht sich unter Umständen sonst leicht Verwirrung breit. Wenn der Weg für beide nicht ganz klar ist, kann es sinnvoll sein, sich Hilfe zu suchen.

Wie viele Einschränkungen im Privatleben sind Sie bereit hinzunehmen, um auf anderen Ebenen mehr durchzustarten? Für alleinstehende Schweine ist diese Frage sicher nicht so schwer zu beantworten wie für diejenigen mit Familienanschluss. Diesen Monat kommen Sie vielleicht noch damit durch, sich nicht festzulegen. Ab September sieht die Sache allerdings anders aus.

Beruf, Finanzen: Sie wollen sich mehr ausbreiten, liebes Schwein? Dann wird es nun wirklich Zeit, dass Sie Ihre Gedanken dazu laut äußern. Sie können nicht erwarten, dass Chef und Kollegen von alleine erkennen, was Sie sich wünschen. Sprechen Sie es aus und präsentieren Sie dann gleich am besten auch schon Ihren Plan zur Umsetzung. Dann wird wohl kaum jemand nein sagen können.

Manchmal muss man sich von alten Dingen trennen, um Platz zu schaffen und einfach mehr Zeit für das zu haben, was einen wirklich erfüllt.

Tipp des Monats: Die Freude am Tun sollte in diesem Monat wirklich nicht zu kurz kommen.

August 2020	Jahreskonstellation – Metall-Ratte Monatskonstellation – Holz-Affe

1. Feuer Ratte	Ratte Büffel Tiger Hase Drache Schlange Pferd Ziege Affe Hahn Hund Schwein **Günstig:** Gartenarbeit, Hochzeit, Dinge zum Abschluss bringen. **Ungünstig:** Umzug, Reisen, Geschäftseröffnung
2. Feuer Büffel	Ratte Büffel Tiger Hase Drache Schlange Pferd Ziege Affe Hahn Hund Schwein Günstig: Ausruhen, Meditation, seinen Hobbys nachgehen. **Ungünstig:** wichtige Unternehmungen.
3. Erd Tiger	Ratte Büffel Tiger Hase Drache Schlange Pferd Ziege Affe Hahn Hund Schwein **Günstig:** Amüsieren, mit Freunden ausgehen, Freizeitaktivitäten **Ungünstig:** geschäftliche Aktivitäten, neue Dinge anfangen.
4. Erd Hase	Ratte Büffel Tiger Hase Drache Schlange Pferd Ziege Affe Hahn Hund Schwein **Günstig:** für die meisten Aktivitäten, Geschäftsabschlüsse, Partnerschaft **Ungünstig:** negative Bemerkungen über andere Menschen.
5. Metall Drache	Ratte Büffel Tiger Hase Drache Schlange Pferd Ziege Affe Hahn Hund Schwein **Günstig:** Handel, Geschäftseröffnungen, Hochzeiten und andere Feste planen. **Ungünstig:** Beerdigungen, Reisen, Arztbesuche.
6. Metall Schlange	Ratte Büffel Tiger Hase Drache Schlange Pferd Ziege Affe Hahn Hund Schwein **Günstig:** Handel, Geschäftseröffnungen, Hochzeiten und andere Feste planen. **Ungünstig:** Beerdigungen, Reisen, Arztbesuche.
7. Wasser Pferd	Ratte Büffel Tiger Hase Drache Schlange Pferd Ziege Affe Hahn Hund Schwein **Günstig:** Handwerkliche Aktivitäten, Handel, Hochzeiten, Reisen **Ungünstig:** Trauerfeiern und Beerdigungen, schwere körperliche Arbeit
8. Wasser Ziege	Ratte Büffel Tiger Hase Drache Schlange Pferd Ziege Affe Hahn Hund Schwein **Günstig:** Ankündigungen machen, Beerdigungen, Trauerfeiern. **Ungünstig:** Handel, Vergnügungen, Freizeitaktivitäten
9. Holz Affe	Ratte Büffel Tiger Hase Drache Schlange Pferd Ziege Affe Hahn Hund Schwein **Günstig:** Kleidung schneiden, Handel, Buchhaltung, Ausflüge, neue Dinge beginnen **Ungünstig:** Geschäfte eröffnen, Kraftanstrengungen, Reisen, Ersparnisse ausgeben
10. Holz Hahn	Ratte Büffel Tiger Hase Drache Schlange Pferd Ziege Affe Hahn Hund Schwein **Günstig:** Putzen, waschen, fasten, seelische und körperliche Pflege, Arztbesuche **Ungünstig:** Ausdauersport, Reisen, Hochzeit.
11. Feuer Hund	Ratte Büffel Tiger Hase Drache Schlange Pferd Ziege Affe Hahn Hund Schwein **Günstig:** Umziehen, Reisen, Hochzeiten, Empfänge, wichtige Konferenzen. **Ungünstig:** geistige Arbeiten, Gartenarbeit, häusliche Tätigkeiten.
12. Feuer Schwein	Ratte Büffel Tiger Hase Drache Schlange Pferd Ziege Affe Hahn Hund Schwein **Günstig:** Versammlungen, gerechte Verteilungen, Hochzeit, Konferenzen, Umzug. **Ungünstig:** Gartenarbeit, Dinge zum Abschluss bringen.
13. Erd Ratte	Ratte Büffel Tiger Hase Drache Schlange Pferd Ziege Affe Hahn Hund Schwein **Günstig:** Gartenarbeit, Feiern, Hochzeit, Dinge zum Abschluss bringen. **Ungünstig:** keine Anschuldigungen gegen Dritte erheben.
14. Erd Büffel	Ratte Büffel Tiger Hase Drache Schlange Pferd Ziege Affe Hahn Hund Schwein **Günstig:** Gartenarbeit, Hochzeit, Dinge zum Abschluss bringen. **Ungünstig:** Umzug, Reisen, Geschäftseröffnung.
15. Metall Tiger	Ratte Büffel Tiger Hase Drache Schlange Pferd Ziege Affe Hahn Hund Schwein **Günstig:** Handwerkliche Aktivitäten, Handel, Hochzeiten, Reisen **Ungünstig:** Trauerfeiern und Beerdigungen, schwere körperliche Arbeit

Ob ein Tag besonders günstig für Ihr Tierzeichen ist, sehen Sie an folgenden Farben:
Rot = sehr günstig, Grau = günstig, Schwarz = nicht günstig

Jahreskonstellation – Metall-Ratte
Monatskonstellation – Holz-Affe

August 2020

16. Metall Hase	Ratte Büffel Tiger Hase Drache Schlange Pferd Ziege Affe Hahn Hund Schwein **Günstig:** Amüsieren, mit Freunden ausgehen, Freizeitaktivitäten. **Ungünstig:** geschäftliche Aktivitäten, neue Dinge anfangen.
17. Wasser Drache	Ratte Büffel Tiger Hase Drache Schlange Pferd Ziege Affe Hahn Hund Schwein **Günstig:** für die meisten Aktivitäten, Geschäftsabschlüsse, Partnerschaft **Ungünstig:** negative Bemerkungen über andere Menschen.
18. Wasser Schlange	Ratte Büffel Tiger Hase Drache Schlange Pferd Ziege Affe Hahn Hund Schwein **Günstig:** Handel, Geschäftseröffnungen, Hochzeiten und andere Feste planen. **Ungünstig:** Beerdigungen, Reisen, Arztbesuche.
19. Holz Pferd	Ratte Büffel Tiger Hase Drache Schlange Pferd Ziege Affe Hahn Hund Schwein **Günstig:** Handwerkliche Aktivitäten, Handel, Hochzeiten, Reisen **Ungünstig:** Trauerfeiern und Beerdigungen, schwere körperliche Arbeit
20. Holz Ziege	Ratte Büffel Tiger Hase Drache Schlange Pferd Ziege Affe Hahn Hund Schwein **Günstig:** Ankündigungen machen, Beerdigungen, Trauerfeiern. **Ungünstig:** Handel, Vergnügungen, Freizeitaktivitäten
21. Feuer Affe	Ratte Büffel Tiger Hase Drache Schlange Pferd Ziege Affe Hahn Hund Schwein **Günstig:** Kleidung schneidern, Handel, Buchhaltung, Ausflüge, neue Dinge beginnen **Ungünstig:** Geschäfte eröffnen, Kraftanstrengungen, Reisen, Ersparnisse ausgeben
22. Feuer Hahn	Ratte Büffel Tiger Hase Drache Schlange Pferd Ziege Affe Hahn Hund Schwein **Günstig:** Putzen, waschen, fasten, seelische und körperliche Pflege, Arztbesuche **Ungünstig:** Ausdauersport, Reisen, Hochzeit
23. Erd Hund	Ratte Büffel Tiger Hase Drache Schlange Pferd Ziege Affe Hahn Hund Schwein **Günstig:** Umziehen, Reisen, Hochzeiten, Empfänge, wichtige Konferenzen. **Ungünstig:** geistige Arbeiten, Gartenarbeit, häusliche Tätigkeiten.
24. Erd Schwein	Ratte Büffel Tiger Hase Drache Schlange Pferd Ziege Affe Hahn Hund Schwein **Günstig:** Versammlungen, gerechte Verteilungen, Hochzeit, Konferenzen, Umzug **Ungünstig:** Gartenarbeit, Dinge zum Abschluss bringen.
25. Metall Ratte	Ratte Büffel Tiger Hase Drache Schlange Pferd Ziege Affe Hahn Hund Schwein **Günstig:** Gartenarbeit, Feiern, Hochzeit, Dinge zum Abschluss bringen. **Ungünstig:** keine Anschuldigungen gegen Dritte erheben.
26. Metall Büffel	Ratte Büffel Tiger Hase Drache Schlange Pferd Ziege Affe Hahn Hund Schwein Günstig: Gartenarbeit, Hochzeit, Dinge zum Abschluss bringen. Ungünstig: Umzug, Reisen, Geschäftseröffnung
27. Wasser Tiger	Ratte Büffel Tiger Hase Drache Schlange Pferd Ziege Affe Hahn Hund Schwein **Günstig:** Ausruhen, Meditation, seinen Hobbys nachgehen. **Ungünstig:** wichtige Unternehmungen.
28. Wasser Hase	Ratte Büffel Tiger Hase Drache Schlange Pferd Ziege Affe Hahn Hund Schwein **Günstig:** Amüsieren, mit Freunden ausgehen, Freizeitaktivitäten **Ungünstig:** geschäftliche Aktivitäten, neue Dinge anfangen.
29. Holz Drache	Ratte Büffel Tiger Hase Drache Schlange Pferd Ziege Affe Hahn Hund Schwein **Günstig:** für die meisten Aktivitäten, Geschäftsabschlüsse, Partnerschaft **Ungünstig:** negative Bemerkungen über andere Menschen.
30. Holz Schlange	Ratte Büffel Tiger Hase Drache Schlange Pferd Ziege Affe Hahn Hund Schwein **Günstig:** Handel, Geschäftseröffnungen, Hochzeiten und andere Feste planen. **Ungünstig:** Beerdigungen, Reisen, Arztbesuche.
31. Feuer Pferd	Ratte Büffel Tiger Hase Drache Schlange Pferd Ziege Affe Hahn Hund Schwein **Günstig:** Handwerkliche Aktivitäten, Handel, Hochzeiten, Reisen **Ungünstig:** Trauerfeiern und Beerdigungen, schwere körperliche Arbeit

TZE
Ratte

Grundtendenz des Monats: Mit dem Hahn kommt im September eine ordentliche Portion Yin-Metall ins Spiel. Das hilft der Ratte nun dabei, sich nicht in verschiedenen Projekten zu verzetteln, sondern sich auf die Aufgaben zu konzentrieren, die wirklich erledigt werden müssen. Je disziplinierter Sie sich nun zeigen, desto schneller können Sie von der Pflicht zur Kür übergehen.

Es mag so scheinen, dass man in diesem Monat in Ihrem Umfeld mehr auf Äußerlichkeiten achtet als sonst. Das können Sie geflissentlich ignorieren oder für sich nutzen, in dem Sie sich ein bisschen mehr Mühe mit Ihrer Erscheinung geben und Ihre Umgebung so überraschen.

Liebe, Familie, Freundschaft: Es ist wirklich keine Schande, wenn Sie sich gerade in Gegenwart eines neuen Partners zunächst einmal etwas unsicher fühlen. Anstatt das aber nun zu verbergen, sollten Sie lieber dazu stehen und gemeinsam herausfinden, woran das liegt.

Bei neuen Kontakten dürfen Sie sich ruhig ein bisschen mehr auf Ihr Bauchgefühl verlassen, liebe Ratte. Ist der erste Eindruck nicht positiv, kann man sich viel Ärger ersparen, wenn man sich gleich zurückzieht.

Im Jahr der Metall-Ratte besteht die Tendenz, dass Sie zu viel darüber nachdenken, was sein könnte, anstatt aktiv zu werden. Gerade im Bereich der persönlichen Beziehungen sollten Sie sich nicht einschränken.

Beruf, Finanzen: Manchmal gehört das Klappern einfach zum Handwerk. Mit dem Hahn an ihrer Seite darf die Ratte ohne Zurückhaltung zeigen, was sie wirklich kann. Keine falsche Bescheidenheit - vielerorts wird regelrecht erwartet, dass Sie mehr zeigen, was in Ihnen steckt!

Auf der finanziellen Ebene mag so manche Ratte nun besser einen Fachmann um Rat fragen, bevor sie handelt. So lassen sich wichtige Entscheidungen noch einmal von neutraler Stelle überprüfen.

Tipp des Monats: Die Wahl des richtigen Zeitpunkts ist wirklich wichtig! Überlegen Sie gut, was Sie wann präsentieren!

KIU
Büffel

Grundtendenz des Monats: Ein starker Metall-Anteil unterstützt den Büffel im September. So können Sie nicht nur mit Disziplin die nötigen Arbeiten erledigen, sondern sich auch gleichzeitig besser von den Dingen lossagen, die Sie bislang in Ihrem Weiterkommen behindert haben.

Auch wenn es für einen kurzfristigen Erfolg vielleicht hilfreich wäre, sich zu verstellen, dürfte das keine gute Idee sein. Der Büffel ist nicht dazu geschaffen, eine Fassade lange aufrecht zu erhalten. Da können Sie Ihre Energie lieber gleich in andere Dinge stecken.

Liebe, Familie, Freundschaft: Sollte Ihnen noch etwas auf der Seele liegen, wäre es jetzt sicher besser, sorgfältig abzuwägen, wann Sie sich offenbaren. Manchmal ist der richtige Zeitpunkt entscheidend dafür, wie Partner und Familie die Sache aufnehmen. Mehr Unterstützung bekommen Sie wahrscheinlich, wenn Sie noch einen Monat warten.

Wer auf der Suche nach einem Partner ist, kann sich im September sicher frische Hoffnungen machen. Mit dem Hahn hilft Ihnen nun ein Tierzeichen, was sich ganz hervorragend darauf versteht, zu glänzen und sich nicht zu schade ist, dem Büffel bei seiner eigenen Darstellung zu helfen. So können Sie jetzt für einen potentiellen Partner in einem schmeichelhaften Licht erscheinen.

Beruf, Finanzen: Ihre Geduld ist im Jahr der Ratte bislang noch nicht auf die Probe gestellt worden. So empfinden Sie es in diesen Wochen vielleicht als lästig, dass gewisse Entscheidungen auf einer höheren Ebene immer noch auf sich warten lassen - und das obwohl Sie das Ganze akribisch vorbereitet haben!

Es macht keinen Sinn, sich nun mit Chef oder Mitarbeitern anzulegen, lieber Büffel! Am besten machen Sie einfach Ihren Job! Man wird schon früh genug merken, wenn Ihre Einwände berechtigt waren.

Tipp des Monats: Sie dürfen Ihr Selbstbewusstsein ruhig ein wenig mehr nach außen ausstrahlen. Sie können schließlich stolz auf sich sein!

YING
Tiger

Grundtendenz des Monats: Mit einem guten zusätzlichen Anteil an Yin-Holz darf der Tiger seine Pläne weiter verfolgen. Dabei kann er sich nun voll und ganz auf sein Gefühl verlassen, denn seine Intuition wird im September gut gestärkt. Vielleicht stellen Sie jetzt fest, dass sich nicht immer alle Dinge ausschließlich mit Logik erklären lassen.

In diesen Wochen geht es in vielen Bereichen darum, den richtigen Zeitpunkt für Ihr Handeln zu erkennen. Dafür ist nicht nur eine besonders gute Konzentration erforderlich, sondern auch die Fähigkeit zum Zuhören. Je weniger wichtig Sie sich selbst dabei nehmen, desto klarer wird der Weg, den Sie einschlagen sollten.

Liebe, Familie, Freundschaft: Viele Tiger tun sich recht schwer damit, wenn man sie bei Entscheidungen außen vor lässt. Als Teil des Familienverbundes verlangen sie mindestens ein Mitspracherecht, auch wenn die Sache eigentlich nicht viel mit ihnen selbst zu tun hat. Partner und Familie werden in diesem Monat jedoch wahrscheinlich nicht so leicht nachgeben und dem Tiger zu verstehen geben, wenn er klar seine Kompetenz überschritten hat.

Einsame Tiger sollten sich mit Hilfe des extrovertierten Hahns mehr Gedanken über Ihre Außenwirkung machen. Vielleicht braucht es in dem Bereich ein wenig Auffrischung?

Beruf, Finanzen: Wenn Sie nicht komplett hinter einer Sache stehen, sollten Sie lieber die Finger davon lassen. Der Hahn mag Ihnen jetzt noch so sehr die neuesten Trends ans Herz legen - am Ende des Tages müssen Sie überzeugt sein. Wie wollen Sie sonst Ihre Entscheidung rechtfertigen? Mal ganz abgesehen davon, dass Sie damit dann auch nicht glücklich werden.

Manchmal muss selbst der König des Dschungels sich unterordnen. Tun Sie das nun bitte ohne großes Murren und mit dem nötigen Respekt. Das würden Sie auf der anderen Seite auch von allen erwarten.

Tipp des Monats: Wer zu sehr nach seinen eigenen Regeln lebt, wird sich schnell einsam fühlen. Öffnen Sie sich für neue Ansätze!

MAO
Hase

Grundtendenz des Monats: Im Grunde ist der Hase ein soziales Wesen. Trotzdem fällt es ihm in diesen Wochen vielleicht nicht so leicht, das zu zeigen. Das liegt wahrscheinlich an dem stolzen Hahn, der sich im September zur Metall-Ratte gesellt. Der steht nämlich in direkter Opposition zum Hasen. Das kann vor allem in öffentlichen Bereichen des Lebens dazu führen, dass sich der Hase nun nicht ganz so wohl in der Gesellschaft von oberflächlichen Kontakten fühlt. Halten Sie sich in einem solchen Fall einfach zurück - Sie müssen ja nicht unbedingt an solchen Events teilnehmen.

Achten Sie jetzt besonders gut auf Ihre Gesundheit, lieber Hase! Sie könnte in diesen Wochen etwas anfälliger sein als sonst.

Liebe, Familie, Freundschaft: Verbringen Sie ruhig mehr Zeit mit den Menschen aus Ihrem inneren Zirkel. Partner, Familie und Freunde geben Ihnen nun ein Gefühl von Sicherheit und Geborgenheit. So können Sie viel besser wieder in Ihre Mitte kommen.

Äußerlichkeiten sind der aktuellen Regentin nicht besonders wichtig. Da sie nun aber von einem Hahn begleitet wird, kann es bei der Partnersuche jetzt schon eine Rolle spielen, wie Sie sich präsentieren. Sie dürfen sich also ruhig ein bisschen mehr Mühe mit Ihrer Erscheinung geben, wenn Sie Herzen gewinnen wollen.

Beruf, Finanzen: Erscheint der Hahn auf der Bildfläche kann das auf der beruflichen Ebene für den Hasen Konfrontation bedeuten. Das muss aber nicht unbedingt schlecht sein, denn wenn Sie gut darauf vorbereitet sind, können Sie Ihre Seite so vortragen, dass Sie am Ende das bekommen, was Sie wollen. Es gibt durchaus Dinge, die man nicht mit reiner Diplomatie erreichen kann...

Manchmal sind Chefs oder Kollegen so von einer Sache überzeugt, dass es fast unmöglich scheint, einen Richtungswechsel herbeizuführen. Da hilft nur Geduld.

Tipp des Monats: Finden Sie den richtigen Augenblick, um ein Anliegen vorzutragen. Dabei sollten Sie vor allem auf Ihr Bauchgefühl hören.

SHENG
Drache

Grundtendenz des Monats: Auch wenn beim Drachen bislang alles recht rund zu laufen scheint, sollte er sich nun nicht zu lange auf seinen Lorbeeren ausruhen. Wer sich zu sehr auf sein Glück verlässt, steht am Ende auch im Jahr der wohlgesonnenen Ratte vielleicht mit leeren Händen da. Bleiben Sie aufmerksam und ergreifen Sie die Initiative, wann immer es nötig ist.

Drängen Sie sich nun nicht in den Vordergrund, wenn es sich absolut richtig anfühlt. Der Hahn, der den Monat begleitet, legt enorm viel Wert darauf, die Dinge zum richtigen Zeitpunkt in Angriff zu nehmen.

Liebe, Familie, Freundschaft: Manchmal hat der Drache die Neigung, ein bisschen zu sehr von sich selbst überzeugt zu sein. Ein gesundes Selbstbewusstsein ist sicher nicht falsch und wird von Außenstehenden auch sicher bewundert. Die Menschen, die Ihnen nahe stehen, fühlen sich aber unter Umständen abgewertet, wenn Sie mit Ihren Fähigkeiten hausieren gehen.

Wer bislang alleine ist, mag es nun genießen, voll und ganz nach den eigenen Regeln leben zu können. Trotzdem wäre es doch bestimmt schön, wenn man Erfolge und Misserfolge manchmal mit einem lieben Menschen teilen könnte, oder?

Beruf, Finanzen: Ein bisschen akkurater könnten Sie nun schon arbeiten, lieber Drache. Schließlich haben Sie nun mit dem Hahn einen Perfektionisten an Ihrer Seite, der ungenaue Arbeit sofort bestraft. Strengen Sie sich also ruhig ein bisschen mehr an.

Man mag sich jetzt nicht unbedingt einig sein, wer die Führung übernehmen soll. Diese Aufgabe sollten Sie im September nur annehmen, wenn Sie absolut sicher sind, dass Sie die Anforderungen auch erfüllen können, ohne sich dabei zu verausgaben. Es ist keine Schande, wenn Sie jemand Anderem den Vortritt überlassen, wenn Sie das Gefühl haben, überfordert zu werden.

Tipp des Monats: Bleiben Sie sie selbst! Es ist auf Dauer zu anstrengend, eine Fassade aufrecht zu erhalten.

SZE
Schlange

Grundtendenz des Monats: Der September ist ein günstiger Monat für die Schlange, denn nun steht ihr der Hahn zur Seite, mit dem sie sich ganz hervorragend versteht. Er bringt diesmal neben seinem starken Yin-Metall auch Yin-Holz mit. Das stärkt die Intuition der Schlange und hilft ihr außerdem dabei, auch in schwierigeren Situationen ihr eigenes Ding durchzuziehen.

Je selbstbewusster sich die Schlange in diesen Wochen zeigt, desto mehr kann sie die Menschen in ihrer Umgebung von ihren Ideen überzeugen. So lassen sich nun Mitstreiter gewinnen, mit denen Sie gar nicht gerechnet haben.

Liebe, Familie, Freundschaft: Ein gesundes Maß an Selbstliebe ist auch hilfreich, wenn die Schlange auf Partnersuche ist. Wenn Sie nicht selbst von Ihren Vorzügen überzeugt sind, können Sie das wohl kaum von einer potentiellen neuen Liebe erwarten. Mit dem Hahn sollte es jetzt gelingen, die eigenen Vorzüge ins rechte Licht zu rücken.

Gewisse Regeln sind auch im Jahr der Ratte erforderlich, damit das gemeinsame Miteinander funktionieren kann. Darauf sollten Sie sich jetzt im September ruhig wieder mehr besinnen und klar festlegen, wer für was verantwortlich ist.

Beruf, Finanzen: Schlange und Hahn sind ein besonders gutes Team, wenn es um berufliche Belange und die Finanzen geht. Da kann die Ratte Sie nun so viel zu spontanen Ausgaben motivieren, wie sie will. Wenn es das eigene Bankkonto nicht hergibt, zeigen Sie sich besser standhaft. Sie können Ihr Geld an anderer Stelle sicher viel besser einsetzen.

Die Schlange ist kein Freund von überhasteten Aktionen. Das kommt Ihnen jetzt zugute, wenn es darum geht, den perfekten Zeitpunkt zu finden. Im September lohnt es sich unter Umständen, noch ein wenig abzuwarten, bevor Sie mit einer neuen Aktion loslegen.

Tipp des Monats: Keine falsche Bescheidenheit, liebe Schlange! Sie dürfen ruhig zeigen, was Sie können.

WU Pferd

Grundtendenz des Monats: Das Metall-Element ist in diesem Monat recht stark ausgeprägt, dafür ist einmal mehr die Erde recht schwach. Sorgen Sie dafür, dass Sie sich nun nicht überorganisieren und planen Sie Zeit für die Erholung ein!

Achten Sie in diesen Wochen bitte sehr genau auf Ihre Gesundheit! Die aktuelle Konstellation weist nun darauf hin, dass es dort zu möglichen Problemen kommen kann. Wer aufmerksam Körper und Geist beobachtet, kann schnell reagieren und gegensteuern. Der Hahn, der den September begleitet, kann Sie sicher dabei unterstützen, mehr auf sich zu achten. Schließlich ist dieses Tierzeichen bekannt dafür, dass es sich selbst zu pflegen weiß.

Liebe, Familie, Freundschaft: Das Pferd mag sich in der Regel nur ungern vorschreiben lassen, wie es sein Leben zu leben hat. Dafür ist ihm seine persönliche Freiheit einfach zu wichtig. Wenn also Partner und Familie versuchen, sich in Ihre persönlichen Entscheidungen einzumischen, sollten Sie klare Grenzen setzen. Eine gewisse Kompromissbereitschaft ist für das Zusammenleben sicher unabdingbar. Das bedeutet aber nicht, dass Sie Ihre Ideale aufgeben müssen.

Das Bild, das Sie nach außen abgeben, ist ganz entscheidend für die Partnersuche in diesen Wochen. Da dürfen Sie sich jetzt ruhig ein bisschen mehr Mühe geben.

Beruf, Finanzen: Manchmal kann man noch so gut vorbereitet sein und kommt trotzdem nicht zum Zuge. Mit dem Hahn und der Ratte in der Monatskonstellation kann es dem Pferd nun durchaus passieren, dass es sich übergangen fühlt. Wahrscheinlich nützt da im Augenblick auch kein lautstarkes Beschweren. Man ist in Ihrem Arbeitsumfeld einfach zu sehr mit anderen Dingen und sich selbst beschäftigt.

Einmal mehr ist nun die Geduld des Pferdes gefragt. Warten Sie, bis Sie wieder mit der ungeteilten Aufmerksamkeit rechnen können.

Tipp des Monats: Warten Sie den richtigen Zeitpunkt ab! Alles andere ist im Augenblick reine Zeitverschwendung.

WEI Ziege

Grundtendenz des Monats: Wer die Jahresregentin ein wenig zähmen will, braucht selbst ein gutes Stück Disziplin. Sonst lässt man sich von den wunderbaren Einfällen der Ratte sicher so manches Mal vom geplanten Weg abbringen. Mit dem Hahn steht der Ziege dabei nun ein Tierzeichen zur Seite, das genau diese Qualitäten mitbringt und sich nicht zu schade ist, im Bedarfsfall klare Ansagen zu machen. Da kann sich die Ziege jetzt wieder mehr darauf konzentrieren, begonnene Projekte weiterzuführen.

Einmal mehr kommt es nun darauf an, den perfekten Zeitpunkt zum handeln zu finden. Verlassen Sie sich dabei nicht so sehr auf andere, sondern vertrauen Sie einfach auf Ihr Gefühl.

Liebe, Familie, Freundschaft: Schon im letzten Monat ging es für die Ziege mehr darum, sich zu zeigen. Das gilt nun mit dem Hahn noch mehr als im August. Schließlich ist dieses Tierzeichen dafür bekannt, dass es sich mit Begeisterung ganz nach oben auf den Mist stellt und sein wunderbares Gefieder präsentiert. Ein bisschen von dieser Extravaganz darf sich die Ziege ruhig abgucken, wenn Sie nun einen neuen Partner beeindrucken will.

Man kann es mit der Ordnung manchmal auch ein wenig übertreiben, liebe Ziege. Partner und Nachwuchs reagieren nun mehr als genervt, wenn Sie Ihnen permanent hinterher räumen.

Beruf, Finanzen: Die richtigen Trends zur richtigen Zeit erkennen - darin ist der Hahn ein wahrer Meister. So sieht er nun sofort, welche Vorschläge der Jahresregentin für die Ziege wirklich gut sind. Wer ohnehin eher unentschlossen ist bei der Wahl seiner Projekte, darf nun ruhig ein wenig mehr auf das Urteil von außen vertrauen.

Manchmal hält sich die Ziegen vielleicht ein wenig zu genau an die Regeln, obwohl ihr diese im Grunde gar nicht behagen. Wie wäre es nun, wenn Sie ein wenig mehr nach Ihren eigenen Vorgaben handeln?

Tipp des Monats: Entscheidungen wollen definitiv getroffen werden. Sonst bleiben am Ende des Jahres nur eine Menge guter Ideen.

SUNG
Affe

Grundtendenz des Monats: Im September kann der Affe immer dann viel schaffen, wenn er sich nicht zu sehr in die Details vergräbt. Betrachten Sie jetzt lieber das große Ganze - alles andere hält einfach zu lange auf. Bei dem von Ihnen gewählten Pensum ist es kaum zu schaffen, eine absolut perfekte Leistung abzugeben. Auf die letzten fünf Prozent können Sie getrost verzichten und dafür lieber zügiger vom Platz kommen.

Ein gesundes Selbstbewusstsein kann dem Affen nun helfen, die eigenen Ideen auch vor Skeptikern zu verteidigen, selbst wenn noch nicht der richtige Zeitpunkt gekommen ist, um wirklich Nägel mit Köpfen zu machen.

Liebe, Familie, Freundschaft: Mit dem Holz-Hahn als Monatsbegleitung darf der Affe nun auch bei seinen Lieben ruhig einmal ein bisschen genauer hinschauen. Wenn Ihnen nicht alles gefällt, was Sie dabei sehen, setzen Sie sich am besten gleich gemeinsam hin und sprechen offen über die Angelegenheit.

Die Intuition des Affen wird einmal mehr in diesem Monat unterstützt. Gerade in der Kennenlernphase mit einem neuen Partner kann das nun sehr hilfreich sein. Vertrauen Sie auf Ihr Gefühl - es sagt Ihnen ganz genau, ob aus der Sache längerfristig etwas werden kann.

Beruf, Finanzen: Es tut einfach gut, wenn man die erledigten Dinge von seiner Liste streichen kann! Widmen Sie sich deshalb jetzt erst einmal den Projekten, denen wirklich nur noch ein kleines bisschen fehlt. Der Hahn hilft Ihnen dabei, methodisch und konzentriert die letzten Enden zusammenzuführen. So bekommen Sie gleich auch einen besseren Überblick über das, was sonst noch so auf Ihrer Agenda steht.

Handwerklich begabte Affen dürfen sich jetzt einmal wieder so richtig austoben. Mit dem präzisen Blick des Hahns kommen dabei Dinge heraus, die von allen Seiten bewundert werden.

Tipp des Monats: Ein bisschen mehr Genauigkeit kann dem Affen sicher nicht schaden - Sie sollten es aber damit jetzt bitte nicht übertreiben!

YU
Hahn

Grundtendenz des Monats: Mit dem Holz-Hahn bekommen Sie nun einen Artgenossen mit auf den Weg. Der sorgt im September unter Umständen dafür, dass Sie sich selbst zu kritisch betrachten. Sicher kann man immer noch einen bisschen besseren Eindruck machen - aber dadurch setzen Sie sich nur unnötig unter Stress. Da ist es allemal besser, selbstbewusst mit dem zu arbeiten, was das Universum Ihnen mitgegeben hat.

Sie können viel Zeit verschwenden, wenn Sie nicht auf die Zeichen achten und ein Projekt einfach durchziehen, obwohl es nicht der richtige Zeitpunkt dafür ist. Versuchen Sie jetzt nicht, gegen den Strom zu schwimmen!

Liebe, Familie, Freundschaft: Zuweilen tut sich der Hahn wirklich schwer damit, seine Lieben so zu akzeptieren wie sie sind. Vor allem bei Partner und Kindern findet der Hahn einfach immer irgendetwas, was sich in seinen Augen noch verbessern ließe. Selbst wenn Sie damit im Grunde recht haben, ist es einfach nicht immer klug, derartige Kritik anzubringen. Gerade der eigene Nachwuchs kann so das Gefühl bekommen, dass er für Sie einfach nie gut genug ist.

Wer sich mehr Stabilität in seiner Partnerschaft wünscht, muss im Jahr der Ratte noch mehr als sonst für eine gute Erdung sorgen. Ansonsten verlieren Sie sich nun zu schnell auf der gedanklichen Ebene und es macht sich eine innere Unsicherheit breit.

Beruf, Finanzen: Ganz oder gar nicht engagiert sich der Hahn und das sollte man an Ihrem Arbeitsplatz wirklich mittlerweile wissen. Macht man Ihnen nun also ein halbherziges Angebot, dürfen Sie dieses ruhig umgehend ausschlagen. Alles andere wäre reine Zeitverschwendung.

Das Yin-Metall ist in diesem Monat besonders stark ausgeprägt. Das hilft Ihnen nun dabei, sich auch dann durchzubeißen, wenn es wirklich nur zäh voran geht. Die nötige Disziplin dazu werden Sie jetzt auf jeden Fall haben.

Tipp des Monats: Ein kurzfristiger Einsatz lohnt sich jetzt durchaus - auch wenn das Ergebnis vielleicht nicht lange Bestand hat.

SHIH
Hund

Grundtendenz des Monats: So mancher Hund, der sich im vergangenen Monat ins Getümmel gestürzt hat, mag nun das Gefühl haben, dass er sich für sein Handeln rechtfertigen muss. Es gibt keinen Grund, Ihre Aktionen zu erklären - es sei denn, es ergibt sich daraus die Möglichkeit, weitere Unterstützer für die Sache zu gewinnen.

Der Hahn, der Sie in diesem Monat begleitet, ist von seinen eigenen Fähigkeiten überzeugt. Daran dürfen Sie sich nun ruhig ein Beispiel nehmen und innerhalb eines sicheren Rahmens mehr nach Ihren eigenen Regeln leben.

Liebe, Familie, Freundschaft: Auch in Ihren persönlichen Beziehungen stellt sich die Frage, was Sie sich wert sind. Wenn Sie bislang mehr zurückstecken, als es Ihnen gut tut, sollten Sie sich fragen, warum Sie so handeln. Sie haben es verdient, Ihr eigenes Glück zu gestalten. Ein verständnisvoller Partner wird das genauso sehen.

Auf der Gefühlsebene hilft ein zusätzlicher Anteil an Yin-Holz dem Hund nun dabei, mehr auf seine innere Stimme zu vertrauen. Das macht es allerdings nicht unbedingt leichter, die Dinge auch offen auszusprechen... Es wird Ihnen aber in diesem Monat nichts anderes übrig bleiben, denn Partner und Familie können Ihnen kaum hinter die Stirn schauen.

Beruf, Finanzen: Mit den eigenen Finanzen hat sich der Hund im Jahr der Metall-Ratte vielleicht noch nicht wirklich auseinandergesetzt. Das kann daran liegen, dass Sie sich keine Gedanken machen müssen. Es kann aber auch sein, dass die Regentin Sie bislang einfach zu sehr abgelenkt hat. In letzterem Fall wäre es sicher eine gute Idee, jetzt mit Hilfe des analytischen Hahns einen Kassensturz zu machen.

Der Hahn bringt mit seinem starken Yin-Metall übrigens auch eine gute Portion Disziplin ins Spiel. Das können Sie nun nützen, um lästige Dinge ein für alle mal zu erledigen.

Tipp des Monats: Hören Sie auf Ihren Bauch! Im Zweifelsfall ist es besser, noch ein wenig abzuwarten.

HAN
Schwein

Grundtendenz des Monats: Man kann im September eine Menge Zeit verschwenden, wenn man zur falschen Zeit nach vorne prescht. Dann müssen Sie sich nämlich nun mit Oberflächlichkeiten und unwichtigen Details herumplagen, anstatt sich den wirklich wichtigen Themen zu widmen. Wenn sich das Schwein nicht aufhalten lassen will, sollte es sich lieber schlau machen, bevor es sich in Bewegung setzt.

Mit dem Hahn kommt im September eine gute Portion Yin-Metall ins Spiel. Die kann dem Schwein immer dann helfen, wenn nun Aktionen auf dem Plan stehen, die zwar langweilig sind, aber trotzdem erledigt werden müssen.

Liebe, Familie, Freundschaft: Es ist schon wichtig, welches Bild Sie nach außen abgeben. Schließlich wollen Sie doch auf einen potentiellen neuen Partner einen guten Eindruck machen, oder? Geben Sie sich also ruhig ein bisschen mehr Mühe mit Ihrer Erscheinung.

Oberflächliche Diskussionen führen nun zu keinem Ergebnis. Anstatt nur an der Fassade zu kratzen, sollten Sie lieber den Mut aufbringen, sich auf einer tieferen Ebene mit Ihrem Partner zu verständigen. Das ist in diesen Wochen mit Ratte und Hahn an der Seite zwar nicht so einfach, aber auf jeden Fall sehr lohnenswert.

Beruf, Finanzen: Mit Perfektionismus hat es die Ratte in der Regel nicht besonders. Dafür braucht sie einfach zu viel Zeit und die kann sie dann nicht mit einem neuen, viel spannenderen Projekt verbringen. Das bedeutet für das Schwein im September, dass es nicht so sehr darum geht, noch das letzte Bisschen aus einer Aktion heraus zu kitzeln.

Machen Sie Ihre Arbeit ordentlich, aber übertreiben Sie es nicht mit der Gründlichkeit. Am Ende schaut wahrscheinlich ohnehin niemand so genau hin und Sie haben unnötig viel Zeit in die Sache gesteckt.

Tipp des Monats: Ratte und Hahn machen in diesem Monat ihre ganz eigenen Regeln, an die Sie aber keinesfalls gebunden sind.

September 2020	Jahreskonstellation – Metall-Ratte Monatskonstellation – Holz-Hahn

1. Feuer Ziege	Ratte Büffel Tiger Hase Drache Schlange Pferd Ziege Affe Hahn Hund Schwein Günstig: Ankündigungen machen, Beerdigungen, Trauerfeiern. Ungünstig: Handel, Vergnügungen, Freizeitaktivitäten
2. Erd Affe	Ratte Büffel Tiger Hase Drache Schlange Pferd Ziege Affe Hahn Hund Schwein **Günstig:** Kleidung schneidern, Handel, Buchhaltung, Ausflüge, neue Dinge beginnen **Ungünstig:** Geschäfte eröffnen, Kraftanstrengungen, Reisen, Ersparnisse ausgeben
3. Erd Hahn	Ratte Büffel Tiger Hase Drache Schlange Pferd Ziege Affe Hahn Hund Schwein **Günstig:** Putzen, waschen, fasten, seelische und körperliche Pflege, Arztbesuche **Ungünstig:** Ausdauersport, Reisen, Hochzeit.
4. Metall Hund	Ratte Büffel Tiger Hase Drache Schlange Pferd Ziege Affe Hahn Hund Schwein **Günstig:** Umziehen, Reisen, Hochzeiten, Empfänge, wichtige Konferenzen. **Ungünstig:** geistige Arbeiten, Gartenarbeit, häusliche Tätigkeiten.
5. Metall Schwein	**Ratte Büffel Tiger Hase Drache Schlange Pferd Ziege Affe Hahn Hund Schwein** **Günstig: Versammlungen, gerechte Verteilungen, Hochzeit, Konferenzen, Umzug** **Ungünstig: Gartenarbeit, Dinge zum Abschluss bringen.**
6. Wasser Ratte	Ratte Büffel Tiger Hase Drache Schlange Pferd Ziege Affe Hahn Hund Schwein **Günstig:** Gartenarbeit, Feiern, Hochzeit, Dinge zum Abschluss bringen. **Ungünstig:** keine Anschuldigungen gegen Dritte erheben.
7. Wasser Büffel	Ratte Büffel Tiger Hase Drache Schlange Pferd Ziege Affe Hahn Hund Schwein **Günstig:** Gartenarbeit, Feiern, Hochzeit, Dinge zum Abschluss bringen. **Ungünstig:** keine Anschuldigungen gegen Dritte erheben.
8. Holz Tiger	Ratte Büffel Tiger Hase Drache Schlange Pferd Ziege Affe Hahn Hund Schwein **Günstig:** Gartenarbeit, Hochzeit, Dinge zum Abschluss bringen. **Ungünstig:** Umzug, Reisen, Geschäftseröffnung
9. Holz Hase	Ratte Büffel Tiger Hase Drache Schlange Pferd Ziege Affe Hahn Hund Schwein **Günstig:** Ausruhen, Meditation, seinen Hobbys nachgehen. **Ungünstig:** wichtige Unternehmungen
10. Feuer Drache	Ratte Büffel Tiger Hase Drache Schlange Pferd Ziege Affe Hahn Hund Schwein **Günstig:** Amüsieren, mit Freunden ausgehen, Freizeitaktivitäten **Ungünstig:** geschäftliche Aktivitäten, neue Dinge anfangen.
11. Feuer Schlange	Ratte Büffel Tiger Hase Drache Schlange Pferd Ziege Affe Hahn Hund Schwein **Günstig:** für die meisten Aktivitäten, Geschäftsabschlüsse, Partnerschaft **Ungünstig:** negative Bemerkungen über andere Menschen.
12. Erd Pferd	Ratte Büffel Tiger Hase Drache Schlange Pferd Ziege Affe Hahn Hund Schwein **Günstig:** Handel, Geschäftseröffnungen, Hochzeiten und andere Feste planen. **Ungünstig:** Beerdigungen, Reisen, Arztbesuche.
13. Erd Ziege	Ratte Büffel Tiger Hase Drache Schlange Pferd Ziege Affe Hahn Hund Schwein **Günstig:** Handwerkliche Aktivitäten, Handel, Hochzeiten, Reisen. **Ungünstig:** Trauerfeiern und Beerdigungen, schwere körperliche Arbeit.
14. Metall Affe	Ratte Büffel Tiger Hase Drache Schlange Pferd Ziege Affe Hahn Hund Schwein **Günstig:** Ankündigungen machen, Beerdigungen, Trauerfeiern. **Ungünstig:** Handel, Vergnügungen, Freizeitaktivitäten.
15. Metall Hahn	Ratte Büffel Tiger Hase Drache Schlange Pferd Ziege Affe Hahn Hund Schwein **Günstig:** Kleidung schneidern, Handel, Buchhaltung, Ausflüge, neue Dinge beginnen. **Ungünstig:** Geschäfte eröffnen, Kraftanstrengungen, Reisen, Ersparnisse ausgeben.

Ob ein Tag besonders günstig für Ihr Tierzeichen ist, sehen Sie an folgenden Farben:
Rot = sehr günstig, Grau = günstig, Schwarz = nicht günstig

Jahreskonstellation – Metall-Ratte
Monatskonstellation – Holz-Hahn

September 2020

16. Wasser Hund	Ratte Büffel Tiger Hase Drache Schlange Pferd Ziege Affe Hahn Hund Schwein **Günstig:** Putzen, waschen, fasten, seelische und körperliche Pflege, Arztbesuche. **Ungünstig:** Ausdauersport, Reisen, Hochzeit.
17. Wasser Schwein	Ratte Büffel Tiger Hase Drache Schlange Pferd Ziege Affe Hahn Hund Schwein **Günstig:** Umziehen, Reisen, Hochzeiten, Empfänge, wichtige Konferenzen. **Ungünstig:** geistige Arbeiten, Gartenarbeit, häusliche Tätigkeiten.
18. Holz Ratte	Ratte Büffel Tiger Hase Drache Schlange Pferd Ziege Affe Hahn Hund Schwein **Günstig:** Versammlungen, gerechte Verteilungen, Hochzeit, Konferenzen, Umzug **Ungünstig:** Gartenarbeit, Dinge zum Abschluss bringen.
19. Holz Büffel	Ratte Büffel Tiger Hase Drache Schlange Pferd Ziege Affe Hahn Hund Schwein **Günstig:** Gartenarbeit, Feiern, Hochzeit, Dinge zum Abschluss bringen. **Ungünstig:** keine Anschuldigungen gegen Dritte erheben.
20. Feuer Tiger	Ratte Büffel Tiger Hase Drache Schlange Pferd Ziege Affe Hahn Hund Schwein **Günstig:** Gartenarbeit, Hochzeit, Dinge zum Abschluss bringen. **Ungünstig:** Umzug, Reisen, Geschäftseröffnung
21. Feuer Hase	Ratte Büffel Tiger Hase Drache Schlange Pferd Ziege Affe Hahn Hund Schwein **Günstig:** Ausruhen, Meditation, seinen Hobbys nachgehen. **Ungünstig:** wichtige Unternehmungen.
22. Erd Drache	Ratte Büffel Tiger Hase Drache Schlange Pferd Ziege Affe Hahn Hund Schwein **Günstig:** Amüsieren, mit Freunden ausgehen, Freizeitaktivitäten **Ungünstig:** geschäftliche Aktivitäten, neue Dinge anfangen.
23. Erd Schlange	Ratte Büffel Tiger Hase Drache Schlange Pferd Ziege Affe Hahn Hund Schwein **Günstig:** für die meisten Aktivitäten, Geschäftsabschlüsse, Partnerschaft **Ungünstig:** negative Bemerkungen über andere Menschen.
24. Metall Pferd	Ratte Büffel Tiger Hase Drache Schlange Pferd Ziege Affe Hahn Hund Schwein **Günstig:** Handel, Geschäftseröffnungen, Hochzeiten und andere Feste planen. **Ungünstig:** Beerdigungen, Reisen, Arztbesuche.
25. Metall Ziege	Ratte Büffel Tiger Hase Drache Schlange Pferd Ziege Affe Hahn Hund Schwein **Günstig:** Handwerkliche Aktivitäten, Handel, Hochzeiten, Reisen **Ungünstig:** Trauerfeiern und Beerdigungen, schwere körperliche Arbeit
26. Wasser Affe	Ratte Büffel Tiger Hase Drache Schlange Pferd Ziege Affe Hahn Hund Schwein **Günstig:** Ankündigungen machen, Beerdigungen, Trauerfeiern. **Ungünstig:** Handel, Vergnügungen, Freizeitaktivitäten
27. Wasser Hahn	Ratte Büffel Tiger Hase Drache Schlange Pferd Ziege Affe Hahn Hund Schwein **Günstig:** Kleidung schneidern, Handel, Buchhaltung, Ausflüge, neue Dinge beginnen **Ungünstig:** Geschäfte eröffnen, Kraftanstrengungen, Reisen, Ersparnisse ausgeben
28. Holz Hund	Ratte Büffel Tiger Hase Drache Schlange Pferd Ziege Affe Hahn Hund Schwein **Günstig:** Putzen, waschen, fasten, seelische und körperliche Pflege, Arztbesuche **Ungünstig:** Ausdauersport, Reisen, Hochzeit.
29. Holz Schwein	Ratte Büffel Tiger Hase Drache Schlange Pferd Ziege Affe Hahn Hund Schwein **Günstig:** Umziehen, Reisen, Hochzeiten, Empfänge, wichtige Konferenzen. **Ungünstig:** geistige Arbeiten, Gartenarbeit, häusliche Tätigkeiten.
30. Feuer Ratte	Ratte Büffel Tiger Hase Drache Schlange Pferd Ziege Affe Hahn Hund Schwein **Günstig:** Versammlungen, gerechte Verteilungen, Hochzeit, Konferenzen, Umzug **Ungünstig:** Gartenarbeit, Dinge zum Abschluss bringen.

TZE
Ratte

Grundtendenz des Monats: Es kann im Oktober sicher nicht schaden, wenn die Ratte einen Gang zurück schaltet. Schließlich kommt mit dem Feuer-Hund nun ein ein Tierzeichen ins Spiel, was zunächst einmal dafür sorgen will, dass alle Dinge in geregelten Bahnen laufen und sich niemand dabei übernimmt. Wer also schon seit längerem spürt, dass er einmal eine Pause braucht, sollte sich diese nun schleunigst gönnen. Sonst können sich im weiteren Verlauf des Jahres unnötige Fehler einschleichen oder die Erschöpfung Überhand nehmen.

Ein kreatives Feuerwerk sollte die Ratte in diesen Wochen lieber nicht erwarten. Im Augenblick stehen die Zeichen eher auf Stabilität.

Liebe, Familie, Freundschaft: Heim und Familie brauchen nun vielleicht ein wenig mehr von Ihrer Aufmerksamkeit. Das bedeutet für so manche Ratte, dass sie ihre Prioritäten im Oktober anders setzen muss, um den Anforderungen auf der privaten Ebene gerecht zu werden. Diese Verschiebung wird sicher nur kurzfristig sein, wenn Sie die Zeichen erkennen und schnell reagieren. Wer die Dinge schleifen lässt, beschäftigt sich deutlich länger mit dem Thema.

In der Beziehung geht es nun verstärkt darum, mehr Sicherheit zu verbreiten. Mit Hilfe des Hundes sollte es nicht allzu schwer sein, loyal und zuverlässig zum Partner zu stehen.

Beruf, Finanzen: Bleiben Sie wachsam, liebe Ratte! Gerade weil es auf den ersten Blick so scheint, dass alles wie am Schnürchen läuft, können sich schnell Fehler einschleichen, mit denen niemand gerechnet hat. Ist die Ratte darauf vorbereitet, kann sie schnell reagieren und das Gleichgewicht wieder herstellen. Ist das nicht der Fall kommen anstrengende Wochen auf Sie zu.

Es sollte Ihnen im Grunde nicht schwerfallen, Ihre Mitstreiter zu motivieren. Schließlich sagt man der Ratte einen gewandten Umgang mit Worten nach.

Tipp des Monats: Setzen Sie Ihre Fähigkeiten klug ein, aber achten Sie darauf, dass Sie sich dabei nicht zu viel zumuten.

KIU
Büffel

Grundtendenz des Monats: Mit dem Feuer-Hund werden im Oktober seit langem einmal wieder die eher konservativen Kräfte gestärkt. Das bedeutet für den Büffel, dass es nun mehr darum gehen dürfte, wie bereits Erreichtes erhalten werden kann. Da das Jahr der Ratte ohnehin seinen Zenit überschritten hat, können Sie nun, die Bereiche absichern, die Sie sich bereits erarbeitet haben.

Trotzdem sollte der Büffel weiterhin den Blick über den Tellerrand wagen, denn auch in den kommenden Monaten kann es immer wieder lohnenswert sein, von bestehenden Wegen abzuweichen und mit der Jahresregentin etwas Neues zu probieren.

Liebe, Familie, Freundschaft: Vielleicht haben Sie in diesem Monat das Gefühl, dass Ihre bislang getroffenen Entscheidungen nicht immer zum Besten Ihrer Lieben waren. Schließlich begleitet mit dem Hund nun ein Tierzeichen den Monat, das sich für das Wohl von Freunden, Partner und Familie ganz besonders verantwortlich fühlt.

Diese Bürde müssen Sie aber keineswegs übernehmen! Sicher ist es richtig, die Menschen zu unterstützen, die Ihnen wichtig sind. Zum Start in einen neuen Zyklus darf der Büffel aber auch Entscheidungen treffen, die erst einmal sein eigenes Glück sichern.

Beruf, Finanzen: Unnötiges Risiko wird der Büffel generell nur selten eingehen. Mit dem Hund im aktuellen Monat wird sein Streben nach sicheren Verhältnissen allerdings noch mehr unterstützt als sonst. Das kann dazu führen, dass Sie sich nun mehr zurückhalten als noch zu Beginn des Jahres. Wenn Sie den angestrebten Zielen schon sehr nahe gekommen sind, ist dagegen nichts einzuwenden. Sollten Sie aber vom angestrebten Ergebnis noch weit entfernt sein, sollten Sie nicht ganz so sehr auf sicher spielen.

Im Oktober ist eine gründliche Wartung des eingesetzten Materials besonders wichtig.

Tipp des Monats: Zweifel an Ihrer positiven Gesinnung sollten Sie jetzt erst gar nicht aufkommen lassen, sondern sich lieber darauf konzentrieren, auf Kurs zu bleiben!

YING Tiger

Grundtendenz des Monats: Manche Dinge lassen sich auch im Jahr der agilen Metall-Ratte nicht übers Knie brechen, lieber Tiger. Anstatt also weiterhin gegen unsichtbare Wände zu laufen, wäre es sicher besser, wenn Sie sich nun einfach eine Auszeit nehmen. Manche Dinge entwickeln sich auch ganz ohne Ihr Zutun in die richtige Richtung.

Die Zeit, die Sie durch die Pause gewinnen, können Sie am besten nutzen, in dem Sie sich mental auf die nächsten Schritte Ihrer Reise vorbereiten. So bekommen Sie mögliche innere Unsicherheiten in den Griff und lassen sich nicht so leicht vom Ziel abbringen, wenn sich doch noch einmal Hindernisse auftun.

Liebe, Familie, Freundschaft: In der Partnerschaft sind Treue und Vertrauen nun besonders gefragt. Schließlich begleitet die Jahresherrscherin in diesen Wochen ein loyaler Feuer-Hund, dem diese Werte enorm wichtig sind. Für den Tiger bedeutet das einmal mehr, dass es sich sehr wohl in einer Beziehung auszahlt, wenn man sich offen und ehrlich zu seiner besseren Hälfte bekennt.

Der Schutz von Haus und Familie gehört zu den Aufgaben, die auch der Tiger im Privatleben zu erfüllen hat. Gemeinsam mit dem Hund wird es in diesen Wochen sicher nicht schwer sein, die nötigen Maßnahmen zu ergreifen. Eine gewisse Wachsamkeit hat noch nie geschadet, sollte aber nicht dazu führen, dass Sie in diesem Bereich zu misstrauisch reagieren.

Beruf, Finanzen: Wenn sich jetzt nicht ganz so viel bewegt, liegt das sicher auch daran, dass alle Beteiligten erschöpft sind vom Tempo, was die Metall-Ratte bisher vorgelegt hat. Damit am Ende nicht Arbeitskraft und Material ermüden, ist es sicher richtig, das Ganze etwas ruhiger anzugehen. Nutzen Sie die Zeit zum Beispiel dazu, Arbeitsmittel und Werkzeug zu überprüfen und gegebenenfalls auszutauschen.

Tipp des Monats: Komplexe Zusammenhänge lassen sich in der Ruhe besser erkennen. Nutzen Sie diese Phase, um ein tieferes Verständnis von den Dingen zu gewinnen!

MAO Hase

Grundtendenz des Monats: Im Oktober vereinen sich alle fünf Elemente für den Hasen zu einem harmonischen Ganzen. Das ist ein guter Zeitpunkt, um einfach nur zu genießen! Nehmen Sie sich jetzt Zeit für Dinge, die nicht unbedingt Sinn machen oder Geld bringen, sondern einfach nur Ihr Herz erfreuen. So tanken Sie wunderbar auf für die nächsten Monate. Dabei sollten Sie sich keine Gedanken machen, was Ihre Umgebung davon halten könnte. Das hier ist schließlich Ihr Leben!

Wer immer noch mit kleineren Wehwehchen kämpft, sollte sich lieber doch eine größere Auszeit gönnen.

Liebe, Familie, Freundschaft: Unter Umständen wird man Sie in diesen Wochen verstärkt mit traditionellen Werten und einem recht konservativen Weltbild konfrontieren. Es mag nicht immer angenehm sein, auf diese Themen angesprochen zu werden - zumal eine diplomatische Antwort zuweilen unmöglich zu sein scheint. Am besten, Sie sagen einfach ehrlich, was Sie empfinden. Wer keine Lust auf Konfrontation hat, kann dem Gespräch auch einfach aus dem Weg gehen.

Ihre Lieben wissen es in diesem Monat besonders zu schätzen, wie Sie auf sie achten. Trotzdem sollten Sie nicht Aufgaben übernehmen, die gar nicht für Sie gedacht sind.

Beruf, Finanzen: Es mag zwar sein, dass sich alle nun deutlich besser motivieren lassen. Trotzdem sollte man es mit dem Einsatz jetzt lieber nicht übertreiben. Schließlich ist das Jahr noch recht lang und Sie wollen doch wohl nicht, dass Ihnen gegen Ende die Puste ausgeht, oder?

Vorsicht ist nun geboten bei allen Projekten, die erst einmal einen hohen Einsatz an Material und Mitteln verlangen und deren Erfolg eher ungewiss ist. Verlassen Sie sich bei der Entscheidung mehr auf Ihr Gefühl als auf schöne Reden. Mal ganz abgesehen davon, dass natürlich erst einmal zu überprüfen wäre, ob Sie überhaupt über die nötigen Ressourcen verfügen.

Tipp des Monats: Ihr persönliches Wohlbefinden ist Ihr höchstes Gut. Kümmern Sie sich darum!

SHENG Drache

Grundtendenz des Monats: Mit dem Hund bekommt der Drache im Oktober unter Umständen noch einmal ein wenig Opposition und kann seine Pläne nicht ganz so einfach umsetzen wie noch in den Monaten zuvor. Hund und Drache stehen sich im Tierkreis direkt gegenüber und verstehen sich nicht ganz so gut, was vor allem daran liegt, dass der pragmatische Hund mit der überbordenden Phantasie des Drachens nur recht wenig anfangen kann. In diesem Monat ist es umso wichtiger, gute Argumente bereit zu halten, wenn Sie mit Kritik konfrontiert werden.

Der zusätzliche Anteil an Yang-Feuer, den der Hund jetzt im Gepäck hat, lässt den Drachen leidenschaftlich seine Sache verteidigen.

Liebe, Familie, Freundschaft: Treue und Loyalität werden beim Hund in der Partnerschaft ganz groß geschrieben. Ratte und Drache zeigen sich im Gegensatz dazu zuweilen etwas flatterhafter und lassen die nötige Konstanz vermissen. Gerade dem Drachen ist sein Verhalten manchmal gar nicht bewusst, löst aber auf der anderen Seite gerade jetzt zuweilen eine gewisse Enttäuschung aus. Versuchen Sie einfach, sich mehr in Ihre bessere Hälfte hineinzuversetzen. Wie würden Sie sich fühlen, wenn Sie sich nicht auf Ihren Partner verlassen können?

Haus und Hof wollen in diesen Wochen gut in Schuss gehalten werden. Wenn Sie keine Lust haben, das selbst zu übernehmen, dürfen Sie gerne delegieren.

Beruf, Finanzen: Es mangelt Ihnen an Spannung und Spaß am Arbeitsplatz? Dann sollten Sie sich nun mal genau überlegen, woran das liegt. Mit ein bisschen Phantasie und kreativem Einsatz kann man nämlich durchaus auch eintönige Aufgaben mit Freude erledigen. Liegt es dagegen an der Tätigkeit an sich oder dem personellen Umfeld, sollten Sie vielleicht doch mal darüber nachdenken, ob Sie nicht besser etwas ganz anderes tun sollten.

Tipp des Monats: Probleme sind dazu da, sie zu lösen! Lassen Sie sich nun nicht von einer schwierigen Aufgabe abschrecken.

SZE Schlange

Grundtendenz des Monats: Im Oktober wird das Yang-Feuer besonders betont. Das macht es der zuweilen ein wenig introvertierten Schlange leichter, ihr Umfeld von den eigenen Plänen zu überzeugen. Niemand verlangt von Ihnen, dass Sie nun mitreißende Vorträge halten. Aber Sie dürfen sich jetzt ruhig ein bisschen mehr anstrengen, damit Ihre Ansichten auch wirklich in die Welt kommen.

Mit dem Hund steht Ihnen in diesem Monat ein Tierzeichen zur Seite, das vor allem für seine besonnene Art bekannt ist. Das kann bei der Schlange dazu führen, dass sie nun lieber zweimal nachdenkt, bevor sie sich aus der Deckung wagt.

Liebe, Familie, Freundschaft: Es ist nicht fair, wenn Sie nun im persönlichen Umfeld mit zweierlei Maß messen. Wenn Sie sich eine Auszeit gönnen, müssen Sie das gleiche Recht auch allen anderen zugestehen. Mit ein bisschen Organisation lässt sich das sicher hinbekommen.

Lassen Sie nun nicht zu, dass Ihr Partner Ihnen die Schuld in die Schuhe schiebt. Zu einer Auseinandersetzung gehören immer zwei! Anstatt sich gegenseitig den schwarzen Peter zuzuspielen, sollten Sie lieber gemeinsam Verantwortung übernehmen. Gerade mit dem Hund als Monatsbegleiter wird Ihnen jetzt kaum verziehen, wenn Sie sich unloyal verhalten.

Beruf, Finanzen: Wachsamkeit ist nun wirklich wichtig. Es sollte der Schlange im Grunde kein Problem behalten, die Augen aufzuhalten. Auftretende Unregelmäßigkeiten sollten nun sofort behoben werden, ansonsten können Mensch und Maschine mehr Schaden nehmen, als es alles Beteiligten lieb sein dürfte.

Es mag in diesen Wochen ein bisschen an frischen Ideen mangeln. Das ist aber nicht weiter schlimm, denn die Schlange hat noch genug andere Dinge zu erledigen. Diese Routinearbeiten, müssen ohnehin erledigt werden.

Tipp des Monats: Konzentrieren Sie sich auf das Wesentliche! Damit bringen Sie sich in eine gute Ausgangsposition für den Rest des Jahres.

WU Pferd

Grundtendenz des Monats: Mit dem Hund bekommt das Pferd im Oktober endlich eine gute Unterstützung. So können Sie sich nun deutlich von den zuweilen etwas wilden Ideen der Jahresregentin abgrenzen und Ihren Standpunkt besser vertreten. Trotzdem sollte das Pferd nun nicht in hektische Aktivität verfallen. Sie können unmöglich in vier Wochen all das aufholen, was Sie meinen in den letzten Monaten verpasst zu haben. Schonen Sie lieber Ihre Ressourcen!

Mehr Stabilität kann das Pferd in diesem Monat sicher gut gebrauchen. Deshalb sollte es sich nun vor allem auf die Menschen in seinem unmittelbaren Umfeld verlassen.

Liebe, Familie, Freundschaft: Freundschaften wollen gepflegt werden, liebes Pferd. Jetzt, wo mit dem Hund ein wenig mehr Ruhe einkehrt, könnten Sie alte Kontakte aufleben lassen oder sich wieder bei treuen Wegbegleitern melden.

Ratte und Hund gelten in der Chinesischen Astrologie eher als Zweckgemeinschaft, unterstützen sich gegenseitig aber im Oktober recht gut. Das können einsame Pferde nun für sich nutzen, und sich verstärkt auf die Suche begeben. Zeigen Sie sich als zuverlässige und redegewandte Persönlichkeit. Dann haben Sie nun richtig gute Chancen.

Beruf, Finanzen: Das zusätzliche Feuer, das der Hund jetzt mitbringt, wirkt sich auf die Motivation des Pferdes aus. So lassen sich endlich auch Dinge erledigen, die Sie bislang vor sich hergeschoben haben. Wer derartige Arbeiten nicht alleine erledigen will, kann Mitstreiter gewinnen. Je engagierter Sie Ihren Appell starten, desto größer ist die Unterstützung.

Überprüfen Sie nun Ihr Arbeitsmaterial und auch die Technik, die Sie einsetzen. Eventuell ist eine Wartung nötig oder das eine oder andere Teil muss ausgetauscht werden. Wer hier jetzt zu lange wartet, muss am Ende deutlich mehr investieren.

Tipp des Monats: Sie sollten sich jetzt wirklich nicht überarbeiten! Nehmen Sie sich mehr Zeit, für die Dinge, die Sie wirklich erfüllen.

WEI Ziege

Grundtendenz des Monats: Will die Ziege in diesen Wochen Ihre Meinung durchsetzen, kann das etwas schwierig werden. Vor allem, wenn sie dabei vom vorgegebenen Weg abweicht, macht sich nun rasch Widerstand breit. Das liegt daran, dass jetzt ein Feuer-Hund mit einem recht konservativem Weltbild die Ziege begleitet. Da kann die Ratte noch so gute Ideen haben - ohne die entsprechende Unterstützung wird die Ziege davon jetzt nur wenig umsetzen können.

Wahrscheinlich macht es eher Sinn, das Ganze noch einen Monat ruhen zu lassen und im November einen neuen Versuch zu starten. Bis dahin lässt der Einfluss des Hundes nach.

Liebe, Familie, Freundschaft: Manchmal reicht es nicht aus, sich nur auf der emotionalen Ebene um das Wohl seiner Lieben zu kümmern. Praktische Arbeiten wollen genauso erledigt werden. Überprüfen Sie nun, ob in den eigenen vier Wänden alles in Ordnung ist und geben Sie die schon länger nötigen Instandsetzungsarbeiten in Auftrag. Wenn gewisse Dinge nicht funktionieren, drückt das auf die Stimmung aller.

Treue Seelen haben es in diesem Monat besonders leicht, einen Herzenspartner zu finden. Das mag zwar nicht unbedingt die aufregendste Option sein, bringt aber Stabilität und ein Gefühl von Geborgenheit.

Beruf, Finanzen: Sollte Ihnen nun am Arbeitsplatz auffallen, dass man in den letzten Monaten etwas Wichtiges übersehen hat, sollten Sie das sofort melden. Im Augenblick lässt sich die Sache sicher noch einrenken, ohne das es große Konsequenzen für alle Beteiligten hat.

Zu viel Mitgefühl tut Ihnen am Arbeitsplatz wirklich nicht gut, liebe Ziege. Wer hier zu stark emotional involviert ist, kann im entscheidenden Moment vielleicht nicht die dringend nötigen pragmatischen Entscheidungen treffen. Versuchen Sie nun lieber, sich relativ neutral zu halten.

Tipp des Monats: Machen Sie genug Pausen! Es ist niemandem geholfen, wenn Sie sich übernehmen.

SUNG
Affe

Grundtendenz des Monats: Nicht jeder kann mit dem Tempo des Affen mithalten - das haben Sie in den vergangenen Wochen sicher wahrgenommen und dann eher geflissentlich ignoriert. Aber auch wenn Sie selbst das Gefühl haben, dass Sie einfach immer so weiter machen könnten, wäre es für Ihr Umfeld sicher erholsam, wenn Sie mal eine Pause machen. Mal ganz abgesehen davon, dass es auch Ihnen selbst gut tun würde, einen Gang zurückzuschalten!

Kümmern Sie sich jetzt vor allem um Ihre Gesundheit. Aufgeschobene Check-Ups, die brachliegende Mitgliedschaft im Sportverein, zwischen Tür und Angel eingenommene Mahlzeiten - da gibt es sicher reichlich Handlungsbedarf!

Liebe, Familie, Freundschaft: Mit dem Hund kommt im Oktober das Erd-Element mehr zum Tragen. Da geht es nun auch für den Affen darum, zu Hause für einen stabilen Rahmen für sein Tun zu sorgen. Das kann er nun zum Beispiel damit erreichen, indem er mehr Regelmäßigkeit in seinen Alltag einbaut. Darüber freuen sich auch die Mitbewohner, denn so lassen sich die gemeinsamen Dinge einfach besser planen.

Wer loyal zu seinen Freunden steht, wird nun mit viel Zuneigung und Aufmerksamkeit belohnt. Nehmen Sie sich jetzt ruhig ein bisschen mehr Zeit für gemeinsame Aktivitäten.

Beruf, Finanzen: Auch hier brauchen Mensch und Maschine nun dringend einmal eine Pause. Verschieben Sie nötige Wartungsarbeiten lieber nicht ein weiteres Mal - so eine Nachlässigkeit könnte sich in den kommenden Wochen schnell rächen und Sie um einiges zurückwerfen.

Eine gewisse Wachsamkeit im Umgang mit der Konkurrenz kann nun sicher auch nicht schaden. Je mehr Sie darüber informiert sind, was es sonst noch so da draußen gibt, desto besser können Sie Ihr eigenes Angebot an den wirklichen Bedarf anpassen.

Tipp des Monats: Stehen Sie zu Ihren Quellen und seien Sie stolz auf das, was Sie bisher gelernt haben!

YU
Hahn

Grundtendenz des Monats: Mit einem loyalen Hund kommt im Oktober endlich ein bisschen mehr stabilisierende Erde ins Spiel. Das dürfte dem Hahn gut bekommen, denn jetzt können anstehende Entscheidungen wieder deutlich pragmatischer getroffen werden. Verabschieden Sie sich von den komplizierten Gedankenkonstrukten, zu denen die Ratte Sie bislang verführt hat und besinnen Sie sich auf einfachere Lösungen. Damit lässt sich auch Ihre Umgebung besser motivieren.

Mit zusätzlichen Yang-Feuer ausgestattet, steigt sicher auch das Engagement des Hahns. Verschießen Sie Ihr Pulver mit Bedacht - auch im restlichen Jahr werden Sie noch einiges an Energie brauchen.

Liebe, Familie, Freundschaft: Schlafende Hunde sollte man jetzt lieber nicht wecken. Das gilt in diesem Monat vor allem für die Bereiche in Ihrem Privatleben, die im Grunde ganz gut laufen. Konzentrieren Sie sich lieber auf die offensichtlichen Baustellen. Da gibt es sicher genug zu tun.

In der Liebe zählt nun weniger das Bild, dass Sie als Paar nach außen abgeben, als vielmehr das gegenseitige Vertrauen, dass Sie einander entgegen bringen. Kümmern Sie sich nicht darum, was die Leute reden!

Beruf, Finanzen: Realistisch betrachtet weiß der Hahn ganz genau, dass ihm der Erfolg nicht einfach so in den Schoß fällt. Die Ratte mag zwar manchmal den Eindruck erwecken, dass man eine Idee nur anstoßen und weiter nicht viel tun muss. In der Praxis muss sich der Hahn sich allerdings schon bewegen, damit er am Ende des Tages eine gute Belohnung bekommen kann.

Wenn Ihr Umfeld im Oktober nach einer Pause schreit, sollten Sie diese nun auch wirklich einlegen. Bei der Gelegenheit können Sie dann gleich auch mal die verschiedenen Arbeitsprozesse auf den Prüfstand stellen. Eventuell sind hier einige Anpassungen nötig.

Tipp des Monats: Erfüllen Sie jetzt auf jeden Fall Ihre Verpflichtungen, auch wenn Ihnen das nicht besonders viel Spaß bereitet.

SHIH
Hund

Grundtendenz des Monats: Sie haben sicher mittlerweile gemerkt, dass da niemand ist, der Sie zu Veränderungen zwingt. Die aktuelle Regentin versucht lieber mit Worten zu überzeugen. Schließlich sollen ihre Untertanen sich nicht unter Druck gesetzt fühlen, sondern aus freien Stücken wagen, einen neuen Weg einzuschlagen.

Im Oktober tut sich der Hund noch einmal schwerer damit, sich auf Dinge einzulassen, die er so nicht gewohnt ist. Das liegt daran, dass nun mit einem zweiten Hund der Wunsch verstärkt wird, dass bitte alles so bleiben möge, wie es ist. Sie können sich weiter schlafend stellen, lieber Hund. Über kurz oder lang müssen Sie sich bewegen.

Liebe, Familie, Freundschaft: Treue und Beständigkeit sind für den Hund unverzichtbar für ein harmonisches Miteinander. Diese Werte werden nun auch gewiss nicht angezweifelt, sondern anerkannt und geschätzt. Für bestehende Partnerschaften bedeutet das in der Regel , dass man sich nun noch mehr aufeinander verlassen kann.

Wer nun einen Rat braucht, sollte sich ruhig erst einmal an seinen inneren Kreis wenden. Freunde, Familie und Partner sind oft gute Ratgeber, denn sie haben immer in erster Linie Ihr Wohl im Sinn.

Beruf, Finanzen: Machen Sie sich bitte keine Illusionen darüber, dass Sie ohne Pause immer so weiter machen können. Der ständige Einsatz fordert selbst vom zähsten Hund irgendwann seinen Tribut. Anstatt zu warten, bis das Kind in den Brunnen fällt, wäre es besser, nun einfach einmal eine Pause einzulegen. Dann haben Sie auch wieder frische Kraft für einen guten Endspurt im Jahr der Metall-Ratte.

Die Unterstützung kommt in diesem Jahr manchmal aus wirklich unerwarteten Ecken, lieber Hund. Trotzdem dürfen Sie sie nun dankend annehmen - vor allem dann, wenn Sie aus Bereichen kommt, die Sie selbst nicht so gut beherrschen.

Tipp des Monats: Zeigen Sie Einsatz, aber verausgaben Sie sich dabei nicht.

HAN
Schwein

Grundtendenz des Monats: In diesem Monat dürfen Sie sich über Unterstützung aus einer Ecke freuen, aus der Sie das so gar nicht erwartet haben. Das kann Sie nun darin bestärken, in die gewünschte Richtung weiterzugehen und deutlich mehr daran zu glauben, dass Sie Ihr Ziel erreichen können.

Feuer und Erde kommen im Oktober zusätzlich ins Spiel und sorgen dafür, dass das Schwein sich recht ausgeglichen fühlen sollte. Die Harmonie auf der Elemente-Ebene sollte nun aber nicht dazu führen, dass Sie zu träge werden, sondern Sie eher dazu beflügeln, über sich selbst hinauszuwachsen.

Liebe, Familie, Freundschaft: Mit dem loyalen Hund tritt ein Tierzeichen auf dem Plan, das das Schwein immer dann ganz besonders gut ergänzt, wenn es um Themen wie Heim und Familie geht. So sollte es in den eigenen vier Wänden vorwiegend friedlich zugehen. Man versteht, sich gegenseitig zu unterstützen und so dafür zu sorgen, dass der Familienfrieden gewahrt bleibt.

In der Partnerschaft geht es nun sicher mehr um Stabilität als um Leidenschaft. Wem das in diesen Wochen nicht reicht, der muss selbst die Initiative ergreifen und für romantische Momente innerhalb und außerhalb des Schlafzimmers sorgen.

Beruf, Finanzen: Schlafende Hunde beißen nicht, können nun aber trotzdem dafür sorgen, dass allgemein die Wachsamkeit zunimmt. Da sollte sich das Schwein nun lieber keine Fauxpas leisten, sondern besonders konzentriert bei der Sache bleiben. Geben Sie sich keine Blöße, sondern zeigen Sie auch den letzten Zweiflern, dass auf das Schwein Verlass ist.

Die Arbeit dürfte in diesen Wochen ohnehin deutlich fehleranfälliger sein als in den letzten Monaten. Entweder machen Sie nun einmal einen gründlichen Check-Up, oder Sie gönnen sich eine Pause.

Tipp des Monats: Fair Play ist in diesen Wochen unabdingbar! Lassen Sie sich jetzt auf keinen Fall etwas anderes einreden.

Oktober 2020	Jahreskonstellation – Metall-Ratte Monatskonstellation – Feuer-Hund

1. Feuer Büffel	Ratte Büffel Tiger Hase Drache Schlange Pferd Ziege Affe Hahn Hund Schwein **Günstig:** Gartenarbeit, Feiern, Hochzeit, Dinge zum Abschluss bringen. **Ungünstig:** keine Anschuldigungen gegen Dritte erheben.
2. Erd Tiger	Ratte Büffel Tiger Hase Drache Schlange Pferd Ziege Affe Hahn Hund Schwein **Günstig:** Gartenarbeit, Hochzeit, Dinge zum Abschluss bringen. **Ungünstig:** Umzug, Reisen, Geschäftseröffnung
3. Erd Hase	Ratte Büffel Tiger Hase Drache Schlange Pferd Ziege Affe Hahn Hund Schwein **Günstig:** Ausruhen, Meditation, seinen Hobbys nachgehen. **Ungünstig:** wichtige Unternehmungen.
4. Metall Drache	Ratte Büffel Tiger Hase Drache Schlange Pferd Ziege Affe Hahn Hund Schwein **Günstig:** Amüsieren, mit Freunden ausgehen, Freizeitaktivitäten **Ungünstig:** geschäftliche Aktivitäten, neue Dinge anfangen.
5. Metall Schlange	Ratte Büffel Tiger Hase Drache Schlange Pferd Ziege Affe Hahn Hund Schwein **Günstig:** für die meisten Aktivitäten, Geschäftsabschlüsse, Partnerschaft **Ungünstig:** negative Bemerkungen über andere Menschen.
6. Wasser Pferd	Ratte Büffel Tiger Hase Drache Schlange Pferd Ziege Affe Hahn Hund Schwein **Günstig:** Handel, Geschäftseröffnungen, Hochzeiten und andere Feste planen. **Ungünstig:** Beerdigungen, Reisen, Arztbesuche.
7. Wasser Ziege	Ratte Büffel Tiger Hase Drache Schlange Pferd Ziege Affe Hahn Hund Schwein **Günstig:** Handwerkliche Aktivitäten, Handel, Hochzeiten, Reisen **Ungünstig:** Trauerfeiern und Beerdigungen, schwere körperliche Arbeit
8. Holz Affe	Ratte Büffel Tiger Hase Drache Schlange Pferd Ziege Affe Hahn Hund Schwein **Günstig:** Handwerkliche Aktivitäten, Handel, Hochzeiten, Reisen **Ungünstig:** Trauerfeiern und Beerdigungen, schwere körperliche Arbeit
9. Holz Hahn	Ratte Büffel Tiger Hase Drache Schlange Pferd Ziege Affe Hahn Hund Schwein **Günstig:** Ankündigungen machen, Beerdigungen, Trauerfeiern. **Ungünstig:** Handel, Vergnügungen, Freizeitaktivitäten
10. Feuer Hund	Ratte Büffel Tiger Hase Drache Schlange Pferd Ziege Affe Hahn Hund Schwein **Günstig:** Kleidung schneiden, Handel, Buchhaltung, Ausflüge, neue Dinge beginnen **Ungünstig:** Geschäfte eröffnen, Kraftanstrengungen, Reisen, Ersparnisse ausgeben
11. Feuer Schwein	Ratte Büffel Tiger Hase Drache Schlange Pferd Ziege Affe Hahn Hund Schwein **Günstig:** Putzen, waschen, fasten, seelische und körperliche Pflege, Arztbesuche **Ungünstig:** Ausdauersport, Reisen, Hochzeit.
12. Erd Ratte	Ratte Büffel Tiger Hase Drache Schlange Pferd Ziege Affe Hahn Hund Schwein **Günstig:** Umziehen, Reisen, Hochzeiten, Empfänge, wichtige Konferenzen. **Ungünstig:** geistige Arbeiten, Gartenarbeit, häusliche Tätigkeiten.
13. Erd Büffel	Ratte Büffel Tiger Hase Drache Schlange Pferd Ziege Affe Hahn Hund Schwein **Günstig:** Versammlungen, gerechte Verteilungen, Hochzeit, Konferenzen, Umzug. **Ungünstig:** Gartenarbeit, Dinge zum Abschluss bringen.
14. Metall Tiger	Ratte Büffel Tiger Hase Drache Schlange Pferd Ziege Affe Hahn Hund Schwein **Günstig:** Gartenarbeit, Feiern, Hochzeit, Dinge zum Abschluss bringen. **Ungünstig:** keine Anschuldigungen gegen Dritte erheben.
15. Metall Hase	Ratte Büffel Tiger Hase Drache Schlange Pferd Ziege Affe Hahn Hund Schwein **Günstig:** Gartenarbeit, Hochzeit, Dinge zum Abschluss bringen. **Ungünstig:** Umzug, Reisen, Geschäftseröffnung.

Ob ein Tag besonders günstig für Ihr Tierzeichen ist, sehen Sie an folgenden Farben:
Rot = sehr günstig, Grau = günstig, Schwarz = nicht günstig

Jahreskonstellation – Metall-Ratte Monatskonstellation – Feuer-Hund	Oktober 2020

16. Wasser Drache	Ratte Büffel Tiger Hase Drache Schlange Pferd Ziege Affe Hahn Hund Schwein **Günstig:** Ausruhen, Meditation, seinen Hobbys nachgehen. **Ungünstig:** wichtige Unternehmungen.
17. Wasser Schlange	Ratte Büffel Tiger Hase Drache Schlange Pferd Ziege Affe Hahn Hund Schwein **Günstig:** Amüsieren, mit Freunden ausgehen, Freizeitaktivitäten **Ungünstig:** geschäftliche Aktivitäten, neue Dinge anfangen.
18. Holz Pferd	Ratte Büffel Tiger Hase Drache Schlange Pferd Ziege Affe Hahn Hund Schwein **Günstig:** für die meisten Aktivitäten, Geschäftsabschlüsse, Partnerschaft **Ungünstig:** negative Bemerkungen über andere Menschen.
19. Holz Ziege	Ratte Büffel Tiger Hase Drache Schlange Pferd Ziege Affe Hahn Hund Schwein **Günstig:** Handel, Geschäftseröffnungen, Hochzeiten und andere Feste planen. **Ungünstig:** Beerdigungen, Reisen, Arztbesuche.
20. Feuer Affe	Ratte Büffel Tiger Hase Drache Schlange Pferd Ziege Affe Hahn Hund Schwein **Günstig:** Handwerkliche Aktivitäten, Handel, Hochzeiten, Reisen **Ungünstig:** Trauerfeiern und Beerdigungen, schwere körperliche Arbeit
21. Feuer Hahn	Ratte Büffel Tiger Hase Drache Schlange Pferd Ziege Affe Hahn Hund Schwein **Günstig:** Ankündigungen machen, Beerdigungen, Trauerfeiern. **Ungünstig:** Handel, Vergnügungen, Freizeitaktivitäten
22. Erd Hund	Ratte Büffel Tiger Hase Drache Schlange Pferd Ziege Affe Hahn Hund Schwein **Günstig:** Kleidung schneidern, Handel, Buchhaltung, Ausflüge, neue Dinge beginnen **Ungünstig:** Geschäfte eröffnen, Kraftanstrengungen, Reisen, Ersparnisse ausgeben
23. Erd Schwein	Ratte Büffel Tiger Hase Drache Schlange Pferd Ziege Affe Hahn Hund Schwein **Günstig:** Putzen, waschen, fasten, seelische und körperliche Pflege, Arztbesuche **Ungünstig:** Ausdauersport, Reisen, Hochzeit.
24. Metall Ratte	Ratte Büffel Tiger Hase Drache Schlange Pferd Ziege Affe Hahn Hund Schwein **Günstig:** Umziehen, Reisen, Hochzeiten, Empfänge, wichtige Konferenzen. **Ungünstig:** geistige Arbeiten, Gartenarbeit, häusliche Tätigkeiten.
25. Metall Büffel	Ratte Büffel Tiger Hase Drache Schlange Pferd Ziege Affe Hahn Hund Schwein **Günstig:** Versammlungen, gerechte Verteilungen, Hochzeit, Konferenzen, Umzug **Ungünstig:** Gartenarbeit, Dinge zum Abschluss bringen.
26. Wasser Tiger	Ratte Büffel Tiger Hase Drache Schlange Pferd Ziege Affe Hahn Hund Schwein **Günstig:** Gartenarbeit, Feiern, Hochzeit, Dinge zum Abschluss bringen. **Ungünstig:** keine Anschuldigungen gegen Dritte erheben.
27. Wasser Hase	Ratte Büffel Tiger Hase Drache Schlange Pferd Ziege Affe Hahn Hund Schwein **Günstig:** Gartenarbeit, Feiern, Hochzeit, Dinge zum Abschluss bringen. **Ungünstig:** keine Anschuldigungen gegen Dritte erheben.
28. Holz Drache	Ratte Büffel Tiger Hase Drache Schlange Pferd Ziege Affe Hahn Hund Schwein **Günstig:** Ausruhen, Meditation, seinen Hobbys nachgehen. **Ungünstig:** wichtige Unternehmungen.
29. Holz Schlange	Ratte Büffel Tiger Hase Drache Schlange Pferd Ziege Affe Hahn Hund Schwein **Günstig:** Amüsieren, mit Freunden ausgehen, Freizeitaktivitäten **Ungünstig:** geschäftliche Aktivitäten, neue Dinge anfangen.
30. Feuer Pferd	Ratte Büffel Tiger Hase Drache Schlange Pferd Ziege Affe Hahn Hund Schwein **Günstig:** für die meisten Aktivitäten, Geschäftsabschlüsse, Partnerschaft **Ungünstig:** negative Bemerkungen über andere Menschen.
31. Feuer Ziege	Ratte Büffel Tiger Hase Drache Schlange Pferd Ziege Affe Hahn Hund Schwein **Günstig:** Handel, Geschäftseröffnungen, Hochzeiten und andere Feste planen. **Ungünstig:** Beerdigungen, Reisen, Arztbesuche.

TZE
Ratte

Grundtendenz des Monats: Sie würden sich sicher wünschen, dass einige Dinge sich leichter entwickeln in Ihrem eigenen Jahr. Schließlich ist Ihnen der aktuelle Jahresregent gut gesonnen und versteht Ihre Bedürfnisse ganz genau. Das reicht aber nicht aus, wenn es darum geht, etwas Besonderes zu schaffen. Da braucht es zusätzlichen Einsatz. Anstatt sich also darauf zu verlassen, dass es irgendwer schon richten wird, sollten Sie lieber jetzt im November die Ärmel hochkrempeln und selbst aktiv werden.

Wer sich mehr Stabilität wünscht, sollte in diesen Wochen verstärkt darauf achten, sein Erd-Element mit stärkenden Übungen und der entsprechenden Ernährung zu unterstützen.

Liebe, Familie, Freundschaft: Ein freundliches Schwein begleitet den November und kümmert sich jetzt besonders um die familiäre Harmonie. Damit diese sich entwickeln kann, ist es allerdings erst einmal nötig, dass die Ratte genug Zeit aufbringt und die Belange von Partner und Familie ernst nimmt. Gemeinsame Aktivitäten sind ein erster Schritt in die richtige Richtung.

In der Liebe können alle Ratten schöne Stunden erleben, wenn es gelingt, den Kopf auszuschalten und sich einfach nur auf das Gefühl zu verlassen. Da ist es hilfreich, dass im Monat das Yin-Feuer gestärkt wird.

Beruf, Finanzen: Auch wenn es jetzt noch einmal etwas anstrengender wird, ist aufgeben keine Option, verehrte Ratte! Dafür sind Sie schon viel zu weit gekommen. Nun können Sie allen Zweiflern beweisen, dass Sie zielgerichtet und konzentriert arbeiten können, wenn Sie nur ein lohnenswertes Ziel gesetzt bekommen.

Ihre Willenskraft sollte in diesem Monat übrigens besonders gut unterstützt werden. Da wäre es vielleicht keine schlechte Idee, nun noch einmal verstärkt für die Umsetzung Ihrer Ideen zu kämpfen. An guten Argumenten sollte es Ihnen ja wirklich nicht fehlen.

Tipp des Monats: Glauben Sie entschlossen an Ihren Erfolg! So können Sie nun die Weichen für die Zukunft stellen.

KIU
Büffel

Grundtendenz des Monats: Zum Ende des Jahres werden die Aufgaben selbst für den beständigen Büffel nicht einfacher. Seine Durchsetzungskraft sollte aber sicherstellen, dass die noch bestehenden Hindernisse überwunden werden können. Bis zur Zielgerade kann aber noch einmal ein etwas längerer Atem erforderlich sein.

Vertrauen ist gut, aber Kontrolle ist manchmal doch besser. Gerade wenn es sich um neue Kontakte handelt, sollte der Büffel sich nicht von verlockenden Versprechungen blenden lassen, sondern lieber verlangen, dass die Tatsachen auf den Tisch kommen. Sein Anliegen sollte er höflich, aber entschlossen vortragen.

Liebe, Familie, Freundschaft: Mit dem freundlichen Feuer-Schwein rücken im November noch einmal die zwischenmenschlichen Beziehungen ins Zentrum der Aufmerksamkeit. Dabei geht es nun auch darum, in wichtigen Situationen nicht nur den Kopf, sondern vor allem die Gefühle zu Wort kommen zu lassen.

Bevor sich das Jahr langsam dem Ende zuneigt, kann der Büffel ruhig mehr Arbeit in die Gestaltung seiner persönlichen Umgebung stecken. Die Herrscherin hat sicher die eine oder andere gute Idee, wie man das Heim verschönern kann und das Schwein sorgt dafür, dass sich auch die anderen Familienmitglieder damit wohlfühlen.

Beruf, Finanzen: Der eine oder andere aus Ihrem beruflichen Umfeld muss nun vielleicht davon überzeugt werden, durchzuhalten. Da ist der Büffel ein wunderbares Beispiel dafür, wie man auch dann weitermacht, wenn die Dinge einmal nicht ganz so optimal laufen.

Ratte und Schwein sind nicht die besten Ratgeber, wenn es um finanzielle Angelegenheiten geht. Deshalb sollte der Büffel jetzt lieber echte Fachleute fragen, bevor er sein Geld in Projekte steckt, die auf den ersten Blick ganz gut aussehen, aber einer intensiven Prüfung kaum standhalten.

Tipp des Monats: Manche Entscheidungen brauchen etwas Zeit, um sich als richtig herauszustellen. Bleiben Sie geduldig!

YING Tiger

Grundtendenz des Monats: Sie mögen nun vielleicht den Eindruck haben, dass die Ihnen gestellten Aufgaben irgendwie nicht einfacher werden. Vielleicht liegt das daran, dass Sie inzwischen so viel gelernt haben, dass Sie auch schwierigere Herausforderungen meistern können?

Mit der Ratte an Ihrer Seite konnten Sie in den letzten Monaten nicht nur Pläne schmieden, sondern auch aktiv an der Umsetzung arbeiten. Wer dabei mit den Aufgaben gewachsen ist, kann in den letzten Monaten der Regentschaft noch ein Stück weiter kommen.

Liebe, Familie, Freundschaft: Ein familienfreundliches Schwein begleitet den Tiger im November. Wenn ihm viel an seinen Lieben liegt, muss er nun wahrscheinlich einmal mehr seine Prioritäten in Richtung Privatleben verschieben. Gespräche wollen geführt und Entscheidungen getroffen werden - da wird die Erfahrung und der Rat des Tigers hoch geschätzt.

Das Schwein hat die Gabe, immer das Beste aus jeder Situation zu machen. Das gilt nun auch für verzwickte Beziehungsprobleme, die sich auch bei genauerem Hinsehen bislang nicht haben lösen lassen. Es besteht wirklich eine gute Chance, nun zu einem tragfähigen Kompromiss zu kommen.

Beruf, Finanzen: Mittlerweile sollte der Tiger gemerkt haben, dass die Gelegenheiten ihm auch im Jahr der Ratte nicht automatisch vor die Füße fallen. Gerade jetzt im November wird ordentlich Einsatz gefordert - schließlich sollen Sie sich verdient haben, was man Ihnen zukommen lässt. Wer gleich zu Beginn des Jahres einen neuen Weg eingeschlagen hat, wird nun vielleicht erstmals ernsthaft an seiner Leistung gemessen.

Mit einfachem Delegieren ist es nicht getan. Sie müssen das Ergebnis ohnehin überprüfen. Da können Sie es gleich selber machen.

Tipp des Monats: Schwierigkeiten sind dazu da, überwunden zu werden! Zeigen Sie allen, wie entschlossen Sie sein können, wenn der Einsatz sich lohnt.

MAO Hase

Grundtendenz des Monats: Mit dem Schwein kehrt in diesen Wochen das Tierzeichen zurück, das Ihnen im vergangenen Jahr so viele schöne Stunden geschenkt hat. Das bedeutet, dass so mancher Hase nun ein wenig aufatmen kann. Mit dem Schwein geht es einmal mehr ums genießen und weniger um das Ergebnis.

Trotzdem ist es schon wichtig, bei laufenden Projekten am Ball und informiert zu bleiben. Sie möchten ja schließlich nicht, dass Ihnen am Ende jemand die Butter vom Brot nimmt, oder? Auch wenn Sie jetzt nicht ganz so viel Zeit in die Sache stecken, muss das ja nicht gleich für alle offensichtlich sein.

Liebe, Familie, Freundschaft: Die Familie rückt mit dem Schwein wieder mehr in den Mittelpunkt Ihrer Aufmerksamkeit. Das ist auch gut so, lieber Hase, denn gerade der Nachwuchs kann nun sicher ein bisschen mehr Motivation gebrauchen. Dabei geht es nicht darum, Ihren Kindern Arbeit abzunehmen, denn schließlich müssen Sie ja irgendwann mal lernen, auf eigenen Füßen zu stehen. Mehr Eigenverantwortung lässt sich aber leichter übernehmen, wenn man mit gutem Beispiel vorangeht.

In der Liebe sind Hase und Schwein ebenfalls ein gutes Team - gemeinsam mit der Ratte kann man deshalb nun vor allem gute Gespräche führen.

Beruf, Finanzen: Ein bisschen mehr Kontrolle kann in diesem Monat bestimmt nicht schaden. Das gilt sowohl für die eigene Arbeit als auch für die Anteile, die von anderer Seite kommen. Sie können viel Zeit und vielleicht sogar Geld sparen, wenn Sie nicht erst zum Ende hin genau hinschauen.

Kleinere Hindernisse sollten Sie nun nicht davon abhalten, weiter beherzt den eingeschlagenen Weg zu verfolgen. Manche Dinge entpuppen sich bei genauerem Hinsehen als gar nicht mehr so große Hemmschuhe.

Tipp des Monats: Immer schön optimistisch bleiben! So lässt sich das Ergebnis auf der mentalen Ebene unterstützen.

SHENG Drache

Grundtendenz des Monats: Das Wasser-Element wird im November besonders betont. Das bedeutet für den Drachen auf der einen Seite, dass seine Willenskraft gestärkt wird und wichtige Entscheidungen ohne Verzögerung getroffen werden können. Auf der anderen Seite kann es nun aber auch besonders wichtig sein, vorher über die eigenen Pläne ausgiebig zu sprechen. Sicher möchten Sie nicht, dass am Ende Stimmen laut werden, die behaupten, sie hätten von nichts gewusst.

Mit dem Wasser erscheint das Schwein diesen Monat auf der Bildfläche. Da wird nun wahrscheinlich auch vom Drachen ein zusätzliches Maß an Fleiß erwartet.

Liebe, Familie, Freundschaft: Ein trautes Heim ist immer dann wichtig, wenn man viel unterwegs ist. Schließlich braucht auch der umtriebigste Drache ein Nest mit lieben Menschen, zu denen er nach seinen Abenteuern zurückkehren darf. Mit Hilfe des Schweins kann es gelingen, sich solch einen sicheren Hafen zu schaffen.

Die andere Seite reagiert nicht mit der gewünschten Begeisterung auf Ihre Avancen? Dann sollten Sie nun vielleicht einmal Ihre Strategie überdenken. Anstatt mit viel Brimborium zu beeindrucken, könnten Sie es einfach mal mit ein wenig mehr Gemütlichkeit versuchen. Gerade, wer eine dauerhafte Bindung sucht, achtet mehr auf Alltagstauglichkeit.

Beruf, Finanzen: Besonders viele Hindernisse dürfte man dem Drachen bislang im Jahr der Metall-Ratte nicht in den Weg gelegt haben. Schließlich liegt der aktuellen Jahresregentin viel daran, dass Sie 2020 so richtig glänzen können. Sie kann Ihnen aber leider nicht die lästigen Arbeiten abnehmen, die es immer wieder mal zu erledigen gibt und die man gerade in diesen Wochen nur schlecht delegieren kann. Augen zu und durch, lieber Drache. Das ist wahrscheinlich das letzte Mal in diesem Jahr, dass Sie derartige Aufgaben erledigen müssen.

Tipp des Monats: Manchmal liegt das wahre Glück in den kleinen Dingen. Das können Sie in diesen Wochen wirklich lernen.

SZE Schlange

Grundtendenz des Monats: Beruf oder Privatleben - was ist der Schlange in diesen Wochen wichtiger? Wer diese Frage so einfach nicht beantworten kann, sollte jetzt einmal die Zeit nehmen, über sein Lebenskonzept nachzudenken.

Mit dem freundlichen Schwein kann es im November passieren, dass die Entscheidung mehr in Richtung Familie tendiert. Wer sich da allerdings nicht so sicher ist, will vielleicht noch mal alle Fakten überprüfen, bevor er zu einem endgültigen Ergebnis kommt.

Schwein und Schlange stehen sich im Chinesischen Tierkreis direkt gegenüber. Das kann jetzt dazu führen, dass die Schlange stärker von Selbstzweifeln geplagt wird.

Liebe, Familie, Freundschaft: Wer eigene Kinder hat, darf diesen in den nächsten Wochen ruhig ein bisschen mehr unter die Arme greifen. Dabei spielt es keine Rolle, ob der eigene Nachwuchs eigentlich schon auf eigenen Beinen steht oder noch klein ist - auf emotionaler Ebene kann er immer Unterstützung gebrauchen.

Mit der Kombination aus Schwein und Ratte wird in diesen Wochen das Wasser-Element betont. Das sind gute Voraussetzungen für so manch eher introvertierte Schlange, in der Partnerschaft mehr den Mund aufzumachen und die eigenen Gefühle zu teilen.

Beruf, Finanzen: Bei Geldgeschäften ist in diesem Monat Vorsicht angesagt. Weder die Ratte noch das Schwein sind die besten Berater, wenn es um das Thema Finanzen geht. Beide haben die Tendenz, für die schönen Dinge im Leben gerne und gut Geld auszugeben... Da kommt es jetzt darauf an, ob sich die Schlange das leisten kann und will.

Es mag jetzt etwas zäh vorangehen für die Schlange. Das sollte Sie aber nicht frustrieren! Mit der entsprechenden Entschlossenheit werden Sie das Ziel erreichen können.

Tipp des Monats: Stehen Sie zu Ihren Fähigkeiten und lassen Sie sich nun bloss nicht einreden, dass Sie nicht schaffen können, was Sie sich vorgenommen haben.

WU
Pferd

Grundtendenz des Monats: Das Jahr der Ratte war bislang für so manches Pferd recht anstrengend. Das ist nicht wirklich verwunderlich, denn die Ratte vertritt nun einmal ein Lebenskonzept, das sich von dem der meisten Pferde enorm unterscheidet. Nun gesellt sich ein Feuer-Schwein zu Ihrer Konstellation, von dem Sie jetzt lernen können, wie Sie auch schwierige Situationen in eine positive Erfahrung umwandeln können. Oft kann ein anderer Blickwinkel vor allem an Ihrem emotionalen Zustand enorm viel verändern.

Das Feuer-Schwein wird in der Chinesischen Astrologie auch als „das Schwein, das den Berg überquert" bezeichnet. Das bedeutet, dass Hindernisse jetzt überwunden werden können.

Liebe, Familie, Freundschaft: Auch in diesem Monat wird noch einmal das Feuer-Element unterstützt, diesmal allerdings in seiner sanften Yin-Ausprägung. Das mag dem Pferd nun dabei helfen, sich tiefer auf seinen Partner einzulassen.

Das zusätzliche Yin-Feuer macht Sie aber auch sensibler, so dass Sie nun unter Umständen ein wenig zu empfindlich reagieren, wenn man Sie im Kreise der Familie auf Dinge hinweist, die Sie verbessern könnten. Nehmen Sie die Kritik als Ansporn, man will Ihnen jetzt wirklich nichts Böses!

Beruf, Finanzen: Mit Willenskraft allein lassen sich vielleicht nicht alle Projekte stemmen. Sie ist aber schon einmal eine gute Voraussetzung, jetzt ein gutes Stück weiterzukommen. Setzen Sie weiterhin auf eine gemeinsame Anstrengung im Team. Wenn alle an einem Strang ziehen, kann bis zum Ende des Jahres noch einiges erreicht werden.

Auch das Pferd wächst mit seinen Aufgaben. Sagen Sie deshalb nicht direkt nein, wenn Ihnen die Sache zu anspruchsvoll erscheint. Wenn Sie nicht klarkommen sollten, können Sie sich ja immer noch Hilfe ins Boot holen. Wahrscheinlich ist das aber gar nicht nötig, wenn Sie sich von Anfang an engagieren.

Tipp des Monats: Zeigen Sie Ihre Umgebung, dass Sie mit jeder Situation klar kommen.

WEI
Ziege

Grundtendenz des Monats: Schwein und Ziege bilden jetzt im November ein gutes Team, wenn es um die zwischenmenschlichen Beziehungen geht. Es sollte Ihnen nun recht leicht fallen, auf dem gesellschaftlichen Parkett nicht nur zu bestehen, sondern dabei auch noch Spaß zu haben. Neue Kontakte können sich zu einem späteren Zeitpunkt als sehr nützlich erweisen.

Im Laufe des Ratten-Jahres sind die Aufgaben sicher nicht leichter geworden für die Ziege. Mit Hilfe des Schwein können Sie nun aber die Erkenntnis gewinnen, dass Sie nicht nur die Kraft haben, bis zum Ende der Strecke zu laufen, sondern das Ganze auch genießen dürfen.

Liebe, Familie, Freundschaft: In der Partnerschaft wird nun gegenseitiges Verständnis ganz groß geschrieben. Darüber sollten aber beide Seiten nicht vergessen, dass der Schlüssel zum gemeinsamen Glück nicht darin liegt, für die bessere Hälfte in allem zurückzustecken. Sorgen Sie jetzt dafür, dass es bei einem gegenseitigen Nehmen und Geben bleibt und die Bilanz immer ausgeglichen ist.

Das Schwein bringt einen guten Anteil an Yin-Feuer mit in diesen Wochen, was mehr Herzenswärme und Zärtlichkeit in den Alltag der Ziege bringen kann. Geben Sie diese Gefühle nun ruhig großzügig an die Menschen weiter, die Ihnen wichtig sind.

Beruf, Finanzen: Stabile Verhältnisse kann man von der agilen Ratte am Arbeitsplatz wahrscheinlich nicht erwarten. Dafür gibt es nach wie vor jede Menge Optionen, für die die Ziege sich entscheiden kann. Da genau liegt jetzt vielleicht bei einigen Ziegen das Problem... wenn Sie immer noch nicht wissen, wohin die Reise wirklich führen soll, ist es unmöglich, eine Entscheidung zu treffen. Da hilft nur eines - probieren Sie in den nächsten Wochen so viel wie möglich aus! Vielleicht macht es in Ihrem Herzen und Kopf „klick" und Sie finden Ihre Bestimmung.

Tipp des Monats: Genießen Sie die Vielfalt, die sich Ihnen nun bietet. In kaum einem anderen Jahr darf man so viel ausprobieren!

SUNG
Affe

Grundtendenz des Monats: Ein starkes Wasser-Element sorgt im November dafür, dass der Affe seine kommunikativen Fähigkeiten auf allen Ebenen ausleben kann. Sie sollten es aber bitte nicht mit dem Redefluss übertreiben. Ihr Umfeld könnte sonst leicht überfordert sein und sich gar nicht erst die Mühe machen, Ihre Gedankengänge zu verstehen.

Wenn Sie etwas wirklich wollen, sollten Sie das in diesen Wochen auch durchsetzen können. Wichtig ist allerdings, dass Sie dabei nicht auf Kosten anderer zu Ihrem Erfolg kommen. Das Schwein, dass den November begleitet, legt viel Wert darauf, dass niemand übervorteilt wird.

Liebe, Familie, Freundschaft: Mit dem freundlichen Schwein kommt nun auch eine gute Portion Yin-Feuer ins Spiel. Das kann dem Affen vor allem auf der zwischenmenschlichen Ebene helfen, sich emotional mehr zu öffnen. In bestehenden Partnerschaften können Sie so einfach freier über Ihre Gefühle sprechen. Bei frischen Verbindungen macht Sie das aber unter Umständen auch ein bisschen verletzlicher.

Familiäre Angelegenheiten sollten Sie nun bitte nicht aufschieben. Kümmern Sie sich lieber gleich darum, ansonsten könnte die Sache einen unangenehmen Rattenschwanz hinter sich herziehen.

Beruf, Finanzen: Für den Affen dürften sich die meisten Dinge in den vergangenen Monaten mit Leichtigkeit entwickelt haben. Da stört die Hindernisse um so mehr, die sich nun auftun. Es handelt sich aber nur um Kleinigkeiten, die Sie sicher schnell in den Griff bekommen, wenn Sie konzentriert bei der Sache bleiben.

Mitarbeiter und Kollegen brauchen nun vielleicht ein bisschen mehr Motivation. Machen Sie Ihnen klar, das Aufgeben so kurz vor dem Ziel wirklich keine Option ist! Wenn es Ihre Zeit zulässt, dürfen Sie gerne konkrete Hilfe anbieten. Ansonsten bleibt es besser bei der moralischen Unterstützung.

Tipp des Monats: Zeigen Sie Gefühl, wenn es angebracht ist, aber lassen Sie sich nicht zu sehr von Ihrem Ziel ablenken.

YU
Hahn

Grundtendenz des Monats: Kurzfristige Erfolge mag der Hahn in den vergangenen Monaten sicher schon so einige gefeiert haben. Mit der Ratte als Regentin sind die längerfristigen Perspektiven aber bislang eher dünn gesät. Darüber sollten Sie sich nicht unnötig grämen, sondern lieber das feiern, was Sie bislang geschafft haben. Das Feuer-Schwein, das Sie nun im November begleitet, will Sie daran erinnern, das Beste aus allem machen.

Ratte und Schwein unterstützen gemeinsam das Wasser-Element. Das kann für den Hahn bedeuten, dass er nun mehr unterwegs ist als in den Monaten zuvor.

Liebe, Familie, Freundschaft: Mit dem zusätzlichen Anteil an Yin-Feuer, den das Schwein im Gepäck hat, kann es dem zuweilen etwas kühlen Hahn nun sicher besser gelingen, sein Herz zu öffnen. Die emotionale Zuwendung freut vor allem Ihren Partner. Aber auch für Sie selbst dürfte es recht befreiend sein, den Gefühlen Ihren Lauf zu lassen.

Auch für Hähne auf der Partnersuche ist es nun etwas einfacher, nach einem ersten oberflächlichen Kontakt mehr in die Tiefe zu gehen. Lassen Sie sich ruhig vom freundlichen Schwein inspirieren und vertrauen Sie mehr auf das Gute im Menschen.

Beruf, Finanzen: Manche Dinge gestalten sich im Jahr der Ratte für den Hahn viel mühsamer als sonst. Das kommt sicher auch daher, dass die aktuelle Regentin ihre vielen Ideen weder besonders gut strukturiert, noch auf ihre Machbarkeit prüft. Diese Dinge blieben bis jetzt vorrangig am Hahn hängen, der damit in der Regel so beschäftigt ist, dass er nicht zu konkreten Ergebnissen kommen kann. Im November will das Schwein Ihnen in diesem Bereich Zuversicht spenden. Sind die Hindernisse erst einmal überwunden, können Sie wieder fest an einen Erfolg glauben.

Tipp des Monats: Der Erfolg hat seinen Preis! Seien Sie in diesen Wochen versichert, dass Ihnen die Belohnung am Ende gewiss ist.

SHIH
Hund

Grundtendenz des Monats: Im November nimmt bei so manchem Hund sicher wieder der Pragmatismus die Zügel in die Hand. Es ist Ihnen nicht übel zu nehmen, dass Sie sich in bestimmten Situationen für den sicheren Weg entscheiden. Solange Sie sich nicht komplett den anderen Optionen verschließen, wird die Ratte Sie bis zu einem gewissen Grad weiter unterstützen.

Wer sich jedoch noch das Quentchen mehr an Erfolg wünscht, muss nun wahrscheinlich einen unbequemeren Weg wählen. Der führt vielleicht erst einmal über einen steilen Berg, kommt aber am Ende garantiert ans angestrebte Ziel.

Liebe, Familie, Freundschaft: Mit dem Schwein rücken im November familiäre Angelegenheiten wieder mehr ins Zentrum Ihrer Aufmerksamkeit. Zusammen mit dem Hund ist dieses Tierzeichen schließlich dafür zuständig, dass es rund um Heim und Haus keine Probleme gibt. Da kann es nun schon einmal passieren, dass sich der Hund nicht nur mit fälligen Reparaturen herumplagen muss, sondern auch für den Seelenzustand seiner Lieben die Verantwortung übernimmt.

Wer mit seinem Partner im Grunde einer Meinung ist, braucht nun wirklich keine unnötigen Diskussionen anzustoßen. Genießen Sie lieber die gemeinsame Zeit und belasten Sie sich nicht mit Themen, bei denen Sie wahrscheinlich ohnehin keinen gemeinsamen Nenner finden.

Beruf, Finanzen: Es mag im November noch einmal einige Situationen geben, in denen vom Hund hoher Einsatz gefordert wird. Halten Sie sich immer vor Augen, dass Sie der Lage gewachsen sind und das Ziel nahe ist.

Mit einer positiven Grundeinstellung lässt sich nun so mancher Widerstand zur Seite räumen. Sie strahlen es einfach aus, wenn Sie selbst von sich und Ihren Fähigkeiten überzeugt sind. Da braucht es dann kaum noch Worte, um Ihre Meinung zu untermauern. Wer hingegen erst einmal vom schlechtesten Szenario ausgeht, wird wohl kaum Mitstreiter ins Boot holen.

Tipp des Monats: Wer sich etwas traut, wird nun auch dafür belohnt.

HAN
Schwein

Grundtendenz des Monats: Ein weiteres Schwein begleitet Sie nun gemeinsam mit der Metall-Ratte. Dadurch wird zum Einen das Wasser-Element gestärkt und die geistige Ebene besonders betont, was nicht hilfreich ist, wenn Sie viel zu erledigen haben. Konzentrieren Sie sich darauf, nicht zu lange über Ihre Projekte nachzudenken, denn dann kommen Sie nicht dazu, wirklich aktiv zu werden

Zum Anderen wird mit zusätzlichem Yin-Feuer die Gefühlsebene angeregt, was sich vor allem im Bereich der zwischenmenschlichen Beziehungen nun als sehr hilfreich erweisen kann.

Liebe, Familie, Freundschaft: Für die Liebe ist es ganz besonders schön, wenn mehr Herzenswärme angeregt wird. Das macht das gemeinsame Miteinander zu etwas ganz Besonderen. Lassen Sie sich von Ihren Gefühlen leiten, in einer vertrauensvollen Umgebung sollte es kein Problem sein, sich fallen zu lassen.

Das zusätzliche Schwein mag nun vielleicht auch noch mal ein persönliches Dilemma in den Vordergrund rücken. Wie wollen Sie zukünftig ein gutes Gleichgewicht zwischen Ihrem Privatleben und Ihren sonstigen Verpflichtungen hinbekommen? Wer sich hier immer noch nicht entscheiden kann, sollte nun vielleicht seine Lieben in den Prozess mit einbeziehen.

Beruf, Finanzen: Sind Sie wirklich so zufrieden mit Ihrer Tätigkeit, wie Sie das nach außen hin ausstrahlen? Oder haben Sie sich lediglich mit Ihrer aktuellen Lage arrangiert? Nur weil das Schwein den Ruf hat, aus jeder Situation das Beste zu machen, heißt das ja nicht, dass Sie wirklich schon da sind, wo Sie hinwollen. Nun wäre sicher ein guter Zeitpunkt, Chefs, Kollegen und Kunden von Ihren wirklichen Wünschen zu erzählen. Vielleicht lassen sich dort recht kurzfristig einige Änderungen umsetzen, damit Sie Ihr Potential besser ausleben können.

Wer dagegen das Gefühl hat, bereits am richtigen Platz zu sein, kann sich im November einfach nur entspannen.

Tipp des Monats: Sprechen Sie Ihre Wahrheit aus! Ihre Ehrlichkeit wird nun hoch geschätzt.

November 2020

Jahreskonstellation – Metall-Ratte
Monatskonstellation – Feuer-Schwein

1. Erd Affe	Ratte Büffel Tiger Hase Drache Schlange Pferd Ziege Affe Hahn Hund Schwein **Günstig:** Handwerkliche Aktivitäten, Handel, Hochzeiten, Reisen **Ungünstig:** Trauerfeiern und Beerdigungen, schwere körperliche Arbeit
2. Erd Hahn	Ratte Büffel Tiger Hase Drache Schlange Pferd Ziege Affe Hahn Hund Schwein **Günstig:** Ankündigungen machen, Beerdigungen, Trauerfeiern. **Ungünstig:** Handel, Vergnügungen, Freizeitaktivitäten
3. Metall Hund	Ratte Büffel Tiger Hase Drache Schlange Pferd Ziege Affe Hahn Hund Schwein **Günstig:** Kleidung schneidern, Handel, Buchhaltung, Ausflüge, neue Dinge beginnen **Ungünstig:** Geschäfte eröffnen, Kraftanstrengungen, Reisen, Ersparnisse ausgeben
4. Metall Schwein	Ratte Büffel Tiger Hase Drache Schlange Pferd Ziege Affe Hahn Hund Schwein **Günstig:** Putzen, waschen, fasten, seelische und körperliche Pflege, Arztbesuche **Ungünstig:** Ausdauersport, Reisen, Hochzeit.
5. Wasser Ratte	Ratte Büffel Tiger Hase Drache Schlange Pferd Ziege Affe Hahn Hund Schwein Günstig: Umziehen, Reisen, Hochzeiten, Empfänge, wichtige Konferenzen. Ungünstig: geistige Arbeiten, Gartenarbeit, häusliche Tätigkeiten.
6. Wasser Büffel	Ratte Büffel Tiger Hase Drache Schlange Pferd Ziege Affe Hahn Hund Schwein **Günstig:** Versammlungen, gerechte Verteilungen, Hochzeit, Konferenzen, Umzug **Ungünstig:** Gartenarbeit, Dinge zum Abschluss bringen.
7. Holz Tiger	Ratte Büffel Tiger Hase Drache Schlange Pferd Ziege Affe Hahn Hund Schwein **Günstig:** Versammlungen, gerechte Verteilungen, Hochzeit, Konferenzen, Umzug **Ungünstig:** Gartenarbeit, Dinge zum Abschluss bringen.
8. Holz Hase	Ratte Büffel Tiger Hase Drache Schlange Pferd Ziege Affe Hahn Hund Schwein **Günstig:** Gartenarbeit, Feiern, Hochzeit, Dinge zum Abschluss bringen. **Ungünstig:** keine Anschuldigungen gegen Dritte erheben.
9. Feuer Drache	Ratte Büffel Tiger Hase Drache Schlange Pferd Ziege Affe Hahn Hund Schwein **Günstig:** Gartenarbeit, Hochzeit, Dinge zum Abschluss bringen. **Ungünstig:** Umzug, Reisen, Geschäftseröffnung
10. Feuer Schlange	Ratte Büffel Tiger Hase Drache Schlange Pferd Ziege Affe Hahn Hund Schwein **Günstig:** Ausruhen, Meditation, seinen Hobbys nachgehen. **Ungünstig:** wichtige Unternehmungen.
11. Erd Pferd	Ratte Büffel Tiger Hase Drache Schlange Pferd Ziege Affe Hahn Hund Schwein **Günstig:** Amüsieren, mit Freunden ausgehen, Freizeitaktivitäten. **Ungünstig:** geschäftliche Aktivitäten, neue Dinge anfangen.
12. Erd Ziege	Ratte Büffel Tiger Hase Drache Schlange Pferd Ziege Affe Hahn Hund Schwein **Günstig:** für die meisten Aktivitäten, Geschäftsabschlüsse, Partnerschaft. **Ungünstig:** negative Bemerkungen über andere Menschen.
13. Metall Affe	Ratte Büffel Tiger Hase Drache Schlange Pferd Ziege Affe Hahn Hund Schwein **Günstig:** Handel, Geschäftseröffnungen, Hochzeiten und andere Feste planen. **Ungünstig:** Beerdigungen, Reisen, Arztbesuche
14. Metall Hahn	Ratte Büffel Tiger Hase Drache Schlange Pferd Ziege Affe Hahn Hund Schwein **Günstig:** Handwerkliche Aktivitäten, Handel, Hochzeiten, Reisen. **Ungünstig:** Trauerfeiern und Beerdigungen, schwere körperliche Arbeit.
15. Wasser Hund	Ratte Büffel Tiger Hase Drache Schlange Pferd Ziege Affe Hahn Hund Schwein **Günstig:** Ankündigungen machen, Beerdigungen, Trauerfeiern. **Ungünstig:** Handel, Vergnügungen, Freizeitaktivitäten.

Ob ein Tag besonders günstig für Ihr Tierzeichen ist, sehen Sie an folgenden Farben:
Rot = sehr günstig, Grau = günstig, Schwarz = nicht günstig

Jahreskonstellation – Metall-Ratte
Monatskonstellation – Feuer-Schwein

November 2020

16. Wasser Schwein	Ratte Büffel Tiger Hase Drache Schlange Pferd Ziege Affe Hahn Hund Schwein **Günstig:** Kleidung schneidern, Handel, Buchhaltung, Ausflüge, neue Dinge beginnen **Ungünstig:** Geschäfte eröffnen, Kraftanstrengungen, Reisen, Ersparnisse ausgeben
17. Holz Ratte	Ratte Büffel Tiger Hase Drache Schlange Pferd Ziege Affe Hahn Hund Schwein **Günstig:** Putzen, waschen, fasten, seelische und körperliche Pflege, Arztbesuche **Ungünstig:** Ausdauersport, Reisen, Hochzeit.
18. Holz Büffel	Ratte Büffel Tiger Hase Drache Schlange Pferd Ziege Affe Hahn Hund Schwein **Günstig:** Umziehen, Reisen, Hochzeiten, Empfänge, wichtige Konferenzen. **Ungünstig:** geistige Arbeiten, Gartenarbeit, häusliche Tätigkeiten.
19. Feuer Tiger	Ratte Büffel Tiger Hase Drache Schlange Pferd Ziege Affe Hahn Hund Schwein **Günstig:** Versammlungen, gerechte Verteilungen, Hochzeit, Konferenzen, Umzug **Ungünstig:** Gartenarbeit, Dinge zum Abschluss bringen.
20. Feuer Hase	Ratte Büffel Tiger Hase Drache Schlange Pferd Ziege Affe Hahn Hund Schwein **Günstig:** Gartenarbeit, Feiern, Hochzeit, Dinge zum Abschluss bringen. Ungünstig: keine Anschuldigungen gegen Dritte erheben.
21. Erd Drache	Ratte Büffel Tiger Hase Drache Schlange Pferd Ziege Affe Hahn Hund Schwein **Günstig:** Gartenarbeit, Hochzeit, Dinge zum Abschluss bringen. **Ungünstig:** Umzug, Reisen, Geschäftseröffnung
22. Erd Schlange	Ratte Büffel Tiger Hase Drache Schlange Pferd Ziege Affe Hahn Hund Schwein **Günstig:** Ausruhen, Meditation, seinen Hobbys nachgehen. **Ungünstig:** wichtige Unternehmungen.
23. Metall Pferd	Ratte Büffel Tiger Hase Drache Schlange Pferd Ziege Affe Hahn Hund Schwein **Günstig:** Amüsieren, mit Freunden ausgehen, Freizeitaktivitäten **Ungünstig:** geschäftliche Aktivitäten, neue Dinge anfangen.
24. Metall Ziege	Ratte Büffel Tiger Hase Drache Schlange Pferd Ziege Affe Hahn Hund Schwein **Günstig:** für die meisten Aktivitäten, Geschäftsabschlüsse, Partnerschaft **Ungünstig:** negative Bemerkungen über andere Menschen.
25. Wasser Affe	Ratte Büffel Tiger Hase Drache Schlange Pferd Ziege Affe Hahn Hund Schwein **Günstig:** Handel, Geschäftseröffnungen, Hochzeiten und andere Feste planen. **Ungünstig:** Beerdigungen, Reisen, Arztbesuche.
26. Wasser Hahn	Ratte Büffel Tiger Hase Drache Schlange Pferd Ziege Affe Hahn Hund Schwein **Günstig:** Handwerkliche Aktivitäten, Handel, Hochzeiten, Reisen **Ungünstig:** Trauerfeiern und Beerdigungen, schwere körperliche Arbeit
27. Holz Hund	Ratte Büffel Tiger Hase Drache Schlange Pferd Ziege Affe Hahn Hund Schwein **Günstig:** Ankündigungen machen, Beerdigungen, Trauerfeiern. **Ungünstig:** Handel, Vergnügungen, Freizeitaktivitäten
28. Holz Schwein	Ratte Büffel Tiger Hase Drache Schlange Pferd Ziege Affe Hahn Hund Schwein **Günstig:** Kleidung schneidern, Handel, Buchhaltung, Ausflüge, neue Dinge beginnen **Ungünstig:** Geschäfte eröffnen, Kraftanstrengungen, Reisen, Ersparnisse ausgeben
29. Feuer Ratte	Ratte Büffel Tiger Hase Drache Schlange Pferd Ziege Affe Hahn Hund Schwein **Günstig:** Putzen, waschen, fasten, seelische und körperliche Pflege, Arztbesuche **Ungünstig:** Ausdauersport, Reisen, Hochzeit.
30. Feuer Büffel	Ratte Büffel Tiger Hase Drache Schlange Pferd Ziege Affe Hahn Hund Schwein **Günstig:** Umziehen, Reisen, Hochzeiten, Empfänge, wichtige Konferenzen. **Ungünstig:** geistige Arbeiten, Gartenarbeit, häusliche Tätigkeiten.

TZE
Ratte

Grundtendenz des Monats: In den letzten Wochen des Kalenderjahres gesellt sich zum Jahresregenten ein weiteres Exemplar. Da dürfte so mancher Ratte nun der Kopf schwirren vor lauter Ideen! Damit aus den vielen guten Einfällen aber wirklich auch etwas werden kann, ist es nun wichtig, die Spreu vom Weizen zu trennen und sich auf einige wenige Aspekte zu konzentrieren. Falls es Ihnen schwer fällt, selbst die Auswahl zu treffen, sollten Sie sich schleunigst Unterstützung suchen.

Hilfreich kann in diesen Wochen auch die zusätzliche Yang-Erde sein, welche die Monatsqualität mit sich bringt. Damit lassen sich nun Entscheidungen deutlich pragmatischer treffen.

Liebe, Familie, Freundschaft: Auch wenn die Tage nun deutlich kürzer sind, ist das kein Grund, sich in den eigenen vier Wänden einzuigeln. Die Ratte ist ein zutiefst soziales Wesen! Gerade in diesem Monat brauchen Sie den Kontakt zu Freunden, Familie und Gleichgesinnten.

In der Liebe würde es der Ratte sehr gut tun, wenn sie nicht so kopflastig an ihre Beziehungen herangehen würde. Ihre Gefühle können Sie nicht dem Geist lenken - auch wenn Sie sich das manchmal sicher wünschen würden. Lassen Sie Emotionen einfach zu und Sie werden sich wundern, wie weit Sie damit bei Ihrem Partner kommen können.

Beruf, Finanzen: Es ist schon wichtig, das Erreichte zu bewahren und zu schützen, liebe Ratte. Dafür braucht es in diesen Wochen auf der beruflichen und finanziellen Ebene noch einmal Ihre volle Aufmerksamkeit. Nur so können Sie frühe Warnzeichen erkennen und darauf reagieren - sei es, in dem Sie sich von entsprechenden Geschäftspartnern distanzieren oder sich mit Investitionen erst einmal zurückhalten.

Der Dezember ist in der Regel der Monat, in dem besonders viel um Unterstützung gebeten wird. Bevor Sie Ihre Gaben mit der Gießkanne verteilen, schauen Sie lieber erst einmal genau hin. Sie können ohnehin nicht allen helfen!

Tipp des Monats: Weniger Kopf, mehr Herz - so kommen Sie gut durch den Dezember!

KIU
Büffel

Grundtendenz des Monats: Der Dezember bringt noch einmal die volle Power der Jahresherrscherin ins Spiel. Schließlich wird die Ratte nun von einer Artgenossin unterstützt. Das bedeutet für den Büffel, dass die Ideen in seiner Umgebung nur so sprießen dürften. Ob sich das zu diesem Zeitpunkt aber noch auf seine persönlichen Entscheidungen auswirkt, steht auf einem anderen Blatt. Sie dürften in den letzten Monaten gelernt haben, dass es keinen Sinn macht, auf jeden neuen Zug aufzuspringen. Wählen Sie mit Augenmaß Ihre nächsten Schritte aus.

Die Fülle von Möglichkeiten, die die Ratte vor dem Büffel ausgebreitet hat, macht es ihm nicht leicht, nun die richtige Wahl zu treffen.

Liebe, Familie, Freundschaft: Ratte und Büffel können auch auf der partnerschaftlichen Ebene durchaus harmonieren. Vor allem, wenn es darum geht, frischen Wind in bestehende Beziehungen zu bringen, wirkt sich der Einfluss der Jahresregentin sicher jetzt noch einmal sehr positiv aus. Lassen Sie sich also ruhig noch einmal aus der Komfortzone locken - Ihr Partner wird es Ihnen danken!

Falsche Freunde lassen in diesen Wochen wahrscheinlich ihre Masken fallen. Trennen Sie sich sofort von derartigen Bekanntschaften - es wäre reine Zeitverschwendung, dort noch weitere Energie hineinzustecken.

Beruf, Finanzen: Geben und Nehmen gehören in ein gutes Gleichgewicht gebracht zum Ende des Kalenderjahres. Dafür muss sich der Büffel unter Umständen Gedanken machen, wieviel Großzügigkeit er sich leisten kann.

Wenn man nun am Arbeitsplatz in Panik verfällt, weil es noch so viele Pläne gibt, die bislang nicht umgesetzt wurden, sollte Sie das reichlich wenig stören. Die Ratte hat nun einmal tendenziell die Neigung, viel anzufangen und wenig fertigzustellen. Das dürfte aber die von Ihnen gewählten Aufgaben weniger betreffen.

Tipp des Monats: Konzentrieren Sie sich auf die laufenden Projekte und lassen Sie sich bei der Umsetzung auf keinen Fall ablenken.

YING
Tiger

Grundtendenz des Monats: Ihre freien Kapazitäten wollen im Dezember gut überprüft sein. Jetzt gesellt sich nämlich eine zweite Ratte zur Jahresregentin hinzu, was die Ideen in Ihrem Kopf nur so sprudeln lassen dürfte. Bevor Sie sich gleich in ein neues Abenteuer stürzen, wäre es erst einmal angesagt, bestehenden Verpflichtungen nachzukommen. Sonst bleiben Sie am Ende auf jeder Menge halbfertigen Projekten hängen.

Mit den zwei Ratten an seiner Seite kann es dem Tiger in diesen Wochen durchaus passieren, dass er viele Dinge zu kopflastig angeht. Das kann dazu führen dass sich Entscheidungen, die im Grunde schon getroffen wurden, doch noch unnötig hinziehen.

Liebe, Familie, Freundschaft: Der erste Kontakt mag positiv gewesen sein, aber so langsam sollten Sie mit Ihren Gesprächen mehr in die Tiefe gehen. Vor allem, wenn der Tiger dauerhaft sein Herz verschenken will, ist es wichtig, den anderen richtig gut kennenzulernen.

Im Freundeskreis kursieren teilweise die wildesten Gerüchte, mit denen der Tiger jetzt ruhig einmal aufräumen sollte. Sie sind an der Situation vielleicht nicht ganz unschuldig... Wer sich zu sehr rar macht und nur wenig von sich selbst preisgibt, darf sich nicht wundern, wenn die Fantasie Blüten treibt.

Beruf, Finanzen: Dem Tiger fällt es in der Regel nicht schwer, nein zu sagen. Woher kommt es dann bloß, dass Sie im Augenblick so viele Dinge auf Ihrem Schreibtisch haben, die Sie im Grunde gar nicht erledigen wollen? Gerade jetzt zum Ende des Kalenderjahres sollten Sie sich nicht zu oft von der wortgewandten Ratte beschwatzen lassen und zusätzliche Arbeiten deutlich konsequenter ablehnen. Es ist ja schließlich nicht so, dass Sie nichts anderes zu tun haben, oder?

Behalten Sie in diesem Monat Ihren Kontostand gut im Auge! Unüberlegte Ausgaben können das Budget schrumpfen lassen.

Tipp des Monats: Nicht zu viel denken, verehrter Tiger - lieber machen!

MAO
Hase

Grundtendenz des Monats: Zum Ende des Kalenderjahres bekommt die Jahresregentin Unterstützung von einer zweiten Ratte, die diesmal zusätzlich Erde im Gepäck hat. Da dürfte es nun für den Hasen zum Einen erst einmal darum gehen, das bislang Erreichte zu überdenken und bei nun anstehenden Entscheidungen durchaus auch pragmatische Überlegungen mit einzubeziehen.

Zum Anderen lädt die Ratte Sie nun dazu ein, mehr zu Ihrem kreativen Potential zu stehen. Schließlich steht das Yin-Holz des Hasen durchaus auch für künstlerische Ambitionen und den spielerischen Umgang mit diesen Gaben. Was können Sie persönlich für sich daraus gewinnen?

Liebe, Familie, Freundschaft: Es ist durchaus verständlich, dass Sie Ihren inneren Familienzirkel und Partner unermüdlich unterstützen. Sie sollten sich jetzt aber bitte davor hüten, Ihre wohltätige Ader auch auf entfernte Verwandte oder flüchtige Bekannte auszuweiten. Sie haben wahrscheinlich ohnehin weder zeitlich noch finanziell die Mittel, dass Sie immer allen helfen können.

Im Gespräch mit dem Partner sollte es nun nicht darum gehen, wer die meiste Redezeit bekommt. Wichtige Dinge kann man auch mit wenigen Worten zum Ausdruck bringen.

Beruf, Finanzen: Was gut geplant und dann auch noch gut kommuniziert worden ist, kann jetzt nur von Erfolg gekrönt werden. So mancher Hase mag sich allerdings bei der Präsentation zuweilen ein wenig schwer tun, so dass sich Ihr Plan den anderen Beteiligten vielleicht nicht gleich erschließt. Haken Sie jetzt nach und beseitigen Sie so letzte Zweifel, die vielleicht noch aufkommen könnten.

Mancher Kollege oder Chef meint vielleicht immer noch, dass es dem Hasen genügt, wenn er für fremde Projekte nützlich in der zweiten Reihe seinen Dienst tut. Sie wissen am besten, was Sie wollen. Sprechen Sie es jetzt auch aus!

Tipp des Monats: Schonen Sie Ihre eigenen Ressourcen. Es bringt nichts, die eigene Energie immer nur für andere einzusetzen.

SHENG Drache

Grundtendenz des Monats: Generell hat der Drache im Jahr der Ratte die Tendenz, gute Ratschläge erst einmal in den Wind zu schlagen. Schließlich gibt ihm die wohlgesonnene Ratte Sicherheit genug, um seine Pläne im großen Rahmen umzusetzen. Die Jahresregentin ist aber leider auch nicht immer hundertprozentig informiert, lieber Drache. Da wäre es nun vielleicht doch mal sinnvoll, sich eine andere Meinung einzuholen.

Unter dem Einfluss einer weiteren Ratte, die den Dezember begleitet, kann der Drache noch einmal so richtig ins Blaue planen. Bei seinen Gedankenspielen kann dabei durchaus etwas Vernünftiges herauskommen.

Liebe, Familie, Freundschaft: Für Ihre Lieben war es in den letzten Monaten recht anstrengend und es war schwierig, Ihrem Tempo zu folgen. Anstatt das mit einem Schulterzucken abzutun, sollten Sie sich lieber gemeinsam hinsetzen und überlegen, wie man den Alltag zukünftig für alle Beteiligten etwas entspannter organisieren kann. Mit dem neuen Regenten wird ab Februar 2021 ohnehin das Tempo etwas gedrosselt.

In Liebesangelegenheiten dürfen Sie sich nun ruhig ein bisschen mehr von außen inspirieren lassen. Neue Ideen können bestehenden Partnerschaften aufpeppen und neuen Verbindungen mehr Biss und Leidenschaft bringen.

Beruf, Finanzen: Pragmatische Überlegungen sind zwar nicht unbedingt nach dem Geschmack des Drachen. Wer aber zum Ende des Kalenderjahres noch Ballast abwerfen möchte, wird nicht drumherum kommen, an verschiedenen Stellen klare Schnitte zu machen. Je leichter Ihr Gepäck, desto besser kommen Sie voran.

Lassen Sie sich nun nicht zu Investitionen bewegen, die wirklich sicher sind. In diesen Wochen gibt es die Tendenz, dass man Ihnen an die Reserven will. Am besten schützen Sie sich davor, indem Sie wirklich nur Ihrem inneren Zirkel in Geldangelegenheiten vertrauen.

Tipp des Monats: Hören Sie nicht auf die Unkenrufe in Ihrer Umgebung, sondern vertrauen Sie auf Ihren guten Draht nach oben.

SZE Schlange

Grundtendenz des Monats: Mittlerweile sollten Sie genug Klarheit über Ihre aktuelle Situation gewonnen haben. Mit der Ratte als Jahresherrscher gab es 2020 genug Gelegenheiten, die verschiedensten Optionen zu prüfen und im Kopf durchzuspielen. Sind Sie zu einer realistischen Einschätzung gekommen, ist es jetzt aber höchste Eisenbahn, die entsprechenden Weichen zu stellen. Sonst verpufft der erneuernde Effekt der Regentin und Sie treten weiter auf der Stelle.

Einmal mehr sorgt ein starkes Wasser im Dezember dafür, dass die Schlange vielleicht zu viel überlegt und zu wenig handelt. Sprechen Sie mit einer neutralen Stelle über Ihre Zweifel.

Liebe, Familie, Freundschaft: Mit einer zweiten Ratte werden in diesem Monat die sozialen Fähigkeiten der Schlange unterstützt. Das kann nicht nur auf dem gesellschaftlichen Parkett helfen, neue Freundschaften und Kontakte zu schließen. Auch im Umgang mit der besseren Hälfte sollte die Kommunikation nun deutlich einfacher sein - sogar dann, wenn es um heikle Themen geht.

Bei unlängst geschlossenen Freundschaften sollten Sie vielleicht noch einmal etwas genauer hinschauen. Was sind die Motive für den Kontakt? Wer sich ausgenutzt fühlt, sollte jetzt lieber zügig die Reißleine ziehen und sich distanzieren.

Beruf, Finanzen: Halten Sie Ihre Ressourcen jetzt gut zusammen, liebe Schlange. Wer zum Ende des Kalenderjahres zu freizügig mit seinen Gaben ist, zieht nun unter Umständen Schmarotzer an, die man nur schwer wieder loswerden kann. Prüfen Sie also bitte genau, wem Sie Ihre Unterstützung zukommen lassen wollen. Sie haben schließlich nichts zu verschenken.

Rücksichtsloses Handeln sollte für die Schlange keine Option sein, um sich einen bestimmten Platz zu sichern. Am Ende des Tages kostet Sie das wertvolle Kontakte und schädigt Ihrem Ruf mehr, als Sie verkraften können.

Tipp des Monats: Sagen Sie deutlich nein, wenn Sie etwas nicht tun wollen. Manchmal geht es nur mit pragmatischer Direktheit.

WU Pferd

Grundtendenz des Monats: Zum Ende des Kalenderjahres bläst Ihnen noch einmal Gegenwind ins Gesicht. Die Ratte bekommt im Dezember Unterstützung von einer weiteren Ratte, die den Monat begleitet. Ziehen Sie sich besser zurück und warten ab, bis der Sturm vorüber gezogen ist.

Auch wenn Sie nicht nach außen aktiv werden, können Sie nun viel für Ihre persönliche Entwicklung tun. Machen Sie sich also ruhig mehr Gedanken darüber, wohin Sie in den kommenden Jahren gelangen wollen und wer Sie dabei unterstützen könnte.

Liebe, Familie, Freundschaft: Auf der persönlichen Ebene rückt gegen Ende des Ratten-Jahres ganz klar noch einmal die zwischenmenschliche Kommunikation in den Vordergrund. Nutzen Sie die Zeit für gute Gespräche, bei denen Sie sich nicht nur mitteilen, sondern vor allen Dingen auch gut zuhören sollten.

Eine gewisse Unsicherheit ist ganz normal in einer frischen Beziehung. Schließlich weiß man noch nicht so recht, was dem Anderen wirklich wichtig ist und wie man auf die verschiedenen Emotionen reagieren soll. Wenn Sie Ihre Zweifel aber nicht gleich ansprechen, wird Sie dieses Gefühl noch lange begleiten. Das sind keine guten Aussichten, wenn Sie eine langfristige Bindung anstreben.

Beruf, Finanzen: Beschränken Sie sich nun auf das Nötigste - alles Andere würde zu viel Energie benötigen und nicht unbedingt ein besseres Ergebnis bringen. Da können Sie Ihre Kräfte lieber später an anderer Stelle einsetzen.

Wer jetzt bereits Pläne für die kommende Regentschaft schmieden möchte, steht damit sicher nicht alleine da. Schließlich ist die Ratte dafür bekannt, viele Ideen zu entwickeln. Daraus können sich 2021 sicher einige Dinge für das Pferd ergeben.

Legen Sie sich nun besser nicht mit öffentlichen Stellen an. Die Wahrscheinlichkeit ist recht groß, dass Sie nun den Kürzeren ziehen.

Tipp des Monats: Halten Sie sich von Projekten fern, die das Wasser-Element zu stark betonen!

WEI Ziege

Grundtendenz des Monats: So manches Mal in diesem vergangenen Jahr hat sich der Ziege wohl nicht komplett erschlossen, wohin die Metall-Ratte sie leiten wollte. Vor allem, wenn die Ideen, die in ihrer Umgebung gesponnen wurden, wenig realistisch waren, hat sie sich gefragt, wofür sie denn nun ihre Energie einsetzen soll. Vielleicht geht es gar nicht so sehr darum, 2020 Ergebnisse zu erzielen, sondern ist viel wichtiger, erst einmal über den Tellerrand zu schauen.

Im letzten Monat des Kalenderjahres dürfte es für die Ziege vor allem darum gehen, ihren Horizont zu erweitern.

Liebe, Familie, Freundschaft: Es mag sein, dass Sie der Vorstand des Haushaltes sind, liebe Ziege. Trotzdem müssen Sie weder alles wissen noch zu allem, was in Ihrer Familie vor sich geht die richtige Meinung haben. Um des lieben Frieden willens ist es nun besser, wenn Sie manche Dinge nicht kommentieren. Lassen Sie die Anderen ihre eigene Erfahrungen machen!

Es wird immer Menschen geben, die versuchen, die Hilfsbereitschaft der Ziege auszunutzen. Jetzt im Dezember ist ein guter Zeitpunkt, dem Ganzen einen Riegel vorzuschieben. Das bedeutet nicht, dass Sie Ihren Lieben nicht mehr unter die Arme greifen sollten. Wählen Sie einfach sorgfältiger aus, wem Sie helfen.

Beruf, Finanzen: 2020 konnte die Ziege auf der beruflichen Ebene sicher so manchen positiven Trend aus dem vorhergehenden Jahr fortsetzen. Wenn Sie nicht immer ein Ergebnis vorweisen können, liegt das eher daran, dass die Ratte mehr die Initialzündung eines Projektes unterstützt als dessen Fertigstellung. Dafür bekommen Sie aber ab dem nächsten Monat sicher genug Zeit, die Dinge zu einem guten Ende zu bringen.

Haben Sie Ihre Finanzen gut im Griff? Lassen Sie sich nun lieber nicht auf windige Investitionen ein, sondern halten Sie Ihr Geld zusammen. Sie können es später besser einsetzen.

Tipp des Monats: Bleiben Sie offen für Möglichkeiten, an die Sie noch nie zu denken gewagt haben!

SUNG
Affe

Grundtendenz des Monats: Zum Ende Ihres Kalenderjahres begleitet eine weitere Ratte den Jahresregenten und verleiht so mancher Ihrer Ideen Flügel. Das kann nun dazu führen, dass Sie ein wenig die Bodenhaftung verlieren und Ihre Pläne nicht ausreichend auf ihre Machbarkeit überprüfen. Damit Sie nicht zu viel Zeit auf Dinge verschwenden, die sich am Ende nicht umsetzen lassen, wäre es ratsam, nicht zu lange in neuen Visionen zu schwelgen. Kümmern Sie sich um das, was jetzt noch erledigt werden muss!

Pragmatische Entscheidungen können Ihnen jetzt das Leben wirklich erleichtern - auch wenn es erst einmal nicht leicht fällt, sich von gewissen Dingen zu verabschieden.

Liebe, Familie, Freundschaft: Ihre Lieben können Ihnen nicht in den Kopf hineinschauen, verehrter Affe. Sie gehen also von vollkommen falschen Voraussetzungen aus, wenn Sie denken, dass Partner und Familie schon wissen, was Sie brauchen und was Sie fühlen. Da müssen Sie Ihre Wünsche schon laut aussprechen.

Sie haben das Gefühl, dass in Ihrem persönlichen Umfeld Menschen gibt, die Sie ausnutzen? Dann wird es nun höchste Zeit, diese Kontakte einzuschränken. Lassen Sie sich nicht vor fremde Karren sperren, bloss weil sie dazu die Kraft haben. Ihre Energie können Sie anderweitig sicher besser einsetzen.

Beruf, Finanzen: Zu viele Ideen, aber zu wenig Zeit - das ist das Dilemma des Affen, was ihn nicht nur im Jahr der Ratte zuweilen plagt. Einmal mehr bekommen Sie in den letzten Wochen des Kalenderjahres den Spiegel vorgehalten und man fordert Sie auf, Ihr Arbeitspensum wirklich zu überdenken. Sehen Sie es mal so: Weniger Projekte, richtig gemacht bringen nicht nur mehr Erfolg, sondern halten das Stresslevel auch auf einem erträglichen Maß.

Die meisten Affen dürften zufrieden sein, wenn sie nun einen Kassensturz machen.

Tipp des Monats: Erkennen Sie Ihr Potential und setzen Sie es vor allem für die Dinge ein, die Ihnen Freude bereiten.

YU
Hahn

Grundtendenz des Monats: Mit einer zweiten Ratte im Monat ist es nun sicher zuweilen recht schwer für den Hahn, zu seinen Entscheidungen zu stehen. Trotzdem sollten Sie Ihre Meinung wirklich nur dann ändern, wenn zusätzliche stichfeste Informationen das wirklich nötig machen.

Auch zum Ende des Kalenderjahres gibt es für den Hahn sicher genug zu tun. Welches spannende Projekt der Jahresregentin ist es nun noch wert, an den Start gebracht zu werden? Auch wenn in diesem Jahr nicht mehr viel Zeit bleibt, können Sie ruhig noch ein paar Ideen aufgreifen. Im nächsten Jahr hilft Ihnen dann der Büffel, die Dinge zu einem erfolgreichen Ende zu bringen.

Liebe, Familie, Freundschaft: Hüten Sie sich vor falschen Freunden, die es nun darauf abgesehen haben, Zwietracht zu sähen. Sie sollten inzwischen wissen, wem Sie vertrauen können und andere Quellen bitte geflissentlich ignorieren. Es gibt keinen Grund, den Kontakt zu Menschen zu halten, die Ihnen einfach nicht gut tun.

Versprechen Sie Partner und Familie im Dezember bitte nichts, was Sie nicht auch halten können. Das gilt vor allem, wenn es darum geht, gemeinsam mehr Zeit miteinander zu verbringen. Wer seine Lieben nun versetzt, hat wirklich ganz schlechte Karten.

Beruf, Finanzen: Potentielle Gefahren lassen sich nun nur erkennen, wenn Sie sich am Arbeitsplatz nicht ablenken lassen. Halten Sie sich von Gerüchten fern und hüten Sie sich, diese nun unreflektiert zu verbreiten. Damit könnten Sie im Dezember recht großen Schaden anrichten, ohne das wirklich gewollt zu haben.

Halten Sie Ihr Geld zum Ende des Kalenderjahres gut zusammen. Sicher ist es schön, wenn man gerade zur Weihnachtszeit einander schöne Geschenke machen kann. Das Ganze sollte aber bitte nicht unverhältnismäßig ausfallen - weder in der Menge noch im Preis.

Tipp des Monats: Schonen Sie Ihre eigenen Ressourcen - Sie werden sie 2021 noch brauchen.

SHIH
Hund

Grundtendenz des Monats: Zum Ende des Kalenderjahres bekommt die Jahresherrscherin Unterstützung von einer weiteren Ratte. Das färbt auch auf den Alltag des Hundes ab, denn spätestens jetzt machen sich Veränderungen bemerkbar. Selbst wenn Sie bislang stur an den alten Strukturen festgehalten haben, können Sie sich dem frischen Wind, den ein neuer Zwölfjahreszyklus mit sich bringt, jetzt nicht mehr so einfach entziehen.

Im Dezember wird die Wachsamkeit des Hundes unter Umständen auf eine besondere Probe gestellt. Bleiben Sie aufmerksam in allen Bereichen Ihres Lebens.

Liebe, Familie, Freundschaft: Eine gute Kommunikation ist in diesen Wochen unverzichtbar, wenn Sie Missverständnisse vermeiden wollen. Der Hund hat manchmal die Tendenz, gewisse Dinge als bekannt vorauszusetzen, die auf der anderen Seite überhaupt noch nicht angekommen sind. Versetzen Sie sich ruhig ein bisschen mehr in die Situation von Partner und Familie und teilen Sie sich besser mit.

Wer immer noch auf der Suche nach einer neuen Liebe ist, sollte sich nicht länger verstecken. Selbst wenn Ihnen das Ziel unerreichbar erscheint, vergeben Sie sich nichts, wenn Sie es einfach einmal versuchen.

Beruf, Finanzen: Wer nun zu offensichtlich mit seinen Besitztümer hausieren geht, darf sich nicht wundern, wenn andere neugierig werden und sich ein Stück vom Kuchen abschneiden möchten. Entweder Sie teilen bereitwillig oder Sie erwähnen das Thema nicht mehr. Wenn Sie sich großzügig zeigen wollen, sollten Sie allerdings bedenken, dass dadurch auch immer Schmarotzer angezogen werden können.

Mit der zweiten Ratte kommt nun noch einmal mehr Bewegung in Ihr Arbeitsleben. Das soziale Miteinander spielt dabei eine zentrale Rolle, denn davon hängt ab, ob Sie sich mit der neuen Aufgabe wohl fühlen.

Tipp des Monats: Lassen Sie sich begeistern und tun Sie etwas, was Sie sich noch nie getraut haben!

HAN
Schwein

Grundtendenz des Monats: Zum Ende des Kalenderjahres kommt mit einer weiteren Ratte noch einmal mehr Unruhe ins Spiel. Auch wenn das Schwein das im Grunde nun schon gewohnt sein sollte, werden sich die kommenden Wochen nun vielleicht noch einmal hektischer gestalten als die letzten Monate. Damit Sie sich jetzt nicht auf der Zielgerade übernehmen, ist es wichtig, aus der Fülle der neuen Möglichkeiten eine sorgfältige Auswahl zu treffen.

Pragmatische Entscheidungen werden nun vom zusätzlichen Erd-Anteil begünstigt, das die zweite Ratte im Gepäck hat. Da fällt es leichter, sich von abwegigen Ideen zu trennen.

Liebe, Familie, Freundschaft: Wem in diesem Jahr die Muße fehlt, es sich in den eigenen vier Wänden so richtig gemütlich zu machen, der sollte sein Zeitmanagement wirklich überdenken. Entweder Sie lernen, besser zu delegieren oder Sie setzen Ihre Prioritäten so, dass Sie all die Dinge tun können, die Sie lieben.

Haben sich über die letzten Jahre Menschen in Ihr Leben eingeschlichen, die Ihnen noch nie richtig gut getan haben, ist es nun an der Zeit, sich von diesen falschen Freunden zu trennen. Dabei ist es unerlässlich, dass Sie konsequent sind.

Beruf, Finanzen: Auch am Arbeitsplatz kann es nun noch einmal darum gehen, sich von Dingen zu trennen, die Ihr Weiterkommen im kommenden Jahr hemmen könnten. Konzentrieren Sie sich auf die Projekte, die nicht nur finanziell Sinn machen, sondern vor allem auch Ihr Herz erfüllen.

Wer bislang die rosarote Brille noch nicht abgenommen hat, bekommt im Dezember noch einmal eine letzte Gelegenheit dazu, die aktuelle Situation pragmatisch zu betrachten. Seien Sie ehrlich in Ihrer Einschätzung und verabschieden Sie sich von gewissen Dingen, die sich 2020 nicht bewährt haben.

Tipp des Monats: Wer nun zu viel gibt, schwächt seine eigenen Reserven. Geben Sie gut auf sich Acht!

Dezember 2020	Jahreskonstellation – Metall-Ratte Monatskonstellation – Erd-Ratte

1. Erd Tiger	Ratte Büffel Tiger Hase Drache Schlange Pferd Ziege Affe Hahn Hund Schwein **Günstig:** Versammlungen, gerechte Verteilungen, Hochzeit, Konferenzen, Umzug **Ungünstig:** Gartenarbeit, Dinge zum Abschluss bringen.
2. Erd Hase	Ratte Büffel Tiger Hase Drache Schlange Pferd Ziege Affe Hahn Hund Schwein **Günstig:** Gartenarbeit, Feiern, Hochzeit, Dinge zum Abschluss bringen. **Ungünstig:** keine Anschuldigungen gegen Dritte erheben.
3. Metall Drache	Ratte Büffel Tiger Hase Drache Schlange Pferd Ziege Affe Hahn Hund Schwein **Günstig:** Gartenarbeit, Hochzeit, Dinge zum Abschluss bringen. **Ungünstig:** Umzug, Reisen, Geschäftseröffnung
4. Metall Schlange	Ratte Büffel Tiger Hase Drache Schlange Pferd Ziege Affe Hahn Hund Schwein **Günstig:** Ausruhen, Meditation, seinen Hobbys nachgehen. **Ungünstig:** wichtige Unternehmungen
5. Wasser Pferd	Ratte Büffel Tiger Hase Drache Schlange Pferd Ziege Affe Hahn Hund Schwein **Günstig:** Amüsieren, mit Freunden ausgehen, Freizeitaktivitäten **Ungünstig:** geschäftliche Aktivitäten, neue Dinge anfangen.
6. Wasser Ziege	Ratte Büffel Tiger Hase Drache Schlange Pferd Ziege Affe Hahn Hund Schwein **Günstig:** für die meisten Aktivitäten, Geschäftsabschlüsse, Partnerschaft **Ungünstig:** negative Bemerkungen über andere Menschen.
7. Holz Affe	Ratte Büffel Tiger Hase Drache Schlange Pferd Ziege Affe Hahn Hund Schwein **Günstig:** für die meisten Aktivitäten, Geschäftsabschlüsse, Partnerschaft **Ungünstig:** negative Bemerkungen über andere Menschen.
8. Holz Hahn	Ratte Büffel Tiger Hase Drache Schlange Pferd Ziege Affe Hahn Hund Schwein **Günstig:** Handel, Geschäftseröffnungen, Hochzeiten und andere Feste planen. **Ungünstig:** Beerdigungen, Reisen, Arztbesuche.
9. Feuer Hund	Ratte Büffel Tiger Hase Drache Schlange Pferd Ziege Affe Hahn Hund Schwein **Günstig:** Handwerkliche Aktivitäten, Handel, Hochzeiten, Reisen **Ungünstig:** Trauerfeiern und Beerdigungen, schwere körperliche Arbeit
10. Feuer Schwein	Ratte Büffel Tiger Hase Drache Schlange Pferd Ziege Affe Hahn Hund Schwein **Günstig:** Ankündigungen machen, Beerdigungen, Trauerfeiern. **Ungünstig:** Handel, Vergnügungen, Freizeitaktivitäten.
11. Erd Ratte	Ratte Büffel Tiger Hase Drache Schlange Pferd Ziege Affe Hahn Hund Schwein **Günstig:** Kleidung schneidern, Handel, Buchhaltung, Ausflüge, neue Dinge beginnen. **Ungünstig:** Geschäfte eröffnen, Kraftanstrengungen, Reisen, Ersparnisse ausgeben.
12. Erd Büffel	Ratte Büffel Tiger Hase Drache Schlange Pferd Ziege Affe Hahn Hund Schwein **Günstig:** Putzen, waschen, fasten, seelische und körperliche Pflege, Arztbesuche. **Ungünstig:** Ausdauersport, Reisen, Hochzeit.
13. Metall Tiger	Ratte Büffel Tiger Hase Drache Schlange Pferd Ziege Affe Hahn Hund Schwein **Günstig:** Umziehen, Reisen, Hochzeiten, Empfänge, wichtige Konferenzen. **Ungünstig:** geistige Arbeiten, Gartenarbeit, häusliche Tätigkeiten.
14. Metall Hase	Ratte Büffel Tiger Hase Drache Schlange Pferd Ziege Affe Hahn Hund Schwein **Günstig:** Versammlungen, gerechte Verteilungen, Hochzeit, Konferenzen, Umzug. **Ungünstig:** Gartenarbeit, Dinge zum Abschluss bringen.
15. Wasser Drache	Ratte Büffel Tiger Hase Drache Schlange Pferd Ziege Affe Hahn Hund Schwein **Günstig:** Gartenarbeit, Feiern, Hochzeit, Dinge zum Abschluss bringen. **Ungünstig:** keine Anschuldigungen gegen Dritte erheben.

Ob ein Tag besonders günstig für Ihr Tierzeichen ist, sehen Sie an folgenden Farben:
Rot = sehr günstig, Grau = günstig, Schwarz = nicht günstig

16. Wasser Schlange	Ratte Büffel Tiger Hase Drache Schlange Pferd Ziege Affe Hahn Hund Schwein **Günstig:** Gartenarbeit, Hochzeit, Dinge zum Abschluss bringen. **Ungünstig:** Umzug, Reisen, Geschäftseröffnung
17. Holz Pferd	Ratte Büffel Tiger Hase Drache Schlange Pferd Ziege Affe Hahn Hund Schwein **Günstig:** Ausruhen, Meditation, seinen Hobbys nachgehen. **Ungünstig:** wichtige Unternehmungen.
18. Holz Ziege	Ratte Büffel Tiger Hase Drache Schlange Pferd Ziege Affe Hahn Hund Schwein **Günstig:** Amüsieren, mit Freunden ausgehen, Freizeitaktivitäten **Ungünstig:** geschäftliche Aktivitäten, neue Dinge anfangen.
19. Feuer Affe	Ratte Büffel Tiger Hase Drache Schlange Pferd Ziege Affe Hahn Hund Schwein **Günstig:** für die meisten Aktivitäten, Geschäftsabschlüsse, Partnerschaft **Ungünstig:** negative Bemerkungen über andere Menschen.
20. Feuer Hahn	Ratte Büffel Tiger Hase Drache Schlange Pferd Ziege Affe Hahn Hund Schwein **Günstig:** Handel, Geschäftseröffnungen, Hochzeiten und andere Feste planen. **Ungünstig:** Beerdigungen, Reisen, Arztbesuche.
21. Erd Hund	Ratte Büffel Tiger Hase Drache Schlange Pferd Ziege Affe Hahn Hund Schwein **Günstig:** Handwerkliche Aktivitäten, Handel, Hochzeiten, Reisen **Ungünstig:** Trauerfeiern und Beerdigungen, schwere körperliche Arbeit
22. Erd Schwein	Ratte Büffel Tiger Hase Drache Schlange Pferd Ziege Affe Hahn Hund Schwein **Günstig:** Ankündigungen machen, Beerdigungen, Trauerfeiern. **Ungünstig:** Handel, Vergnügungen, Freizeitaktivitäten
23. Metall Ratte	Ratte Büffel Tiger Hase Drache Schlange Pferd Ziege Affe Hahn Hund Schwein **Günstig:** Kleidung schneidern, Handel, Buchhaltung, Ausflüge, neue Dinge beginnen **Ungünstig:** Geschäfte eröffnen, Kraftanstrengungen, Reisen, Ersparnisse ausgeben
24. Metall Büffel	Ratte Büffel Tiger Hase Drache Schlange Pferd Ziege Affe Hahn Hund Schwein **Günstig:** Putzen, waschen, fasten, seelische und körperliche Pflege, Arztbesuche **Ungünstig:** Ausdauersport, Reisen, Hochzeit.
25. Wasser Tiger	Ratte Büffel Tiger Hase Drache Schlange Pferd Ziege Affe Hahn Hund Schwein **Günstig:** Umziehen, Reisen, Hochzeiten, Empfänge, wichtige Konferenzen. **Ungünstig:** geistige Arbeiten, Gartenarbeit, häusliche Tätigkeiten.
26. Wasser Hase	Ratte Büffel Tiger Hase Drache Schlange Pferd Ziege Affe Hahn Hund Schwein **Günstig:** Versammlungen, gerechte Verteilungen, Hochzeit, Konferenzen, Umzug **Ungünstig:** Gartenarbeit, Dinge zum Abschluss bringen.
27. Holz Drache	Ratte Büffel Tiger Hase Drache Schlange Pferd Ziege Affe Hahn Hund Schwein Günstig: Gartenarbeit, Feiern, Hochzeit, Dinge zum Abschluss bringen. Ungünstig: keine Anschuldigungen gegen Dritte erheben.
28. Holz Schlange	Ratte Büffel Tiger Hase Drache Schlange Pferd Ziege Affe Hahn Hund Schwein **Günstig:** Gartenarbeit, Hochzeit, Dinge zum Abschluss bringen. **Ungünstig:** Umzug, Reisen, Geschäftseröffnung
29. Feuer Pferd	Ratte Büffel Tiger Hase Drache Schlange Pferd Ziege Affe Hahn Hund Schwein **Günstig:** Ausruhen, Meditation, seinen Hobbys nachgehen. **Ungünstig:** wichtige Unternehmungen.
30. Feuer Ziege	Ratte Büffel Tiger Hase Drache Schlange Pferd Ziege Affe Hahn Hund Schwein **Günstig:** Amüsieren, mit Freunden ausgehen, Freizeitaktivitäten **Ungünstig:** geschäftliche Aktivitäten, neue Dinge anfangen.
31. Erd Affe	Ratte Büffel Tiger Hase Drache Schlange Pferd Ziege Affe Hahn Hund Schwein **Günstig:** für die meisten Aktivitäten, Geschäftsabschlüsse, Partnerschaft **Ungünstig:** negative Bemerkungen über andere Menschen.

TZE
Ratte

Grundtendenz des Monats: Das Jahr der Metall-Ratte neigt sich seinem Ende zu. Es dürfte für Sie vor allem dann erfolgreich gewesen sein, wenn Sie sich beherzt und ohne großes Zögern für einen bestimmten Weg entschieden haben. Wer dagegen zu lange seine verschiedenen Optionen nur im Kopf durchgespielt hat, ist wahrscheinlich nicht besonders weit gekommen.

Mit dem Erd-Büffel, der den Januar begleitet, gibt es nun für die Ratte noch einmal die Gelegenheit, die schöpferische Energie ihres eigenen Jahres konkret umzusetzen. Dabei wäre es erst einmal wichtig zu starten. Sobald der Büffel im Februar die Jahresherrschaft übernimmt, können Sie das Ganze zu einem guten Ende bringen.

Liebe, Familie, Freundschaft: So manche Ratte mag nun das Gefühl haben dass in ihrem Privatleben alles an seinem richtigen Platz ist. Das liegt sicher auch an der erhaltenden Yin-Erdenergie, die sich in diesen Wochen in allen Bereichen bemerkbar macht. Stabilität und Sicherheit sind Werte, die auch im nächsten Jahr wichtiger sind als schnelle Abenteuer.

Sollte es jetzt noch unausgesprochene Kritik geben, wäre es ratsam, sich gemeinsam mit Partner und Familie an einen Tisch zu setzen und die Sache ein für alle mal zu klären. Dabei legen Sie am besten auch gleich schon die Aufgabenteilung für die kommenden Monate fest.

Beruf, Finanzen: Wer in den vergangenen Monaten den Überblick behalten hat, kann nun sicher schon einen guten Teil der Ernte einfahren. Mit dem Büffel geht es 2021 ohnehin mehr darum, Erreichtes auszubauen und auf ein sicheres Fundament zu stellen. Das sollte sich die Ratte am Besten jetzt schon bewusst machen.

Rattenjahre kennzeichnen immer den Beginn eines neuen Zwölfjahreszyklus. Wer jetzt also die Weichen für seine berufliche Entwicklung gestellt hat, kann die kommenden Jahre deutlich entspannter angehen.

Tipp des Monats: Bleiben Sie fokussiert! Mit Hilfe des Büffels können Sie dann Ihre wunderbaren Pläne wirklich umsetzen.

KIU
Büffel

Grundtendenz des Monats: Für den beständigen Büffel war das letzte Jahr sicher zuweilen recht aufregend. Schließlich gab es eine ganze Menge neuer Optionen und Möglichkeiten, aus denen er wählen konnte. Ob das als positiv empfunden wurde, hängt sicher davon ab, inwieweit er bereit war, sich auf mögliche Veränderungen einzulassen. Wer davor zurückscheut, bestehende Muster zu ändern, wird im Jahr der Ratte wahrscheinlich lange nicht so gut klargekommen sein.

Bevor nun im kommenden Monat das eigene Tierzeichen das Zepter von der Ratte übernimmt, besteht noch ein letztes Mal die Möglichkeit, kreativ aus den Vollen zu schöpfen.

Liebe, Familie, Freundschaft: Auch in der Partnerschaft haben sich in den vergangenen Monaten vielleicht einige Veränderungen für den Büffel ergeben. Wer ein bisschen Mut und Initiative gezeigt hat, wurde sicher mit schönen Stunden zu zweit belohnt, die sich deutlich von der normalen Routine abgehoben haben. 2021 wird es nun wieder verstärkt darum gehen, das erreichte Glück zu erhalten.

Jetzt im Januar sollte alles an seinem richtigen Platz sein für den Büffel, so dass es zum Start in das eigene Jahr keine unangenehmen Überraschungen geben sollte. Sorgen Sie jetzt dafür, dass es für Ihre Lieben genauso aussieht.

Beruf, Finanzen: Wer die ersten Schritte in die neue Richtung gemacht hat, bekommt im neuen Jahr reichlich Gelegenheit, sein Projekt zu einem guten Ende zu bringen. Bis es soweit ist, wollen neue Wege auch für andere begehbar gemacht werden und jede Menge wertvolle Erfahrungen gesammelt werden.

Achten Sie zum Ende des Jahres der Ratte noch einmal darauf, ein gesundes Gleichgewicht zwischen Job und Privatleben zu etablieren. So vermeiden Sie in kommenden Monaten unnötigen Stress und kommen auch nicht in Erklärungsnot.

Tipp des Monats: Die Dinge werden sich auch 2021 für den Büffel vorteilhaft entwickeln, wenn er sich ein Stück von der nun gelernten Flexibilität bewahrt.

YING Tiger

Grundtendenz des Monats: Zum Abschluss des Jahres der Metall-Ratte kommt mit einem Erd-Büffel eine deutlich stabilere Energie ins Spiel. Das wird dem Tiger aber nicht unbedingt gefallen, denn das bedeutet für ihn in der Regel, dass Entscheidungen deutlich konservativer getroffen werden. Seine Abenteuerlust kann er deshalb in diesem Monat nicht mehr so gut ausleben wie zuvor, laufende Projekte wird das aber sicher weniger betreffen.

Wo es nun etwas ruhiger zugeht, wäre ein guter Zeitpunkt, um sich verstärkt um die eigene Gesundheit zu kümmern. Organisieren Sie zum Beispiel den lange schon fälligen Check-Up oder kümmern Sie sich endlich um kleinere Wehwehchen, die Sie schon länger plagen.

Liebe, Familie, Freundschaft: Auf der privaten Ebene sollte alles an seinem richtigen Platz sein. Vielleicht ist es noch einmal erforderlich, in einem gemeinsamen Gespräch eine klarere Gewichtung zwischen Beruf und Privatleben vorzunehmen. So wecken Sie keine falschen Erwartungen bei Ihren Lieben und müssen sich nicht rechtfertigen, wenn es wieder einmal später wird.

Bestehende Beziehungen konnten in den letzten zwölf Monaten viel gemeinsam erleben. Wer die Veränderungen mit offenen Armen angenommen hat, dessen Bindung sollte im Jahr der Ratte noch stärker geworden sein.

Beruf, Finanzen: Mit dem Büffel im Monat bekommt der Tiger nun schon mal die Gelegenheit, sich langsam aber sicher wieder auf eine gemächlichere Gangart einzustellen. Ab nächstem Monat übernimmt dieses Tierzeichen das Zepter von der Ratte, da muss der Tiger deutlich vorsichtiger zu Werke gehen.

Nehmen Sie sich in den letzten Wochen der Regentschaft der Metall-Ratte vor möglicher Konkurrenz in Acht und lassen Sie sich lieber nicht auf offene Konflikte ein. Der Sturm wird sicher bald vorüber ziehen, da lohnt es sich nicht, sich jetzt noch groß darüber aufzuregen.

Tipp des Monats: Wer die Gelegenheiten in den vergangenen Monaten beim Schopf gegriffen hat, kann stabil darauf aufbauen.

MAO Hase

Grundtendenz des Monats: Mit der nötigen Entschlossenheit lassen sich nun ein paar Dinge zum Abschluss bringen. Dafür sorgt der Erd-Büffel, der Ihnen im Januar zur Seite steht. Gemeinsam mit der Ratte unterstützt er nun all diejenigen Hasen, die wirklich wissen, was sie wollen. Wenn Ihnen das jetzt immer noch nicht klar ist, dürfen Sie auch nicht mit tollen Ergebnissen rechnen.

Zum Ende der Regentschaft der Metall-Ratte mögen sich manche Hasen fragen, was sie aus den vergangenen zwölf Monaten mitnehmen konnten. Neben vielen kreativen Impulsen dürfte die Ratte Sie vor allem gelehrt haben, dass man laut und deutlich für seine Wünsche eintreten sollte.

Liebe, Familie, Freundschaft: Der beständige Büffel gibt Ihnen im Januar schon einmal einen Vorgeschmack auf die kommenden Monate, denn er übernimmt ab nächsten Monat die Jahresherrschaft. Das bedeutet sicher weniger Aufregung im Privatleben - schließlich liebt er es, wenn alles seinen geregelten Gang geht.

In der Liebe geht es nun weniger darum, neue Herzen zu erobern. Vielmehr wünscht man sich, dass bestehende Bande gefestigt werden und allerorten respektvoll miteinander umgegangen wird. Das dürfte dem harmoniebedürftigen Hasen mehr als Recht sein.

Beruf, Finanzen: Ratte und Büffel sind vor allem auf der beruflichen Ebene eine schlagkräftige Verbindung. Das mag so mancher Hase nun noch einmal nutzen wollen, indem er versucht, jetzt endgültig das gesetzte Ziel zu erreichen. Es besteht nun eine sehr gute Möglichkeit, dass das gelingt!

Falls es doch nicht ganz hinkommt, müssen Sie sich auch nicht grämen. Schließlich ist der kommende Regent ein Meister darin, Dinge zu Ende zu bringen. Von dieser Seite bekommen Sie weiterhin tatkräftige Unterstützung.

Tipp des Monats: Es kommt, wie es kommen muss! Lehnen Sie sich zurück und freuen Sie sich auf mehr Stabilität und Sicherheit in allen Bereichen.

SHENG
Drache

Grundtendenz des Monats: Im Januar bekommt der Drache schon einmal einen Vorgeschmack auf die neue Regentschaft. Nun tritt nämlich der Büffel auf den Plan, der ab Februar auch die Jahresherrschaft übernimmt. Am ehestem merkt man das daran, dass langsam aber sicher die fantasievollen Luftschlösser machbareren Konzepten weichen. Das kann dem Drachen im Grunde nur recht sein, denn so werden seine Aktivitäten von vorne herein besser auf ihre Machbarkeit überprüft.

Es ist an der Zeit, Kassensturz zu machen und sich genau anzuschauen, welche Aktionen 2020 von Erfolg gekrönt waren. Setzen Sie genau dort auch im kommenden Jahr an.

Liebe, Familie, Freundschaft: Ein bisschen mehr Beständigkeit kann dem Drachen in seinem Privatleben sicher nicht schaden. Da kommt der Büffel jetzt im Januar gerade recht. Mit seiner besonnenen Art sorgt er nun dafür, dass sich alle Wogen glätten und sich ein Gefühl von Stabilität und Sicherheit breit macht.

Mit Sturheit allein werden Sie sicher kein Herz gewinnen. Es kann aber schon hilfreich sein, wenn Sie nicht nach der ersten Zurückweisung aufgeben. Schließlich beeindruckt es sehr, wenn man auch dann am Ball bleibt, wenn die Aussichten nicht ganz so rosig sind.

Beruf, Finanzen: Mit der Kombination aus Ratte und Büffel können jetzt zum Ende der Regentschaft eine Reihe von losen Enden zusammengeführt werden. Schließlich sind diese Beiden ein prima Team, wenn es darum geht, innovative Projekte bis zum Ende durchzuziehen. Der Erfolg lässt dann in der Regel nicht lange auf sich warten.

Bevor nächsten Monat der Büffel komplett das Zepter übernimmt wäre es sicher noch einmal gut, wenn der Drache seine Prioritäten am Arbeitsplatz für die kommenden Monate klar definiert. Dann werden Sie auch nicht für Arbeiten eingespannt, die Ihnen nicht liegen.

Tipp des Monats: Führen Sie die Dinge jetzt zu einem guten Ende.

SZE
Schlange

Grundtendenz des Monats: Wenn im nächsten Monat der Metall-Büffel das Zepter von der Ratte übernimmt, darf sich die Schlange darüber sicher ganz besonders freuen. Einen Vorgeschmack gibt es bereits im Januar, wo der Büffel den Monat begleitet. In Kombination mit der Ratte werden nun vor allem angefangene Projekte ins Zentrum der Aufmerksamkeit gerückt und die Motivation ist extrem hoch, diese nun noch fertig zu stellen. Stürzen Sie sich ruhig in die Arbeit - die Erfolgsaussichten sind jetzt sehr gut.

Mit einer starken Erd-Energie geht die Regentschaft der Ratte zu Ende. Das wirkt sich für die Schlange vor allem dann aus, wenn es darum geht, das Erreichte auf ein langfristiges Fundament zu stellen.

Liebe, Familie, Freundschaft: Büffel und Schlange ergänzen sich in fast allen Belangen ganz wunderbar. Das gilt auch für die Liebe, die jetzt vor allem in langjährigen Beziehungen für Harmonie sorgt. Lassen Sie sich nicht von außen vorschreiben, wie Sie Ihren gemeinsamen Alltag leben sollten. Solange es sich für Sie richtig anfühlt, ist alles in Ordnung.

Gibt es im Familienkreis noch Klärungsbedarf? Dann sollten Sie den Monat dazu nutzen, gemeinsam nach Lösungen zu suchen. Wichtig ist jetzt, dass Sie sich gegenseitig zuhören.

Beruf, Finanzen: Schon jetzt bekommt die Schlange einen Vorgeschmack auf den Führungsstil des kommenden Jahresregenten. Die Durchsetzungskraft des Büffels verleiht ihr mehr Biss und kann ihr berufliches Standing enorm unterstützen. Hinzu kommt, dass Sie mehr Sicherheit ausstrahlen, weil Sie spüren, dass alles an seinem richtigen Platz ist.

Am Ende des Jahres zählt das erreichte Ergebnis. Wer sich auf seine Aufgaben konzentriert hat, konnte bestimmt manch lohnenswertes Projekt im Jahr der Metall-Ratte an den Start bringen.

Tipp des Monats: Ein gewisses Maß an Mitgefühl ist sicher nicht falsch, solange Sie darüber auch 2021 nicht die eigenen Ziele vergessen.

WU
Pferd

Grundtendenz des Monats: Im letzten Monat des Rattenjahres lässt der Einfluss der Herrscherin schon merklich nach. Das liegt auch daran, dass der Büffel schon in diesem Monat präsent ist, obwohl er offiziell erst im Februar die Regentschaft übernimmt. Gleichzeitig wird nun das Erd-Element gut unterstützt, was es dem Pferd erleichtert, seine Emotionen auszugleichen. Damit kann sich gleichzeitig auch eine neue Zuversicht breit machen.

Nutzen Sie in den verbleibenden Wochen noch einmal das kreative Potential der Metall-Ratte dazu, Ihre Aktionen aus einem frischen Blickwinkel zu betrachten und kleinere Kurskorrekturen vorzunehmen.

Liebe, Familie, Freundschaft: Es mag in den vergangenen Monaten zuweilen etwas turbulent zugegangen sein. Jetzt, wo sich die Aufregung langsam legt und mehr Stabilität eintritt, kann das Pferd erkennen, dass es auf diese Weise viel lernen konnte. Auch wenn es manchmal anstrengend war, war es sicher auch spannend.

Wer mag, kann sich in diesen Wochen eine Auszeit mit Familie und Partner gönnen. So lässt sich eine gute Basis für die kommenden zwölf Monate schaffen, wo es ohnehin mehr darum geht, bestehende Strukturen zu erhalten und zu verbessern, anstatt sich auf die Suche nach etwas Neuem zu begeben.

Beruf, Finanzen: Mit dem Büffel ist nun alles an seinem richtigen Platz. Ob das allerdings den Ansprüchen des Pferdes entspricht, steht auf einem anderen Blatt. Wer mit dem Erreichten nicht zufrieden ist, sollte sich nicht zu sehr grämen. Sie haben getan, was Sie konnten! Mehr war im Jahr der Metall-Ratte für das Pferd eben nicht drin.

Das kann sich aber schon in den nächsten Wochen ändern, denn mit dem Büffel kommt mehr Durchsetzungskraft und konkretes Handeln ins Spiel.

Tipp des Monats: Experimente sind nun nicht gefragt. Bleiben Sie auf dem vorgegebenen Weg!

WEI
Ziege

Grundtendenz des Monats: Vielleicht hat sich für die Ziege in den vergangenen Monaten nicht so viel bewegt, wie sie es sich gewünscht hat. Sie dürfen nicht vergessen, dass die Ratte zwar den Beginn eines neuen Zyklus markiert, aber mehr ein Regent der Worte als der Taten ist. Da ist es nicht so verwunderlich, dass viele gute Ansätze erst einmal in der Planung stecken bleiben. Mit dem Büffel, der diesen Monat begleitet und auch auf die Ratte als Jahresregent folgt, geht es wieder mehr um die konkrete Umsetzung.

Ratte und Büffel stehen in der Chinesischen Astrologie unter anderem für das Haus der Kreativität. In dem Bereich können Sie nun sicher wieder einiges an Unterstützung erfahren.

Liebe, Familie, Freundschaft: Auch langfristige Beziehungen gehören zuweilen auf den Prüfstand gestellt. Damit sich der Alltag nicht zu sehr einschleicht und die Anziehungskraft immer mehr nachlässt, braucht es nun noch einmal frische Impulse. Die kann sich die Ziege von außen holen... aber vielleicht hat sie ja auch selbst ein paar gute Ideen, wie sich ein frischer Schwung in die Partnerschaft bringen lässt.

Im Grunde sollte es auf der familiären Ebene recht rund laufen zum Ende des Ratten-Jahres. Für alle Fälle sollten Sie sich nun aber ruhig noch einmal alle zusammensetzen und über die Prioritäten für das kommende Jahr sprechen.

Beruf, Finanzen: Mit dem Ende des Ratten-Jahres bleibt sicher so manche Frage für die Ziege unbeantwortet. Es war einfach nicht genug Zeit, um sich in Ruhe mit all den Dingen auseinanderzusetzen, die Ihnen wichtig sind! Wählen Sie nun im letzten Monat der Regentschaft die Bereiche aus, in denen Sie sich 2021 mehr engagieren möchten. Wenn dafür zusätzliche Fort- und Weiterbildungen nötig sind, sollten Sie diese nun ruhig schon organisieren und fest in den neuen Kalender einplanen.

Tipp des Monats: Das kommende Jahr bringt vor allem mehr Stabilität. Stellen Sie nun die Weichen für Ihre persönlichen Ziele!

SUNG
Affe

Grundtendenz des Monats: Im letzten Monat im Jahr der Metall-Ratte ist an allen Ecken schon die erdigere Energie des kommenden Herrschers zu spüren. Das liegt daran, dass der Büffel schon den Monat begleitet und seinen Einfluss mehr und mehr geltend macht. Für den Affen bedeutet das sicher deutlich weniger Schwankungen und mehr Stabilität. Das mag er erst einmal als langweilig empfinden. Längerfristig betrachtet wird es ihm aber gut tun, wenn er nicht permanent im Laufschritt unterwegs sein muss.

Veränderungen hat es in den kommenden Monaten wahrscheinlich genug gegeben. 2021 geht es nun mehr darum, dass diese einen längerfristigen Effekt auf Ihr Leben haben.

Liebe, Familie, Freundschaft: Wenn Sie es sich nun gestatten innezuhalten, werden Sie feststellen, dass auf der privaten Ebene alle Dinge an ihrem richtigen Platz sind und jeder genau zu wissen scheint, was zu tun ist. Das sollte Ihnen die Zuversicht geben, dass auch in den kommenden zwölf Monaten der Familienzusammenhalt gesichert ist.

In der Liebe mag es nun wichtiger sein als im Jahr zuvor, Zeit gemeinsam zu verbringen. Legen Sie Ihre Prioritäten am besten gleich jetzt gemeinsam fest und versprechen Sie sich gegenseitig, dass Sie sich auch daran halten.

Beruf, Finanzen: Ratte und Büffel sind durchaus ein gutes Gespann, wenn es um die Umsetzung von kreativen Ideen geht. Dermaßen gerüstet kann es dem Affen nun gelingen, noch die eine oder andere Aktion in trockene Tücher zu packen. Der Büffel stärkt dabei vor allem Ihre Ausdauer. So können auch lästige Arbeiten gut zu einem Abschluss gebracht werden.

Mit dem kommenden Jahresherrscher wird es für den Affen vielleicht nicht ganz so spannend werden, dafür lassen sich viele 2020 begonnene Aktionen sicher erfolgreich weiterführen

Tipp des Monats: Wer sein Potential erkannt und ausgelebt hat, geht enorm zufrieden in das neue Jahr. Für alle anderen gilt es, weiterhin am Ball zu bleiben.

YU
Hahn

Grundtendenz des Monats: Das Jahr der Metall-Ratte neigt sich dem Ende zu und am Horizont kündigt sich schon der Büffel an, der das Zepter ab Februar übernimmt und im Januar schon mal an der Seite der Ratte erscheint. Das wird die meisten Hähne freuen, denn es war in den vergangenen Monaten nicht immer einfach, in der Balance zu bleiben. Die unstete Ratte hat Sie dazu gebracht, Energiereserven anzuzapfen, die Sie lieber noch ein wenig länger aufgehoben hätten.

Mit dem Büffel im Januar kommt nun aber schon die Kraft ins Spiel, mit der der Hahn seine ehrgeizigen Ziele einfacher verfolgen kann.

Liebe, Familie, Freundschaft: Sorgen Sie nun für ausgeglichene Zustände in Ihren eigenen vier Wänden. Das gilt nicht nur für Ihren eigenen Seelenzustand, sondern auch für den Ihres Partners oder Ihrer Kinder. Vielleicht ist es eine gute Idee, sich noch einmal gemeinsam an einen Tisch zu setzen und sich intensiv auszutauschen. Missverständnisse können so beseitigt werden und alle bekommen das Gefühl, dass Sie sich am richtigen Platz befinden.

Für die Partnersuche ist der Januar nicht ganz so gut geeignet. Mit der recht starken Erd-Energie dürfte sich in diesem Bereich einfach nicht genug bewegen. Es sei denn, Sie wissen schon genau, welches Herz Sie erobern möchten.

Beruf, Finanzen: Mit Hilfe des Büffels kann auch der Hahn im Jahr der Ratte noch einige Dinge zum Abschluss bringen. Ob sich das positiv auf Karriere oder Bankkonto auswirkt, wird sich wahrscheinlich erst zu einem späteren Zeitpunkt zeigen.

Die Zeiten der riskanten Unternehmungen und verwegenen Pläne dürfte nun erst einmal vorbei sein. Mit dem Büffel kommt nun ein deutlich konservativerer Herrscher ans Ruder. Das kann sich für den Hahn als sehr vorteilhaft erweisen, denn so kann es gelingen, auf den Errungenschaften dieses Jahres aufzubauen.

Tipp des Monats: Treffen Sie nun keine riskanten Entscheidungen!

SHIH
Hund

Grundtendenz des Monats: Es mag so scheinen, dass dem scheidenden Jahresregenten im Januar schon ein wenig die Luft ausgeht. Das bedeutet, dass sich der Hund nun wieder mehr Zeit für seine laufenden Projekte nehmen darf und nicht jede Woche etwas Neues versuchen muss. So manchen Hund mag das beruhigen. Andere wiederum werden die ständigen Herausforderungen vielleicht vermissen.

Der Büffel bringt im Januar reichlich Erde mit und gibt dem Hund einen Vorgeschmack auf seine Regentschaft, die im Februar beginnt. Da geht es dann weniger darum, wer die tollste Idee hat, sondern eher darum, wer das Ganze am zuverlässigsten umsetzen kann.

Liebe, Familie, Freundschaft: Verantwortungsbewusstsein und Traditionen werden 2021 wieder ganz groß geschrieben. Das dürfte den meisten Hund ganz recht sein, denn damit bewegen sie sich wieder mehr auf bekanntem Terrain. Zum Abschluss des Ratten-Jahres kann es aber sicher nicht schaden, noch einmal den einen oder andere frischen Impuls mitzunehmen.

Wer bislang nicht dazu gekommen ist, seine familiären Angelegenheiten zu ordnen, sollte sich jetzt sputen. Im Jahr des Metall-Büffels können Sie es sich nicht leisten, Ihre Prioritäten ständig hin und her zu schieben. Sorgen Sie am besten jetzt gleich für klare Verhältnisse.

Beruf, Finanzen: Mit Fleiß und Beharrlichkeit können nun eine Reihe von Projekten zu einem guten Abschluss gebracht werden. Und selbst, wenn Sie nicht alle Arbeiten erledigen konnten, die Ihnen die Ratte in den vergangenen Monaten aufgetragen hat, so sind Sie doch auf jedem Fall auf einem guten Weg.

Mit dem Büffel an der Seite lassen sich im Januar auch komplexe Dinge regeln. Das mag zwar jetzt etwas länger dauern, dafür wird die Sache umso gründlicher erledigt und Sie brauchen sich danach nie mehr darum zu kümmern.

Tipp des Monats: 2021 ist Durchsetzungskraft gefragt. Bereiten Sie sich jetzt schon darauf vor und zeigen Sie Entschlossenheit.

HAN
Schwein

Grundtendenz des Monats: Mit dem Büffel kündigt sich im Januar schon einmal die deutlich erdigere Energie an, die ab nächsten Monat vorherrschen wird. Anstatt um frische Ideen wird es dann wohl mehr darum gehen, bestehende Konzepte möglichst schlüssig und gut umzusetzen. Das sollte das Schwein aber nicht schrecken - schließlich sind Sie es gewohnt, komplexe Sachverhalte zu erfassen und zu einem erfolgreichen Ende zu bringen.

Nutzen Sie den letzten Monat im Jahr der Ratte ruhig noch einmal dazu, Ihre Kommunikation auf allen Ebenen zu stärken und das Gespräch zu suchen, wann immer es möglich ist.

Liebe, Familie, Freundschaft: Auch im Privatleben sollte nun wieder mehr Beständigkeit einkehren. Die Ratte hat in den vergangenen Monaten sicher zuweilen für Turbulenzen gesorgt, aber sicher auch dafür, dass es dem Schwein 2020 nicht langweilig wurde. Neue Impulse konnten gesetzt werden und damit vielleicht so manche eingefahrene Situation in Bewegung gebracht werden. Vor allem, wenn Sie Ihre Gefühle in der entsprechenden Situation sofort zum Ausdruck gebracht haben, haben Sie viel lernen können.

Sollte es auf der familiären Ebene noch offene Fragen geben, ist nun der richtige Zeitpunkt, endgültig alle Fäden zusammen zu führen.

Beruf, Finanzen: Die Zeit der Abenteuer ist nun auch für das Schwein erst einmal vorbei. Manch einer mag das mit Erleichterung aufnehmen - schließlich ist es lange nicht so anstrengend, sich einfach an bestehende Regeln zu halten. Manch einer mag aber nun auch ein bisschen den spannenden Zeiten nachtrauern, in denen jedes neue Projekt einen frischen Ansatz brauchte, um sich erfolgreich entwickeln zu können.

Wer sich privat zu gebunden gefühlt hat, hat vielleicht nicht die mutigen Schritte in eine neue Richtung machen können, die er sich gewünscht hat. Das heißt sicher nicht, dass eine Veränderung nun gar nicht mehr möglich ist.

Tipp des Monats: Die Dinge sind dort, wo Sie hingehören! Lassen Sie das Jahr entspannt ausklingen.

Januar 2021	Jahreskonstellation – Metall-Ratte Monatskonstellation – Erd-Büffel

1. Erd Hahn	Ratte Büffel Tiger Hase Drache Schlange Pferd Ziege Affe Hahn Hund Schwein **Günstig:** Handel, Geschäftseröffnungen, Hochzeiten und andere Feste planen. **Ungünstig:** Beerdigungen, Reisen, Arztbesuche.
2. Metall Hund	Ratte Büffel Tiger Hase Drache Schlange Pferd Ziege Affe Hahn Hund Schwein **Günstig:** Handwerkliche Aktivitäten, Handel, Hochzeiten, Reisen **Ungünstig:** Trauerfeiern und Beerdigungen, schwere körperliche Arbeit
3. Metall Schwein	Ratte Büffel Tiger Hase Drache Schlange Pferd Ziege Affe Hahn Hund Schwein **Günstig:** Ankündigungen machen, Beerdigungen, Trauerfeiern. **Ungünstig:** Handel, Vergnügungen, Freizeitaktivitäten
4. Wasser Ratte	Ratte Büffel Tiger Hase Drache Schlange Pferd Ziege Affe Hahn Hund Schwein Günstig: Kleidung schneidern, Handel, Buchhaltung, Ausflüge, neue Dinge beginnen. **Ungünstig:** Geschäfte eröffnen, Kraftanstrengungen, Reisen, Ersparnisse ausgeben.
5. Wasser Büffel	Ratte Büffel Tiger Hase Drache Schlange Pferd Ziege Affe Hahn Hund Schwein **Günstig:** Kleidung schneidern, Handel, Buchhaltung, Ausflüge, neue Dinge beginnen. **Ungünstig:** Geschäfte eröffnen, Kraftanstrengungen, Reisen, Ersparnisse ausgeben.
6. Holz Tiger	Ratte Büffel Tiger Hase Drache Schlange Pferd Ziege Affe Hahn Hund Schwein **Günstig:** Putzen, waschen, fasten, seelische und körperliche Pflege, Arztbesuche. **Ungünstig:** Ausdauersport, Reisen, Hochzeit.
7. Holz Hase	Ratte Büffel Tiger Hase Drache Schlange Pferd Ziege Affe Hahn Hund Schwein Günstig: Umziehen, Reisen, Hochzeiten, Empfänge, wichtige Konferenzen. Ungünstig: geistige Arbeiten, Gartenarbeit, häusliche Tätigkeiten.
8. Feuer Drache	Ratte Büffel Tiger Hase Drache Schlange Pferd Ziege Affe Hahn Hund Schwein **Günstig:** Versammlungen, gerechte Verteilungen, Hochzeit, Konferenzen, Umzug. **Ungünstig:** Gartenarbeit, Dinge zum Abschluss bringen.
9. Feuer Schlange	Ratte Büffel Tiger Hase Drache Schlange Pferd Ziege Affe Hahn Hund Schwein **Günstig:** Gartenarbeit, Feiern, Hochzeit, Dinge zum Abschluss bringen. **Ungünstig:** keine Anschuldigungen gegen Dritte erheben.
10. Erd Pferd	Ratte Büffel Tiger Hase Drache Schlange Pferd Ziege Affe Hahn Hund Schwein **Günstig:** Gartenarbeit, Hochzeit, Dinge zum Abschluss bringen. **Ungünstig:** Umzug, Reisen, Geschäftseröffnung
11. Erd Ziege	Ratte Büffel Tiger Hase Drache Schlange Pferd Ziege Affe Hahn Hund Schwein **Günstig:** Ausruhen, Meditation, seinen Hobbys nachgehen. **Ungünstig:** wichtige Unternehmungen
12. Metall Affe	Ratte Büffel Tiger Hase Drache Schlange Pferd Ziege Affe Hahn Hund Schwein Günstig: Amüsieren, mit Freunden ausgehen, Freizeitaktivitäten Ungünstig: geschäftliche Aktivitäten, neue Dinge anfangen.
13. Metall Hahn	Ratte Büffel Tiger Hase Drache Schlange Pferd Ziege Affe Hahn Hund Schwein **Günstig:** für die meisten Aktivitäten, Geschäftsabschlüsse, Partnerschaft **Ungünstig:** negative Bemerkungen über andere Menschen.
14. Wasser Hund	Ratte Büffel Tiger Hase Drache Schlange Pferd Ziege Affe Hahn Hund Schwein **Günstig:** Handel, Geschäftseröffnungen, Hochzeiten und andere Feste planen. **Ungünstig:** Beerdigungen, Reisen, Arztbesuche.
15. Wasser Schwein	Ratte Büffel Tiger Hase Drache Schlange Pferd Ziege Affe Hahn Hund Schwein **Günstig:** Handwerkliche Aktivitäten, Handel, Hochzeiten, Reisen **Ungünstig:** Trauerfeiern und Beerdigungen, schwere körperliche Arbeit

Ob ein Tag besonders günstig für Ihr Tierzeichen ist, sehen Sie an folgenden Farben:
Rot = sehr günstig, Grau = günstig, Schwarz = nicht günstig

Jahreskonstellation – Metall-Ratte Monatskonstellation – Erd-Büffel	Januar 2021

16. Holz Ratte	Ratte Büffel Tiger Hase Drache Schlange Pferd Ziege Affe Hahn Hund Schwein **Günstig:** Ankündigungen machen, Beerdigungen, Trauerfeiern. **Ungünstig:** Handel, Vergnügungen, Freizeitaktivitäten
17. Holz Büffel	Ratte Büffel Tiger Hase Drache Schlange Pferd Ziege Affe Hahn Hund Schwein **Günstig:** Kleidung schneidern, Handel, Buchhaltung, Ausflüge, neue Dinge beginnen. **Ungünstig:** Geschäfte eröffnen, Kraftanstrengungen, Reisen, Ersparnisse ausgeben.
18. Feuer Tiger	Ratte Büffel Tiger Hase Drache Schlange Pferd Ziege Affe Hahn Hund Schwein **Günstig:** Putzen, waschen, fasten, seelische und körperliche Pflege, Arztbesuche. **Ungünstig:** Ausdauersport, Reisen, Hochzeit.
19. Feuer Hase	Ratte Büffel Tiger Hase Drache Schlange Pferd Ziege Affe Hahn Hund Schwein **Günstig:** Umziehen, Reisen, Hochzeiten, Empfänge, wichtige Konferenzen. **Ungünstig:** geistige Arbeiten, Gartenarbeit, häusliche Tätigkeiten.
20. Erd Drache	Ratte Büffel Tiger Hase Drache Schlange Pferd Ziege Affe Hahn Hund Schwein **Günstig:** Versammlungen, gerechte Verteilungen, Hochzeit, Konferenzen, Umzug. **Ungünstig:** Gartenarbeit, Dinge zum Abschluss bringen.
21. Erd Schlange	Ratte Büffel Tiger Hase Drache Schlange Pferd Ziege Affe Hahn Hund Schwein **Günstig:** Gartenarbeit, Feiern, Hochzeit, Dinge zum Abschluss bringen. **Ungünstig:** keine Anschuldigungen gegen Dritte erheben.
22. Metall Pferd	Ratte Büffel Tiger Hase Drache Schlange Pferd Ziege Affe Hahn Hund Schwein **Günstig:** Gartenarbeit, Hochzeit, Dinge zum Abschluss bringen. **Ungünstig:** Umzug, Reisen, Geschäftseröffnung
23. Metall Ziege	Ratte Büffel Tiger Hase Drache Schlange Pferd Ziege Affe Hahn Hund Schwein **Günstig:** Ausruhen, Meditation, seinen Hobbys nachgehen. **Ungünstig:** wichtige Unternehmungen
24. Wasser Affe	Ratte Büffel Tiger Hase Drache Schlange Pferd Ziege Affe Hahn Hund Schwein **Günstig:** Amüsieren, mit Freunden ausgehen, Freizeitaktivitäten **Ungünstig:** geschäftliche Aktivitäten, neue Dinge anfangen.
25. Wasser Hahn	Ratte Büffel Tiger Hase Drache Schlange Pferd Ziege Affe Hahn Hund Schwein **Günstig:** für die meisten Aktivitäten, Geschäftsabschlüsse, Partnerschaft **Ungünstig:** negative Bemerkungen über andere Menschen.
26. Holz Hund	Ratte Büffel Tiger Hase Drache Schlange Pferd Ziege Affe Hahn Hund Schwein **Günstig:** Handel, Geschäftseröffnungen, Hochzeiten und andere Feste planen. **Ungünstig:** Beerdigungen, Reisen, Arztbesuche.
27. Holz Schwein	Ratte Büffel Tiger Hase Drache Schlange Pferd Ziege Affe Hahn Hund Schwein **Günstig:** Handwerkliche Aktivitäten, Handel, Hochzeiten, Reisen **Ungünstig:** Trauerfeiern und Beerdigungen, schwere körperliche Arbeit
28. Feuer Ratte	Ratte Büffel Tiger Hase Drache Schlange Pferd Ziege Affe Hahn Hund Schwein **Günstig:** Ankündigungen machen, Beerdigungen, Trauerfeiern. **Ungünstig:** Handel, Vergnügungen, Freizeitaktivitäten
29. Feuer Büffel	Ratte Büffel Tiger Hase Drache Schlange Pferd Ziege Affe Hahn Hund Schwein **Günstig:** Kleidung schneidern, Handel, Buchhaltung, Ausflüge, neue Dinge beginnen. **Ungünstig:** Geschäfte eröffnen, Kraftanstrengungen, Reisen, Ersparnisse ausgeben.
30. Erd Tiger	Ratte Büffel Tiger Hase Drache Schlange Pferd Ziege Affe Hahn Hund Schwein **Günstig:** Putzen, waschen, fasten, seelische und körperliche Pflege, Arztbesuche. **Ungünstig:** Ausdauersport, Reisen, Hochzeit.
31. Erd Hase	Ratte Büffel Tiger Hase Drache Schlange Pferd Ziege Affe Hahn Hund Schwein **Günstig:** Umziehen, Reisen, Hochzeiten, Empfänge, wichtige Konferenzen. **Ungünstig:** geistige Arbeiten, Gartenarbeit, häusliche Tätigkeiten.

Lebensweisheiten aus dem Fernen Osten

Den Augenblick zu leben, heißt in der Ewigkeit leben. Den Augenblick schmecken, ohne jede Vorstellung, ohne alles Denken, heißt, von der Unsterblichkeit kosten.

Osho

Freude erwächst uns nicht aus Besitz und Reichtum. Wahre Lebensfreude kommt aus einem weisen und liebevollen Herzen.

Buddha

Nichts auf der Welt
ist so weich und nachgiebig
wie das Wasser.
Und doch bezwingt es
das Harte und Starke.

Laotse

Besser als hundert Jahre in Unwissenheit und Unachtsamkeit verlebt zu haben, ist ein einziger Tag, der in Weisheit und Achtsamkeit gelebt wird.

Buddha

Alle Erscheinungen sind in Wahrheit nur eigene Vorstellungen, die wie Spiegelungen in einem Spiegel vom Geist selbst erdacht werden.

Pamasambhava

So leben & wohnen die Tierzeichen am liebsten

von Roger Keller

In der chinesischen Philosophie ist alles mit allen verknüpft. Ob Medizin, Astrologie, Astronomie oder Feng Shui – letztendlich basiert alles auf der Lehre der fünf Elemente. Hier erfahren Sie, was für die 12 Tierzeichen wichtig ist, um sich in den eigenen vier Wänden wohl zu fühlen.

Am chinesischen Kaiserhof wurde schon vor mehreren tausend Jahren akribisch darauf geachtet, Wohnraum, Gärten und selbst Grabstätten so zu gestalten, dass der jeweilige Herrscher möglichst perfekt unterstützt wurde. Dabei wurden neben allgemeinen Feng Shui Regeln und der 5 Elemente Lehre auch die persönliche Geburtskonstellation mit einbezogen. Auch wenn wir heutzutage unsere persönliche Umgebung gestalten, ist es wichtig, die individuellen Bedürfnisse zu berücksichtigen.

Denn was für den einen gut ist, muss nicht zwangsläufig für jedermann gelten. Denken wir beispielsweise an Farben, Formen und Materialien, die man zur Gestaltung der eigenen vier Wände einsetzen kann, dann wird schnell klar, dass hier die Vorlieben und Bedürfnisse weit auseinander gehen können. Den einen beruhigt es zum Beispiel ganz wunderbar, wenn im gesamten Haus sanfte Gelb- und Beigetöne vorherrschen, während ein anderer sich mit diesen Farben schwer und unbeweglich fühlt. Der eine findet einen sanft sprudelnden Zimmerbrunnen inspirierend, der andere einfach nur störend. Eine individuell gestaltete Wohnungs- oder Arbeitsumgebung kann also je nach Veranlagung und aktueller Lebenssituation zu deutlich mehr Wohlbehagen oder eben auch zu deutlich mehr Stress führen.

Betrachtet man einfach nur die unterschiedlichen Charaktere der 12 Chinesischen Tierzeichen, gibt das schon deutliche Hinweise auf die Vorlieben beim Einrichten des eigenen Umfeldes. Dabei sollten Sie natürlich immer bedenken, dass jeder Mensch über vier Tierzeichen verfügt (je eines für Geburtsjahr, -monat, -tag und -stunde) und die Kombination aus diesen vier Aspekten eine Persönlichkeit ausmacht.

Farben, Formen und Materialien

Hinter jedem der 12 Tierzeichen steckt eines der 5 Elemente in seiner Yin- oder Yang-Ausprägung. Damit erhalten wir den ersten Hinweis auf Farben, Formen und Materialien, die jedem Tierzeichen zugeordnet sind.

Die folgende Tabelle gibt Ihnen eine schnelle Übersicht:

Was zu den 12 Tierzeichen passt

	Element	Farben	Formen	Material & Dinge
Ratte	Yang Wasser	kräftige Blautöne wie Azur oder Königsblau	unregelmäßige und krumme Formen, Wellenform	Fließendes Wasser
Büffel	Yin Erde	sanfte Erd- und Gelbtöne	abgeflachte und rechteckige Formen, betonte Horizontale	Ton (Gefäße, Vasen, Schalen) Erde
Tiger	Yang Holz	alle kräftigen Grüntöne	steil aufragend, schmale/lange Formen, betonte Vertikale	Planzen aller Art Holz
Hase	Yin Holz	zartes grün und blau, dunkle Grüntöne	steil aufragend, schmale/lange Formen, betonte Vertikale	Trockenblumen, Holzfiguren Holz
Drache	Yang Erde	satte und kräftige Gelb- und Brauntöne, Terrakotta	abgeflachte und rechteckige Formen, betonte Horizontale	Ton (Figuren, Kunsthandwerk) Erde
Schlange	Yin Feuer	dunkle Rottöne und zartes Rosé, malve, apricot, aubergine	spitze Winkel, scharfe Kanten Pyramiden Dreiecke	Kerzen Kamin gedämpftes Licht
Pferd	Yang Feuer	kräftige Rottöne, violett, lila	spitze Winkel, scharfe Kanten Pyramiden Dreiecke	Offenes Feuer helles Licht
Schaf	Yin Erde	sanfte Erd- und Gelbtöne	abgeflachte und rechteckige Formen, betonte Horizontale	Ton Erde
Affe	Yang Metall	Gold, weiß	sanft ansteigende und runde Formen	Werkzeug, Metall
Hahn	Yin Metall	Silber, Bronze, Hellgrau	sanft ansteigende und runde Formen	Schmuck, Metall
Hund	Yang Erde	satte und kräftige Gelb- und Brauntöne, Terrakotta	abgeflachte und rechteckige Formen, betonte Horizontale	Ton Erde
Schwein	Yin Wasser	Schwarz, Dunkelblau, Anthrazit	unregelmäßige und krumme Formen, Wellenform	Brunnen Teiche, ruhendes Wasser

Die Tierzeichen und Ihre bevorzugte Umgebung

Die RATTE

Das Element der Ratte ist Yang Wasser. Diese fließende Energie macht die Ratte flexibel und anpassungsfähig. Im Grunde braucht Sie gar kein festes zu Hause sie fühlt sich in der Regel überall wohl und weiß sich mit den Umständen zu arrangieren. Erst wenn sich die Ratte in eine Beziehung begibt und/oder eine Familie gründet, sieht sie die Notwendigkeit für einen festen Standort. Bis es soweit ist, macht es der Ratte durchaus Spaß, des Öfteren umzuziehen. Immer wenn sie sich gerade an einem Ort eingerichtet hat, kommen ihr Gedanken und Ideen, dass es woanders doch noch besser sein könnte. Eröffnet sich dann eine neue Gelegenheit ist die Ratte schnell Feuer und Flamme und sitzt rasch wieder auf gepackten Koffern.

So wie die geistige Welt der Ratte immer auf Reisen ist und die Tür für Ideen offen hält, ist sie auch in ihrer persönlichen Umgebung ständig damit beschäftigt, sich Verbesserungen im Haus oder in der Wohnung auszudenken. Ob diese Einfälle dann letztendlich auch umgesetzt werden, steht dabei auf einem ganz anderen Blatt. Die Ratte ist ein Meister im optimieren ihrer Wohnumgebung, allerdings verschwinden die meisten Konzepte schnell wieder in der Versenkung - vor allem dann, wenn Probleme bei der Umsetzung auftreten.

Ratten sind also sehr anpassungsfähige Zeitgenossen, die sich in den unterschiedlichsten Umgebungen zurechtfinden können. Allerdings ist es zuweilen schwer, eine Ratte zur Sesshaftigkeit zu bewegen und so wirkt sie oft ein wenig rastlos.

Der BÜFFEL

Anders als die Ratte verfügt der Büffel über deutlich mehr Ausdauer, wenn er sich einmal niedergelassen hat. Sein Reich ist meistens geprägt von praktischen Dingen, für die er wirklich Verwendung hat. Er sucht sich aus den für ihn besten Möglichkeiten, das geeignete Konzept aus und macht sich dann persönlich daran, seine Wahl zu perfektionieren. Er wird wohl kaum unvorbereitet auf Wohnungssuche gehen und weiß meist schon vorher ganz genau, welches Heim in welcher Wohnumgebung für ihn am Praktischsten ist. Wenn möglich, wohnt er in der Nähe des Arbeitsplatzes oder sorgt zumindestens für eine gute Verkehrsanbindung, damit er schnell von A nach B kommt. Wenn der Büffel in einer Familie lebt, achtet er vornehmlich auf eine vernünftige Infrastruktur für alle Lebenslagen. Ob Schule für die Kinder, Freizeitmöglichkeiten oder ein gut sortierter Supermarkt in unmittelbarer Nähe – das alles ist wichtig, damit sich der Büffel wirklich wohlfühlen kann.

Der Büffel gehört zur Yin-Erde und wenn er sich an dem Platz seiner Wahl niedergelassen hat, ist er nur schwer wieder von dort weg zu bewegen. Selbst nervige Nachbarn oder die laute Zufahrtsstraße sitzt er mit stoischer Ruhe aus, anstatt sich nach Alternativen umzusehen.

In seiner Umgebung ist er neuen Dingen gegenüber durchaus aufgeschlossen - aber nur wenn diese in sein Konzept passen.

Der Büffel ist in der Regel ein strukturiertes Wesen und so sollte deshalb auch seine Umgebung sein. In seiner Wohnung hat alles hat seinen festen Platz und eine gewisse Grundordnung trägt enorm zum Wohlbefinden des Büffels bei.

Der TIGER

Der Tiger braucht Platz, um sich auszubreiten! Kleine enge Wohnungen sind nichts für den König der Tiere. Wer mit einem Tiger zusammen wohnen will, wird sich also wohl oder übel auf einen größeren Haushalt einstellen müssen. Tigergeborene tendieren wie auch der Büffel dazu, ihren persönlichen Lebensraum nach praktischen Gesichtspunkten zu gestalten. Dabei darf es aber durchaus von mal zu mal etwas großzügiger werden. Eine angeborene Eigenschaft des Tigers ist nun einmal, sein Revier zu erweitern und das kommt bei der Wohnraumsuche ganz klar zum Vorschein. Selbst wenn er alleine wohnt, sind 100 qm und mehr für einen Tiger keine Seltenheit.

Das Yang-Holzelement des Tigers unterstützt ihn dabei, seine Umgebung mit Ideen und Tatendrang selbst zu gestalten. Er steckt sich klare Rahmenbedingungen und experimentiert so lange, bis er die optimale Lösung gefunden hat. Frei nach dem Motto ‚das Bessere ist des Guten Feind' wirft er Gestaltungskonzepte auch gerne wieder über den Haufen, wenn sich eine bessere Möglichkeit ergibt.

Der Tiger wünscht sich die uneingeschränkte Autorität in seinem Reich. Dem sollte sich seiner Meinung nach bitte die restlichen Mitbewohner unterordnen. Solange alles in den von ihm gesteckten Grenzen verläuft, ist der Tiger eine zahme Katze. Doch wehe, seine Grenzen werden verletzt! Dann kann er ganz schnell die Krallen ausfahren.

Eine harmonische Lebensumgebung für den Tiger sollte über einen geeigneten Rückzugsort verfügen (besonders wichtig bei Tiger-Männern), wo er für sich sein kann und in Ruhe seine Batterien aufladen kann.

Der HASE

Für die meisten Hasen ist das Zuhause der Dreh- und Angelpunkt ihres Seins. Ähnlich wie der Tiger hat auch der Hase die Tendenz, sich auszubreiten. Während der Tiger sein Terrain mit Kontrolle und Autorität erweitert, geht der Hase dabei wesentlich sanftmütiger vor und breitet sich fast unbemerkt im ganzen Haus aus. Die Mitbewohner merken das meistens erst dann, wenn er bereits von der kompletten Fläche Besitz ergriffen hat und es kaum ein zurück gibt.

Das Heim des Hasen ist für Menschen gemacht. Vorzugsweise für kleine Menschen. Kinder sind im Lebensumfeld von Hasengeborenen so gut wie immer willkommen. Selbst mit einem aktiven inneren Kind ausgestattet, nimmt der Hase es dabei nicht so genau, wenn es um die Ordnung geht. Es stört ihn keineswegs, wenn nicht immer alles an seinem Platz ist und so kann es in seiner Umgebung bisweilen etwas chaotisch wirken.

Der Hase gibt viel und das aus vollem Herzen, was ihn im Freundes- und Familienkreis beliebt macht. So hat er gerne Besuch und braucht dafür auch einen größeren Wohnbereich. Den nutzt der Hase komplett und mit Begeisterung – in der Regel ist immer etwas los in seinem Bau!

Seine Nachgiebigkeit wird allerdings hin und wieder von seiner Umgebung ausgenutzt und so kann es immer wieder vorkommen, dass sich Menschen bei ihm breit machen, die seine Gastfreundschaft überstrapazieren. Doch selbst dann bringt der Hase es meist nicht übers Herz, die Schmarotzer selbst vor die Tür zu setzen. Meist müssen gute Freunde einschreiten und dem Hasen helfen, die Situation zu bereinigen, damit der häusliche Frieden wieder hergestellt werden kann.

Der DRACHE

Das Heim des Drachen macht in der Regel mächtig was her! Er versteht es eben wie kein anderes Tier, sich in Szene zu setzen und sein Zuhause zu einer Bühne für sich selbst zu machen. Eine Wohnung an einem ausgefallenen Ort oder eine Einrichtung, die andere in Erstaunen versetzt, sind typisch bei Menschen, die im Zeichen des Drachens geboren wurden. Dabei kann man manchmal durchaus auch eine leichte Tendenz zur Übertreibung beobachten. Drachen umgeben sich gerne mit den neusten technischen Spielereien (besonders die Männer unter ihnen) und legen großen Wert auf das Design ihrer Umgebung. Sie wirken oft wie ein Hansdampf in allen Gassen und scheinen sich einfach alles leisten zu können. Hin und wieder trügt allerdings der Schein - das schöne Auto ist geleast und der Kredit für die teuren Designermöbel noch lange nicht abbezahlt.

Drachen lieben es extravagant und ungewöhnlich. So sind Sie in der Regel die Ersten, die auf einen neuen Trend anspringen und möglichst immer ganz vorne dabei zu sein versuchen. Das kann allerdings auch zu einer gewissen Rastlosigkeit führen, so dass es manch Drachen vorziehen, in einem Hotel zu wohnen, anstatt in den eigenen vier Wänden.

Wo auch immer ein Drache sich niederlässt, es ist für den Besucher auf jeden Fall ein interessanter Ort, der wie ein Tagebuch die interessanten Stationen im Leben dieses Tierzeichens aufzeigt. Bilder von ausgefallenen Reisen und Mitbringsel aus allen Ecken der Erde schmücken sein Heim. Aber auch geschmackvolle Kunstwerke und andere beeindruckende Gegenstände findet man in seiner Wohnung. Er schmückt sich eben gerne und zeigt, was er hat und was ihn interessiert.

Die SCHLANGE

Schlangen bringen ein gutes Gespür für ihre Umgebung mit. Intuitiv wissen sie immer, was ihnen gut tut und was nicht. Unermüdlich arbeitet die Schlange für die Dinge, die ihr wichtig erscheinen. Dabei vergisst sie hin und wieder, die Früchte ihrer Arbeit zu genießen. Ist ein Projekt abgeschlossen, ist sie schon am nächsten dran. So brauchen Schlangen vor allem eine zweckmäßige Umgebung, in der sie sich ohne großen Aufwand wohlfühlen können. Oft gehen Wohn- und Arbeitsbereich nahtlos ineinander über, damit keine wertvolle Zeit damit verloren geht, von einem Bereich in den anderen zu wechseln.

Die Schlange weiß genau, wann und wo sie ihre Vorteile nutzen kann. Hat sie sich für eine Lebensumgebung entschieden, lässt so schnell nicht wieder davon ab und setzt alles daran, die gefundene Bleibe dauerhaft für sich zu sichern. Sie hat einen recht besitzergreifenden Charakter, der sich nur schwer von einmal erarbeiteten Dingen wieder trennen kann.

Schlangen sind zuverlässige Mieter, aber auf der anderen Seite auch harte Verhandlungspartner, wenn es um die Miete oder zusätzliche Leistungen geht. Die Finanzen sind bei der Schlange gut aufgehoben und irgendwie bringt sie immer die benötigten Mittel auf, um ihre Ziele zu verwirklichen. Diese Eigenschaft ist vor allem beim Hausbau oder anderen größeren Baumaßnahmen sehr von Nutzen. Eine Schlange kann in der Regel ihre finanziellen Bedürfnisse realistisch einschätzen und wird sich bei großen Projekten wie beim Kauf oder Bau einer Immobilie sicher nur selten verschätzen.

Das PFERD

Als guter Arbeiter packt das Pferd in seinen eigenen vier Wänden auch gerne mal selbst mit an. Reparaturen und Renovierungen kann es deshalb in der Regel in einem gesteckten Rahmen selbst durchführen. Dabei macht es kein großes Aufheben um die zu erledigenden Aufgaben. Schnell und spontan sind ein paar hilfreiche Freunde organisiert und ehe man sich's versieht, klebt schon die neue Tapete an der Wand.

Pferd-Geborene lieben es, mit anderen in Wettbewerb zu treten. Dabei geht es aber gar nicht unbedingt verbissen zu, sondern es handelt sich eher um spielerische Kämpfe. Diese Lust, sich mit anderen zu messen, kann sich durchaus auf das nachbarschaftliche Verhältnis auswirken, denn das Pferd schielt gerne mal über den Gartenzaum und versucht, mit dem Lebensstandard seiner Nachbarn mitzuhalten oder sie gar zu überflügeln.

Das repräsentative Heim des Pferdes kann deshalb durchaus schon mal den gesetzen Geldrahmen sprengen. In der Regel ist das Pferd aber in der Lage, seine Finanzen rasch wieder auszugleichen.

Für seinen Lebensstil möchte das Pferd Platz haben, seine meist sportlichen Hobbies versucht es in der Regel in die unmittelbare Wohnumgebung zu integrieren (z.B. mit einem Fitnessraum oder dem Schwimmbad oder der Sporthalle direkt um die Ecke). Besonders bei den männlichen Pferden ist zu beobachten, dass sie gerne Gäste haben und sich die Zeit mit Sport und Spiel vertreiben. Das weibliche Pferd ist eher pragmatisch. Es liebt zwar auch eine schöne Umgebung, das eigene Heim muss aber nicht um jeden Preis alle ihre Vorlieben widerspiegeln. Am besten ist ein Pferd in einem Lebensraum aufgehoben, wo es ausreichend Platz findet, um den Alltag abwechslungsreich zu gestalten.

Die ZIEGE

Im Haus der Ziege soll am besten immer alles ordentlich und sauber sein. Jedes Ding hat bei ihr seinen Platz und sie mag es, wenn in ihren vier Wänden alles bis ins letzte Detail zusammenpasst. Die Ziege versteht sich als Teil einer Gemeinschaft und ist in der Regel in festen Händen. Zusammen mit ihrem Partner schafft sie sich ein Heim, das manchmal fast wie aus einer Zeitschrift für schönes Wohnen wirkt.

Im Chinesischen Tierkreis steht die Ziege für die klassischen weiblichen Eigenschaften und so kann sich die weibliche Ziege oft recht gut mit einer klassischen Rolle zu Hause arrangieren. Das beeinhaltet, für den Haushalt zuständig zu sein und die Geschicke in den eigenen vier Wänden zu lenken. Mit ihrer Hilfsbereitschaft ist sie genau wie ihr männlicher Gegenpart ein Nachbar, wie ihn sich jeder nur wünschen kann.

Finanzielle Details sind der Ziege in der Regel nicht so wichtig. So kann es ihr leicht passieren, dass sie sich beim Hausbau oder der Einrichtung verschätzt und das Budget etwas überstrapaziert. Auf eine solche Situation reagiert sie dann leicht unsicher und ist froh, wenn man ihr zu Hilfe eilt und sie wichtige Dinge nicht alleine entscheiden muss. Es ist deshalb sehr unwahrscheinlich, dass sie sich ohne Unterstützung eines Partners oder der Familie auf das Abenteuer eines Wohnungskaufs oder Hausbaus einlässt.

In einer Familie lebt die Ziege richtig auf und gestaltet den Wohnraum so, dass jeder zu seinem Recht kommt. Dabei drängt sie schon mal ihre eigenen Bedürfnisse in den Hintergrund und vergisst, ihre Ansprüche anzumelden - vor allem, wenn sich eigener Nachwuchs eingestellt hat.. Auf Dauer kann das allerdings den Hausfrieden gefährden, vor allem, wenn sie ihren Unmut nicht sofort äußert. Weil sie die offene Konfrontation scheut, sollte die Ziege am besten von Anfang an darauf achten sich einen eigenen Rückzugsort zu schaffen, wo sie ihre Ressourcen wieder auftanken kann.

Der AFFE

Der Affe kann alles, macht alles und nichts scheint ihm zu schwer. Sein handwerkliches Geschick macht ihn zum idealen Bauherrn. Er denkt über die Grenzen hinaus und steht auch unkonventionellen Lösungen positiv gegenüber. Seine Lebensumgebung muss vor allem zweckdienlich sein und seinen vielen Interessen entgegen kommen. Dabei kommt es ihm nicht unbedingt nur auf Schönheit an, obwohl die meisten Affen sehr visuell veranlagt sind. Viel wichtiger ist ihm, dass sein Heim seinen Charakter widerspiegelt.

Nach außen pflegt der Affe eher ein gepflegtes Understatement und braucht keinen Pomp und Prunk in seinen eigenen vier Wänden. Anstatt sich mit einer teuren Ausstattung zu brüsten, packt er lieber mal selbst mit an. Ganz nebenbei wird da zum Beispiel mal eben schnell ein Zimmer umgebaut und für einen bestimmten Zweck neu eingerichtet. Darüber muss der Affe nicht viele Worte verlieren - er macht es einfach! Allerdings kommt es durchaus vor, dass er mehrere Projekte gleichzeitig anfängt und so das eine oder andere einfach liegen bleibt. Das kann dazu führen, dass sein Haus auch nach Jahren immer noch den Eindruck erweckt, als ob er gerade eingezogen wäre und noch nicht alles an seinem Platz ist. Dem Affe gefällt das, denn er braucht ein wenig kreatives Chaos um sich herum. Das spornt ihn an und sorgt dafür, dass keine Langeweile aufkommen kann. Manchmal ginge es ihm allerdings besser, wenn er angefangene Projekte erst zu Ende bringen würde, bevor er das nächste anfängt. Für seine Mitbewohner ist es nämlich nicht immer leicht, die latente Unordnung zu ertragen.

Es ist immer aufregend im Leben eines Affen. Faul auf dem Sofa zu sitzen und auf den Fernseher zu starren, kommt für ihn nur ganz selten in Frage. Zu viele Ideen wollen verwirklicht werden und so lernt der Affe sein ganzes Leben lang mit Freude dazu.

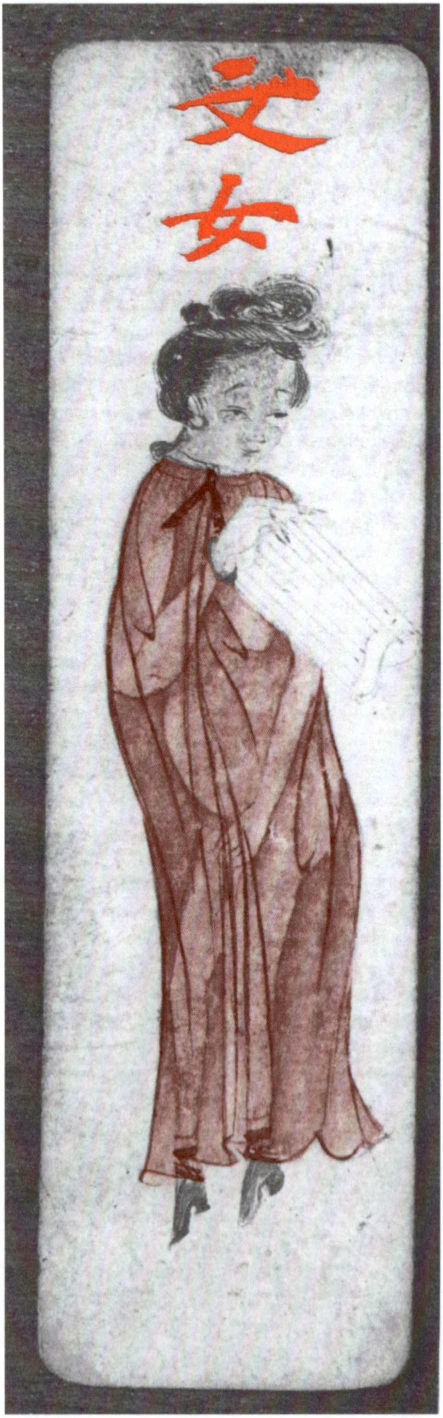

Der HAHN

Wenn es ein Tierzeichen gibt das mit seiner Umgebung zu beeindrucken weiß, dann ist es der Hahn. Stilsicher richtet er seine eigenen vier Wände ein und weiß genau, was zu ihm passt. Besucher kommen nicht umhin, ihm dafür Bewunderung zu zollen, sobald sie über seine Schwelle treten. Das Metall-Element des Hahns gibt seiner Wohn- und Arbeitsumgebung Struktur und Ordnung. Er ist der Gegenpart zum Affen und kann in einem chaotischen Umfeld nicht zu seiner Form auflaufen. In einer solchen Umgebung fühlt er sich einfach nicht wohl. Und wenn man ihn lässt, schafft er es in kurzer Zeit, klar Schiff zu machen.

Der Hahn verwendet viel Energie auf ein repräsentatives Umfeld. Er schmückt sich gerne mit außergewöhnlichen Dingen, wobei der Preis in der Regel keine Rolle spielt. Seine Wände sind sicher nicht mit Bildern aus dem Kaufhaus verziert, sondern mit Unikaten mit einer persönlichen Geschichte, die der Hahn gerne bei jeder passenden Gelegenheit zum Besten gibt.

Nicht selten kann der Wohnraum des Hahns mit dem Ausstellungsbereich eines guten Möbelhauses mithalten. Man hat den Eindruck, hier waren Profis am Werk. Und doch fehlt manchmal ein wenig die Gemütlichkeit. Die Kissen sind zu sehr glattgestrichen, die Blumen wirken zu perfekt arrangiert, kein Stäubchen findet sich auf Regalen und Schränken. Der Hahn fühlt sich eben am wohlsten, wenn alles hundertprozentig ist. Als Besucher gewinnt man jedoch unter Umständen den Eindruck, dass er sich hinter der perfekten Fassade ein wenig versteckt und keine Einblicke in seine Gefühlswelt zulassen möchte. Die Wohnung eines Hahnes zeigt in der Regel sehr wenig von der Persönlichkeit, die dort lebt.

Der HUND

Der Hund fühlt sich in einer sicheren Umgebung am wohlsten. Umgeben von einer freundlichen

Nachbarschaft, der er vertrauen kann, lebt er gerne in einer Gemeinschaft und denkt gar nicht daran, schon bald wieder den Standort zu wechseln. Hunde sind treue Mitbewohner und Nachbarn. Wer in den Urlaub fährt und einem Hund die Schlüssel für seine Wohnung anvertraut, braucht sich während seiner Abwesenheit keine Gedanken zu machen, denn auf den Hund ist hundertprozentig Verlass.

Damit er sein Reich wirklich im Griff hat, sorgt er erst einmal dafür, dass niemand unerlaubte Einblicke in seine Privatsphäre bekommt. Heruntergelassene Rollläden oder zugezogene Vorhänge am Abend gehören ebenso zu seiner Routine wie die Kontrolle von Fenster und Türen vor dem Schlafengehen, um ungebetene Gäste fernzuhalten.

Generell wacht der Hund aber nicht nur über seine eigene Umgebung, sondern misst dem Schutz seiner Lieben fast noch eine größere Bedeutung zu.

Hunde sind in der Regel nicht besonders experimentierfreudig. Sie setzen auf Erprobtes, was sich auch in der Wohn- oder Arbeitsumgebung widerspiegelt. Neue Designs oder Materialien wird man deshalb kaum in seinen vier Wänden finden, dafür bewährte Wohnkonzepte, denen es zuweilen zwar ein wenig an Originalität mangelt, die dafür aber praktisch und gemütlich sind.

Auch bei der Auswahl der Möbel geht es beim Hund eher pragmatisch zu. Es gibt lieber gleich etwas mehr Geld für eine gute Qualität aus, anstatt sich daheim ständig über eine schlechte Verarbeitung zu ärgern. Der Hund ist dabei kein Verschwender - auch wenn er sich mit Markenqualität einrichtet, kauft er mit Bedacht und ist immer wieder für ein Schnäppchen zu haben.

Das SCHWEIN

Das Schwein steht für Häuslichkeit und Gemütlichkeit. Es ist das Zeichen im Chinesischen Tierkreis, das jeder Situation etwas Positives abgewinnen kann. Im Haus eines Schweins kann man sich getrost niederlassen und wird sich direkt wohl fühlen, denn die Zufriedenheit des Bewohners strahlt einem aus jeder Ecke entgegen.

Schweine haben ein angeborenes Talent für die Gestaltung von Wohnräumen. Ihnen geht es dabei nicht nur um die Optik, sondern vor allem auch um die Behaglichkeit - je gemütlicher, desto besser.

Gerne teilen Schwein-Geborene ihre Wohnumgebung mit Freunden und Familie. Sie sind gesellig und lieben es, Gäste in ihrem Reich zu bewirten. Entsprechend ist das Heim eines Schweins auf ständigen Besuch eingerichtet. Es gibt genügend Platz und viele kuschelige Ecken, die den Gästen sofort ein wohliges Gefühl vermitteln und zum Bleiben einladen. In den vier Wänden eines Schweins kann man sich blendend unterhalten und wird darüber hinaus in der Regel fürstlich bewirtet, so dass die Zeit wie im Fluge vergeht. Das Schwein selbst genießt es aus vollen Zügen, mit seiner Gastfreundschaft im Mittelpunkt zu stehen und freut sich, wenn sein Besuch zufrieden ist.

Das Element des Schweins ist das Yin-Wasser. Im Gegensatz zur Ratte, die mit ihrem Yang-Wasser einem Fluss gleicht, der seinen Weg immer wieder flexibel an die Landschaft anpasst, geht es das Schwein deutlich ruhiger an. Yin-Wasser ist der ruhende See, der sich nur langsam verändert. Deshalb ist es wichtig für das Schwein, in seinen eigenen vier Wänden einen Rückzugsort zu haben, wo es für sich sein kann und aus der Ruhe neue Kraft schöpfen kann.

Infos

Roger Keller und Daniela Herzberg erstellen auch Einzel- und Partnerhoroskope und beraten gerne, wenn es um die eigene Einrichtung geht.
E-mail: roger@5-elemente.org
www.5-elemente.org

Allgemeine Tipps für ein entspanntes Wohnen

Wie finde ich den richtigen Platz für mich?

Ein gutes Feng Shui in einer Wohn- oder Arbeitsumgebung kann zu mehr Wohlbehagen und Leistungsfähigkeit führen. Das ist mittlerweile allgemein bekannt. Nachfolgend verrät Roger Keller einige allgemeine Grundregeln, die es ohne große Vorkenntnisse ermöglichen sollten, mit wenig Aufwand die eigene Lebensumgebung zu harmonisieren.

Wo halte ich mich eigentlich am liebsten auf?

Haben Sie sich diese Frage schon einmal gestellt? Falls nicht, sollten Sie es tun. Sie werden feststellen, dass Ihre Intuition Sie genau erspüren lässt, was gut für Sie ist:

• Setzen Sie sich möglichst immer mit dem Rücken zu einer festen Wand.

• Stellen Sie Ihr Sofa möglichst nicht mitten in den Raum oder unter ein Fenster, sondern so, dass man den Raum sowie Tür(en) und Fenster im Blickwinkel hat.

• Schreibtische stehen am besten in der Nähe eines Fensters, damit man beim Arbeiten das Tageslicht nutzen kann. Eine L-förmige Aufstellung zum Fenster bietet sich an. Somit lässt sich das Licht optimal nutzen und in der Regel ergibt sich eine geschützte Ecke, die Übersicht und Schutz bietet.

• Im Schlafzimmer sollte das Bett mit dem Kopfteil an einer festen Wand stehen. Türen und Fenster müssen im Blickwinkel sein, damit das Unterbewusstsein während der Schlafphase entlastet wird. Reflektierende Flächen wie Spiegel oder Fernseher lassen den Raum größer erscheinen, als er in Wirklichkeit ist. Unterbewusst überwachen wir dann zusätzliche Räume, die eigentlich gar nicht vorhanden sind, was uns unnötig stresst. Falls Sie Spiegel und Co. nicht aus dem Schlafzimmer verbannen wollen, hängen Sie sie einfach zu, während Sie schlafen.

Wie Yin und Yang die Wahl der Räumlichkeiten beeinflussen

Die beiden Begriffe Yin und Yang stehen für alle Gegensätzlichkeiten. Hell – dunkel, laut – leise, warm – kalt. Auch im Feng Shui spricht man von den Yin- und Yang-Bereichen eines Hauses oder einer Wohnung. Yang repräsentiert dabei die aktiveren Zimmer wie Wohnzimmer oder Küche, während Yin den passiveren Räume wie beispielsweise dem Schlafbereich zugeordnet ist. In den aktiven Bereichen benötigen wir Licht und Wärme, während das Schlafzimmer ruhig etwas dunkler und kühler sein darf. Deshalb ist es nicht verwunderlich, dass die Sonnenseite – also die südlichen Himmelsrichtungen dem Yang zugeordnet sind, während die nördlichen Himmelsrichtung eher yinniger Natur sind.
Damit ergibt sich eine natürliche Aufteilung der Räume nach den Himmelsrichtungen:

• Schlafzimmer befinden sich am besten im Norden und Nordosten, wo es etwas kühler ist.

• Die Küche ist in südlicher Richtung gut aufgehoben.

• Das Esszimmer im Südwesten bietet Tageslicht bis Sonnenuntergang und lädt zu langen gemeinsamen Abenden im Kreise der Lieben ein.

• Das Wohnzimmer im Westen bietet nach getaner Arbeit einen wunderbaren Blick auf den Sonnenuntergang. Auch Arbeitsräume sind gut im Westen oder auch im Nordwesten aufgehoben – können sich aber auch in südlichen Richtungen befinden.

• Ein Multifunktionsraum ist das Kinderzimmer, das sowohl Yin als auch Yangbereiche hat. Der Osten oder der Südosten eignen sich dafür recht gut.

• Das Badezimmer hat seinen besten Platz in nördlicher Richtung.

Was Sie sonst noch beachten sollten

• Gehen Sie mit der Kraft der Natur und planen Sie beim Hausbau oder der Wohnungssuche die natürlichen Bedingungen vor Ort mit ein. Das wirkt sich übrigens nicht nur auf eine harmonische Umgebung aus, sondern auch auf Ihren Geldbeutel. Heizkosten zum Beispiel lassen sich mit einer guten Ausrichtung reduzieren. Große Fenster in südlichen Richtungen sorgen auch in der kalten Jahreszeit für mehr Wärme, wenn sich die Sonne zeigt.

• Geben Sie Ihrem Lebensraum eine Struktur. Kleinere Zimmer, die einem bestimmten Zweck zugeordnet sind, machen mehr Sinn als ein multifunktionaler Raum, der für alles genutzt wird. Besonders wenn man als Paar oder in einer Familie lebt, ist die Aufteilung der Wohnräume wichtig.

• Ordnung ist das halbe Leben

Das hat schon meine Großmutter immer gesagt und damit unter Beweis gestellt, dass sie eine echte Feng Shui Expertin war. Eine gewisse Grundordnung erleichtert das Leben tatsächlich und macht den Kopf frei für andere Dinge. Ein chaotischer Schreibtisch lenkt ständig ab, weil er unser Unterbewusstsein daran erinnert, was noch alles zu tun ist.

• Ordnen Sie auch Ihre Gedanken.

Unangenehme Dinge sollten immer direkt erledigt werden. Gemacht werden müssen sie ohnehin und wenn es erledigt ist, braucht man keine Energie damit zu verschwenden, weiter an diese Themen zu denken.

Ein letzter Tipp zum Schluss:

Auch wenn es in vielen Büchern und Artikeln steht – Spiegel, Kristalle, Spiralen oder sonstige „Feng Shui Artikel" können in den seltensten Fällen eine Verbesserung der Lebensqualität erwirken. Hängen Sie auf, was Ihnen gefällt und verlassen Sie sich dabei einfach auf Ihr Bauchgefühl.

Lebensweisheiten aus dem Fernen Osten

Ein Menschenleben füllt nicht hundert Jahre, doch immer ist es voll von tausend Jahren Sorge. Der Mittag kurz und bitter lang die Nächte. Warum nicht greifst du nach der Lampe, geh die kurzen Freuden dir zu suchen, wenn nicht heute? Was willst du warten Jahr um Jahr?

Chinesische Weisheit

Was ist die größte Weisheit?
Das tägliche Leben.

ZEN-Spruch

Wer kein Leid kennt,
wie sollte der um
das Glück wissen?

Thich Nhat Hanh

Stille und Ruhe
bringen die ganze Welt
ins rechte Maß zurück.

Laotse

Wenn ich einen Zweig
in meinem Herzen habe,
wird auch ein Vogel kommen
und darin singen

Chinesisches Sprichwort

Es ist klug, die Meinung anderer nicht von sich zu weisen, sondern sie ebenso gelten zu lassen, wie die eigenen Ansichten. Denn es könnte sein, dass es gerade die Meinungen anderer sind, die einem beim Weiterkommen helfen.

Chao-Hsiu Chen

Wie schwer auch das Gestern gewesen sein mag, wichtig ist, dass du heute neu beginnen kannst.

Buddha

Auch die längste Reise beginnt mit einem Schritt. Fürchte dich nicht vor dem langsamen Vorwärtsgehen, fürchte dich nur vor dem Stehenbleiben.

Chinesisches Sprichwort

Wer das Lebensglück
in den kleinen Dingen sucht,
der wird zufrieden leben können.
Gautama Buddha

Yin und Yang und die Fünf Elemente

Jedes Tierzeichen wird durch die Fünf Elemente sowie Yin und Yang eindeutig charakterisiert. Diese beiden Grundprinzipien der asiatischen Philosophie beschreiben außerdem auch alle anderen Bereiche unseres Lebens auf verblüffend zutreffende Art und Weise

Im alten China standen die Fünf Elemente ursprünglich für die fünf Planeten Jupiter (Holz), Mars (Feuer), Saturn (Erde), Venus (Metall) und Merkur (Wasser). Aufgrund von astronomischen und astrologischen Beobachtungen über die Jahrhunderte wurden dann nicht nur die Jahreszeiten, Formen und Farben, sondern auch jedes Tier und jede Pflanze einem Element zugeordnet. Auch der menschliche Körper als Teil der universellen Schöpfung folgt diesen Gesetzmäßigkeiten. So lassen sich auch unsere inneren Organe, die Körpergewebe, die Sinnesorgane und unsere Empfindungen den Fünf Elementen sowie Yin und Yang zuordnen.

Nach der chinesischen Philosophie stehen die Elemente in einem sogenannten Fütterungszyklus zueinander. Danach nährt das Holz das Feuer, dessen Asche gibt der Erde Kraft. Aus der Erde wird das Metall gewonnen, das wiederum mit seinen reichhaltigen Inhaltsstoffen das Wasser belebt. Und Holz braucht das Wasser zum Wachsen – so ist der Zyklus harmonisch geschlossen. Anhand nebenstehender Grafik ist es einfach nachzuvollziehen, wie sich ein Zuviel oder ein Zuwenig der einzelnen Elemente auf das gesamte System auswirkt.

Fehlt zwischen Holz und Erde das Feuer, ist die Wirkung vergleichbar mit einem Baum, der dem Boden langsam, aber sicher die Kraft entzieht. Ein schwaches Wasser-Element kann dazu führen, dass das Holz nicht genug Nahrung bekommt und vom Metall „beschnitten" wird. Wasser und Feuer prallen direkt aufeinander, wenn dazwischen das Holz fehlt.

Die Fünf Elemente und ihre Eigenschaften

Die Tabelle bei der Jahresvorschau ihres Tierzeichens ab Seite 10 zeigt Ihnen, welches Element Ihrem Geburtsjahr zugeordnet sind.

Wenn Sie die Eigenschaften der unterschiedlichen Elemente betrachten, sollten Sie jedoch bedenken, dass jeder Mensch eine Kombination aus mehreren verschiedenen Elementen bei seiner Geburt mitbekommen hat. Der persönliche Charakter und das eigene Schicksal lassen sich also nicht ausschließlich aufgrund des chinesischen Jahrestieres mit dem dazugehörigen Element ermitteln, sondern ergeben sich aus der Kombination aller im Geburtshoroskop vorhandenen Elemente.

Holz

Das Element Holz steht für alles, was grünt, und verspürt ständig den Drang zu wachsen. Der Planet Jupiter ist der Holzplanet. Grün und hellblau sind die Farben, die mit Holz assoziiert werden. Auf der körperlichen Ebene steht Yang-Holz für die Galle und Yin-Holz für die Leber.

Die dem Holz entsprechende Jahreszeit ist der Frühling, das entsprechende Lebensalter des Menschen die Kindheit.

Das Element steht generell für Spielfreude, Schöpferkraft, Freiheitsdrang und Kreativität.

Menschen mit einem hohen Holzanteil lieben es, in der freien Natur zu sein und sind meistens sehr kinderlieb – wohl auch, weil sie sich selbst ihr inneres Kind bewahrt haben. Außerdem steht das Element Holz für eine gute Intuition.

Menschen mit viel Holz neigen häufig zur Egozentrik – vor allem wenn man sie einengen will. Wenn sie an ihre eigenen Grenzen stoßen, reagieren sie oft mit Zorn und Wut. Wird dieses Gefühl unterdrückt, äußert sich das häufig in einer Schwäche der entsprechenden Organe Galle und Leber.

Geduld gehört nicht unbedingt zu den Stärken des Holz-Elements. Wenn alles nicht sofort so klappt, wie sie es sich vorstellen, verlieren solche Zeitgenossen in der Regel schnell die Lust an einer Sache.

Damit man die Einfälle des Holz-Elements in die Tat umsetzen kann, braucht es das Feuer.

Wie sich Yin und Yang in Balance halten

Jedes der Fünf Elemente gibt es in einer Yang- und einer Yin-Ausprägung. Die Begriffe Yin und Yang wurden ursprünglich für die Sonnen- und Schattenseite eines Berges benutzt. Heute bezeichnen sie sämtliche Polaritäten wie hell und dunkel, langsam und schnell, männlich und weiblich. Wir Menschen sind dem Einfluss beider Seiten ausgesetzt und es gilt immer, nicht nur die Fünf Elemente in Harmonie zu bringen, sondern auch Yin und Yang in Balance zu halten.

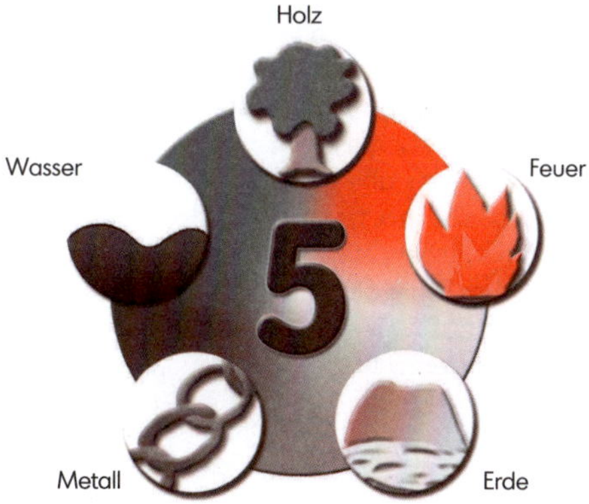

Feuer

Feuer bringt Bewegung und Aktivität ins Spiel. Das Holz nährt das Feuer mit seinen Ideen, die dann vom Feuer-Element in die Tat umgesetzt werden. Der Feuerplanet ist der Mars und die dazugehörige Farbe ist rot. Dünndarm (Yang) und Herz (Yin) sind diesem Element zugeordnet.

Feuer ist das Element, unter dem sich die Menschen emotional öffnen und Beziehungen eingehen. Die zum Feuer-Element gehörende Jahreszeit ist der Sommer, die Zeit, in der die Sonne am heißesten vom Himmel brennt. Zum Feuer-Element gehört der Lebensabschnitt der Teenager und jungen Erwachsenen.

Das Element Feuer steht für lebhafte und beredsame Zeitgenossen, die jedoch manchmal auch zu leicht extrovertiertem Verhalten neigen. Feuermenschen sind sehr geradeaus und tragen ihr Herz häufig auf der Zunge. Sie arbeiten gerne und viel und sind dabei meist clever und temperamentvoll.

Zeitgenossen mit viel Feuer fallen oft durch ein starkes Temperament auf. Sie gehen auch große Aufgaben mutig an und sorgen dafür, dass Worten auch entsprechende Taten folgen. Ein harmonisches Feuer-Element weiß, wann es aktiv werden muss und wann es „Fünfe gerade sein lassen kann". Ist das Feuer zu stark, kann sich das zuweilen in hektischer Aktivität äußern, während ein zu schwaches Feuer oft ein wenig antriebslos wirkt.

Wenn das Feuer zu Asche verbrannt ist, entsteht das Element Erde.

Erde

Dieses Element sorgt für die nötige Stabilität. Es bringt die Vernunft ins Spiel und achtet darauf, dass Aktivitäten nicht aus dem Ruder laufen. Der Saturn gilt als Erdplanet und die entsprechenden Farben sind alle Gelb- und Brauntöne. Aus der Erde gewinnen wir unsere Nahrung und deshalb gehören Magen (Yang), Milz und Bauchspeicheldrüse (Yin) zum Erd–Element.

Das entsprechende Lebensalter ist das mittlere Erwachsenenalter, wo der Mensch zu Familie und Beziehungen findet. Dem Erd-Element wird keine bestimmte Jahreszeit zugeordnet. Wie auch im Kreislauf der zwölf Tierzeichen wird es quasi immer als eine Art Puffer zwischen die anderen Elemente und Jahreszeiten platziert.

Erde steht für Stabilität und Sicherheit, aber auch für Familienzusammenhalt im weiteren Sinne. Menschen mit einem hohen Erdanteil im Horoskop sind sehr zuverlässige Zeitgenossen, die zu langfristigen und besonders stabilen Bindungen fähig sind.

Erd-Typen konservieren beharrlich altes Wissen und sind oft leidenschaftliche Sammler. Ein gesunder Erdanteil hilft uns, Bodenständigkeit in unser Leben zu bringen und die richtigen Entscheidungen zu treffen, damit aus unseren Ideen (Holz) und Aktivitäten (Feuer) etwas werden kann.

Zu viel Erde kann jedoch zu mangelnder Flexibilität führen. Ist die Erde dagegen schwach oder nicht vorhanden, fühlt sich der Mensch möglicherweise nirgendwo so richtig zu Hause.

Aus der Tiefe der Erde schürfen wir das Element Metall.

Metall

Metall ist ein kühles Element, das viel mit Struktur und Ordnung zu tun hat. Metall kann planen. Es weiß genau, welcher Schritt der nächste sein sollte, um ein angestrebtes Ziel zu erreichen. Die Venus ist der Metallplanet und die Elementfarben sind weiß, grau, silber und gold. Auf der körperlichen Ebene gehört das Metall-Element zu Lunge (Yin) und Dickdarm (Yang).

Der Herbst ist die Jahreszeit des Metalls. Auch beim Menschen ist der Lebensherbst diesem Element zugeordnet. Aktivität und Zielstrebigkeit sind nicht mehr die wichtigsten Ziele. Man hat in der Regel seinen Lebensrhythmus gefunden und erntet die Früchte des Erfolges.

Generell steht das Metall-Element für Tatkraft, Fortschrittlichkeit, Zähigkeit und einen ideellen Abstand zu den Dingen. Aber auch strategisches Denken und ein rationaler Umgang mit Geld zählen zu den Metallqualitäten.

Menschen mit einem gesunden Metallanteil verstehen es, ihr Leben zu organisieren. Zu viel Metall kann allerdings zu dogmatischen Strukturen führen, die wenig Spielraum für spontane Impulse von außen lassen. Ist das Metall dagegen nicht stark genug, besteht die Gefahr, dass man nicht zielstrebig genug ist und sich vom eigentlichen Weg abbringen lässt.

Um in den Fluss zu kommen braucht Metall das Wasser-Element.

Wasser

Wasser fließt (Yang-Wasser) oder steht (Yin-Wasser). Es ist von allen Elementen das flexi-

Die Fünf Elemente und ihre Entsprechungen

	HOLZ	FEUER	ERDE	METALL	WASSER
Himmels-richtung	Osten, Südosten	Süden	Südwesten, Nordosten	Westen, Nordwesten	Norden
Jahreszeit	Frühling	Sommer	Übergänge zwischen den Jahreszeiten	Herbst	Winter
Farben	grün/hellblau	rot/violett/ orange	gelb/braun/ beige	weiß/hellgrau/ gold	schwarz/ dunkelblau
Formen	langgestreckt	spitz, dreieckig	flach, rechteckig	rund	unregel-mäßig
Material	Holz Pflanzen	Feuer Kerzen, Räucherstäbchen	Erde Ton Terrakotta	Metall Schmuck Hartgeld	Wasser Brunnen Teiche
Organe Yin Yang	Leber Gallenblase	Herz Dünndarm	Milz/Bauchspeicheldrüse Magen	Lunge Dickdarm	Nieren Blase
Sinnesorgan	Augen (sehen)	Zunge (sprechen)	Mund/Lippen (schmecken)	Nase (riechen)	Ohren (hören)
Gewebe	Finger- und Fußnägel, Sehnen	Blutgefäße	Muskeln Fett- und Bindegewebe	Haut, Körperbe-haarung	Knochen Zähne, Kopfbe-haarung
Geschmack	sauer	bitter	süß	scharf	salzig

Hier eine kleine Auswahl mit den wichtigsten Entsprechungen der einzelnen Elemente. Will man eines der Elemente stärken, kann man dies z. B. mit den entsprechenden Farben, Formen, Materialien oder Geschmacksrichtungen tun. Schwächen in einem der Elemente äußern sich häufig körperlich über Ungleichgewichte oder Krankheiten der entsprechenden (Sinnes-)Organe.

belste. Dem Wasser steht die Welt offen. Ist ein Weg versperrt, sucht es sich eben einen anderen. Merkur ist der Wasserplanet. Die Farben schwarz und dunkelblau gehören diesem Element an und auf der körperlichen Ebene ist das Wasser unter anderem Nieren (Yin) und Blase (Yang) zugeordnet.

Im Winter, der Jahreszeit des Wasser-Elementes, kommt die Natur zur Ruhe und sammelt ihre Kräfte für den Neuanfang im Frühjahr. Entsprechend gehört auch beim Menschen das Alter zum Wasser-Element – die Kraft zieht sich jetzt allmählich zurück.

Im Wasser-Element spielen Emotionen und Begeisterung nicht mehr die größte Rolle. Wasser stellt eigentlich alles in Frage und denkt über die Grenzen des Greifbaren hinaus. Dabei schwimmen Wassermenschen durchaus auch gegen den Strom und kümmern sich wenig um die Gefühle und Meinung anderer. Sie legen Wert auf ihre Unabhängigkeit.

Ein harmonisches Wasser-Element gibt uns Gelegenheit, uns für unsere Umgebung zu öffnen, Reisen zu genießen und mit unseren Mitmenschen zu kommunizieren. Ist das Wasser-Element zu stark, kann der Druck auf den Menschen zu groß werden. Das kann dann entweder zu Rastlosigkeit (Yang) oder zu Süchten (Yin) führen. Menschen mit einem zu schwachen Wasseranteil fühlen sich dagegen oft unverstanden.

Wasser nährt das Holz – und damit schließt sich der Kreislauf der Fünf Elemente.

Lesetipp: Daniela Herzberg, „Gesund und vital mit den Fünf Elementen", BIO Ritter Verlag Tutzing, ISBN 978-3-920788-84-5, 19,80 €

„Lerne rechtzeitig die
Dinge loszulassen.
Darin liegt der Schlüssel
zur wahren Glückseligkeit."

Buddha